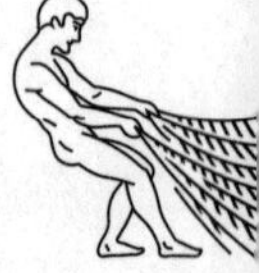

Valentin Groebner

Ich-Plakate

Eine Geschichte des Gesichts als Aufmerksamkeitsmaschine

S. FISCHER

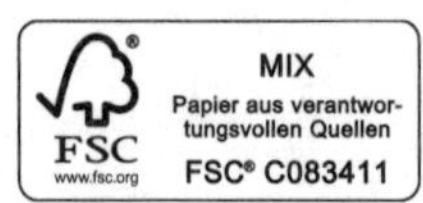

Erschienen bei S. FISCHER

Satz: Fotosatz Amann, Memmingen
Druck und Bindung: CPI books GmbH, Leck
Printed in Germany
ISBN 978-3-10-002403-9

Für Andreas Cremonini:
Freund, Komplize, Katalysator

Inhalt

Anhang

Intro: Augen machen

»L'immagine ha il solo scopo di presentare il prodotto.«

(Aufschrift auf der Verpackung des
Yogurt naturale intero, Coop, Italien 2006)

»Animation ist keine Zauberei, sie ist Wissenschaft.«

(Bruno Latour, 2012)

Irgendwann in den ersten Jahren des 21. Jahrhunderts fiel mir auf, dass ich von Bildern von Gesichtern umgeben war, die »Ich« sagten. Dinge hatten mich schon früher auf der Straße angesprochen. »Ich fühl mich heute so leer.« (Ein Wiener Briefkasten.) »Ich bin zwei Öltanks.« (Ein deutscher Öltank.) Aber jetzt waren auf Plakaten große, ausdrucksvolle Augen und lächelnde Münder auf mich gerichtet. Sie sahen nicht wie die effizienten Kindchenschemata der Comic-Welt aus, sondern wie lebendige erwachsene Menschen. Und sie verkündeten Botschaften. »Ich hab' mehr.« (Ein Baumarkt.) »Und jetzt Du.« (Ein anderer Baumarkt.) »Ich mach's ungeniert.« (Sexualaufklärung.) »Ich bin schön.« (Ein Zürcher Juwelier.) »Ich bin ein Berliner Kindl.« (Bier.) »Du bekommst alles von mir – ich auch von Dir?« (Organspendeausweise.) Und so weiter.

Ich fand die Plakate ein bisschen aufdringlich, aber interessant. Was waren das für Gesichter, die auf ihnen zu sehen waren, und wieso sahen sie auf den großformatigen Bildern so aus, wie sie aussahen? Sie waren nicht einfach realistische Verdoppelungen lebendiger Vorbilder. Sie waren vollkommener, schwereloser, vor allem um die Augen herum, mit wunderbar gleichmäßiger Haut und mit viel schöneren Zähnen. Ihre Gesichtszüge kamen mir vertraut vor, aber ich konnte niemanden erkennen. Manche gefielen mir, andere weniger. Ich begann sie zu sammeln, mit der Kamera; denn sie verschwanden schnell wieder und waren drei Wochen oder zwei Jahre später nicht mehr ohne weiteres aufzutreiben.

Jedes dieser Bilder sagt tatsächlich etwas zu seinem Betrachter: Dass es mehr sei als nur Druckfarbe auf einer glatten Oberfläche: »Ich bin die Kopie eines lebendigen Originals, das wirklich da ist, irgendwo.« Die Bilder sprechen, weil sie ein Gesicht zeigen. Diese Konstellation ist uns im Alltag so vertraut, dass man ihren erstaunlichen Charakter leicht übersieht. Mit dem Bild einer Hand (die ja ebenfalls ein komplexes und ausdrucksstarkes Körperteil ist) würde man diesen Effekt nicht erzielen. Was für eine Art besonderer Lebendigkeit von Augen, Nase und lächelndem Mund ist das? Könnte es sein, dass diese Werbeplakate, so aktuell sie sein wollen, mit älteren Bildern zu tun haben, die bei ihren Betrachtern ebenfalls Empfindungen erzeugen sollten?

Schau mich an

Darum geht es in diesem Buch. Woher kommen die sprechenden, lächelnden und zwinkernden Gesichter auf den Plakaten des 21. Jahrhunderts? Was waren ihre Vorläufer, und wie haben sie sich in das verwandelt, was sie jetzt sind? Das Folgende ist aber keine systematische Geschichte von Porträts. Mir geht es um Bilder von Gesichtern als Instrumente für simulierte Ähnlichkeiten, um Identifikationsfiktionen – Bilder, in denen die Betrachter sich selbst wiedererkennen sollen, oder die ihnen suggerieren, dass sie einem echten Akteur gegenüberstehen, der sie anspricht. Solche Gesichtsbilder sind demonstrativ künstlich, schon weil sie unbewegt sind. Es geht also nicht um Film-, Fernseh- und Videogesichter, sondern um gemalte und fotografierte, stillgestellt und zweidimensional. Unter welchen Umständen kann ein solches Bild eines Gesichts als Doppelgänger einer lebendigen physischen Person auftreten?

Dieses Buch ist auch – nicht ganz freiwillig – eine kleine Reise in die Geschichte des gelehrten Schreibens über die Bilder von Gesichtern. Es ist ein Buch über die entschlossene Begeisterung von Spezialisten, in der dünnen Schicht Farbe auf Holz, Stoff oder Papier, die ein menschliches Gesicht wiedergeben soll, den echten Ausdruck individueller Eigenschaften und Empfindungen zu entdecken. Diese Begeisterung wird gewöhnlich an große Begriffe gekoppelt; leicht übertragbar, aber schwer bedeutsam. Einigen werden wir in den folgenden Abschnitten wiederbegegnen. Sie heißen »Wahrheit«, »Identität«, »Seele«, »Charakter«. Was haben sie mit Baumärkten, Bier und Safer-Sex-Kampagnen zu tun?

Die wissenschaftliche Beschäftigung mit Bildern geht mit einer gewissen Selbstverständlichkeit davon aus, dass sich der Betrachter die Bilder, die er betrachtet, selbst aussuchen kann. Die Gesichter auf den Werbeplakaten demonstrieren an jeder Bushaltestelle das genaue Gegenteil, das Prinzip Unfreiwilligkeit, auf dem ihre Präsentation beruht. Manchmal sagen sie das auch, in derselben selbstbewussten ersten Person Singular. »Ich bin ein Plakat«, verkündete im Frühjahr 2014 in den Stationen der Berliner U-Bahn eine Werbekampagne, die dazu anregen sollte, an dieser Stelle Plakatwerbung zu platzieren: »Du hast mich gesehen.«

Die Gesichter auf den Plakaten sind aber nicht nur Einladungen, doch bitte länger hinzusehen. Sie bemühen sich, so persönlich wie möglich zu werden. Sie wollen Grenzübergang sein: eine Einladung, in einen persönlichen Bezug zu dem gezeigten Gesicht zu treten und hinüberzuwechseln von der menschlichen in die nichtmenschliche Welt der Dinge und Dienstleistungsinstitutionen. Waren, hat Diedrich Diederichsen in einem geistreichen Essay erklärt, seien Untote. »Deswegen ihre notorische Tendenz, zu zwinkern, zu grüßen und auf sich aufmerksam zu machen.«[1] Aber stehen die sprechenden Ich-Gesichter einfach nur für Waren? Und warum die Großaufnahme, und die erste Person Singular?

Untot oder nicht, die sprechenden Gesichter in der Bahnhofsunterführung und der Fußgängerzone kommen in einem sehr wörtlichen Sinn aus der Vergangenheit. Sie beruhen auf einer fast zwei Jahrtausende alten rhetorischen Figur, die *prosopopeia* heißt: unbelebte Dinge – in unserem Fall ein großformatiges, bedrucktes Stück Papier – als Person auftreten und sprechen lassen. Bilder werden häufig als aktiv handelnde Quasi-Personen dargestellt. Eine berühmte Kunstinstallation des Fotografen Alfredo Jaar auf der Documenta 11 im Jahr 2002 hat sie in Klage ausbrechen lassen – »The Lament of the Images«. Selbst in nüchterneren Texten wie in einem Handbuch zur Geschichte des Porträts wird den bemalten Gegenständen eine fiktive Handlungsmacht zugeschrieben: »Insofern ruft wohl jedes Porträt nach einem Namen«, heißt es dort im Vorwort.[2]

Das ist aber nur im übertragenen Sinn gemeint. In den gängigen Theorien über Porträts und Bilder im öffentlichen Raum kommen solche sprechenden Gesichter nicht vor, obwohl die Bücher dazu manchmal einfach unwiderstehliche Titel haben. »Das Gesicht ist eine starke Organisation« hieß eines davon, vor gut zehn Jahren erschienen, ein Sammelband mit subtilen Essays zu Fotografie, Film, moderner Kunst, Popmusik und Hegels Anthropologie. Werbung taucht aber darin nirgends auf, ebensowenig wie in einem anderen, ähnlichen Band von 2008,

»Movens Bild«, der dem Zusammenhang von Evidenz und Affekt nachzuspüren versprach. In einem Buch mit dem schönen Titel »Vorbilder« hat Thomas Macho 2011 pointiert formuliert, dass wir in einer facialen Gesellschaft lebten, die ununterbrochen Gesichter produziere. In seinem Vorwort fragt er ausdrücklich nach dem Verhältnis von Werbung, Gesichtern und Bildmagie und konstatiert, »kein Ding wagt sich mehr ohne Gesicht auf die Plakatwand«. Sein Buch konzentriert sich dann aber auf die elektronischen Medien, den Film und die Literatur.

Grundsätzlicher ist an dieses Thema der Kunsthistoriker Horst Bredekamp in seiner 2010 erschienenen »Theorie des Bildakts« herangegangen. Bilder, schreibt er, seien nie passiv gewesen, sondern immer schon dafür gemacht worden, Gefühle zu erzeugen. Von ihnen könne ein »affektiver raptus« ausgehen, der Wirklichkeit nicht nachahme, sondern neu erzeuge, als Eigenleben der Bilder. Bredekamp lässt dafür eine Fülle von anregenden Beispielen aufmarschieren, von sprechenden antiken Artefakten und mittelalterlichen Statuen über Gemälde und Inszenierungen des 15. und 16. Jahrhunderts bis zur Gegenwart.[3] Auf den gut 500 Seiten, die Bredekamp dem Phänomen widmet, wird allerdings kein einziges Werbeplakat erwähnt. Dabei seien die, wie sein Kollege Hans Belting in der Einleitung zu einem Essayband vor ein paar Jahren knapp angemerkt hat, heute die »einflussreichsten Ikonen«. Beltings eigene große Geschichte des Gesichts, 2013 unter dem Titel »Faces« erschienen, bietet eine Fülle an Material: das Ergebnis einer luziden Neugier auf Bilder, die von prähistorischen Totenmasken über Renaissanceporträts, Theater- und Kinoplakate bis zu zeitgenössischer Medienkunst reichen. In den fast zwei Jahrtausende alten Erzählungen von den Bildern vom menschlichen Gesicht, so zeigt Belting, erscheinen bestimmte Themen in immer wieder neuen Varianten, von der Vorstellung des Porträts als stillgestellte (und letztlich tödliche) Zeit über das Bild als Instrument einer Metamorphose zu Vorbildgesichtern bis zum Motiv des Gesichts als einer gemalten Maske.[4] Bei allen Ausflügen in die politische Mediengeschichte konzentriert sich das Buch aber letztlich auf museumstaugliche Hochkunst und auf die vervielfältigten Physiognomien von Prominenten.

So anregend Beltings Konzept vom Bild des Gesichts als Maske ist, vor den Werbeplakaten lässt es einen im Stich. Wenn all diese mit Wirkung und Ausdruck aufgeladenen Gesichter Tarnung und Maske sind, also

Nicht-Ichs, wieso werden sie dann so beharrlich als Displays für die Präsentation persönlicher (und im strengen Sinn unsichtbarer) Eigenschaften gebraucht und mit Verführungskraft aufgeladen? Ebensowenig kommt Werbung in zwei Sammelbänden vor, die im selben Jahr 2013 erschienen sind und von Gesichtern und vom Erfinden von Gesichtern handeln. Keine Werbung auch in einem weiteren neuen Band, der sich mit Bild-Ökonomie als dem »Haushalten mit Sichtbarkeiten« beschäftigt.[5] Für die gelehrte Beschäftigung mit Bildern ist Reklame zu banal, scheint es. Oder zu vertrackt historisch.

Lüg mich an

Als der Philosoph Edmund Burke 1759 über die Kriterien nachdachte, die einen sichtbaren Gegenstand für einen Betrachter besonders anziehend machten, präsentierte er dafür seinen Lesern ein Gesicht; oder genauer, das Bild eines Gesichts. Es dürfe nicht zu groß sein; aber dafür glatt, zart, in hellen, aber gedämpften Farben gehalten. Der Kopf müsse etwas zur Seite geneigt sein, die Augenlider halb geschlossen, der Mund ein wenig geöffnet. »All dies begleitet von einem inneren Gefühl der Rührung und Schwäche.« Ansteckendes »inneres Gefühl«, sichtbar gemacht an einem stillgestellten Bild.[6]

Zweieinhalb Jahrhunderte später hat dieses Gesicht immer noch glatte, zarte Farben. Aber es schaut dem Betrachter jetzt in die Augen, mit der Andeutung eines Lächelns – zum Beispiel auf dem Cover eines 2014 erschienenen Buchs, das »Hidden Persuasion« heißt und die 33 effizientesten Techniken psychologischer Beeinflussung in der Werbung erläutert. »Attractiveness« kommt dabei ziemlich weit vorne, gefolgt von »Anthropomorphism« und »Trustworthiness«.[7] Solche Bücher haben die Macher der Plakate mit den Ich-Gesichtern auch gelesen. Die Empfindungen und Emotionen der Gesichter auf den Plakaten sollen sich in die der Betrachter verwandeln, durch die Intimität, die ein Gesicht in Nahaufnahme erzeugt.

Das ist natürlich fiktive Intimität, aber eine, die von sich behauptet, dass sie in ihren Betrachtern Gefühlsreaktionen erzeugen könne. Bilder und Gefühle sind Felder, die in den letzten Jahren mein eigenes Fach, die Geschichte, stark beschäftigt haben. Die Ich-Gesichter fordern mich auf, in ihnen eine wirkliche Person zu erkennen und ihr gegenüber

Gefühle zu entwickeln. Dieser Aufforderung kann ich leider meistens nicht nachkommen. Als Kind ging mir das mit den bräunlichen Schwarzweißfotos so, die im Wohnzimmer meiner Großmutter an der Wand hingen. Sie zeigten Gesichter von mir unbekannten Männern in unbekannten Uniformen an unbekannten Orten. Meine Großtante und meine Großmutter sprachen über die auf den Fotos Abgebildeten mit großer Wärme – »der liebe Onkel Karl« –, aber ich konnte ihre Gefühle nicht nachvollziehen, ebenso wenig wie die damit verbundenen Geschichten. Sie waren auch eher Abkürzungen als Geschichten. »Der so spät aus dem Krieg heimgekommen ist.« Die fotografierten Gesichter schienen die ehemals lebendige, aber jetzt verschwundene Person zu enthalten; aber nicht für mich.

Wieso soll ein unbewegtes, stillgestelltes Bild überhaupt Gefühlsbewegungen auslösen? Weil das menschliche Gesicht Bildschirm für das Zeigen und Lesen von Empfindungen ist. Funktional gesehen ist es eine Kommunikationsoberfläche, die auf Bewegung basiert. In keiner anderen Region des menschlichen Körpers sind so viele differenzierte Muskeln auf so kleinem Raum konzentriert. Es sind insgesamt 43 verschie-

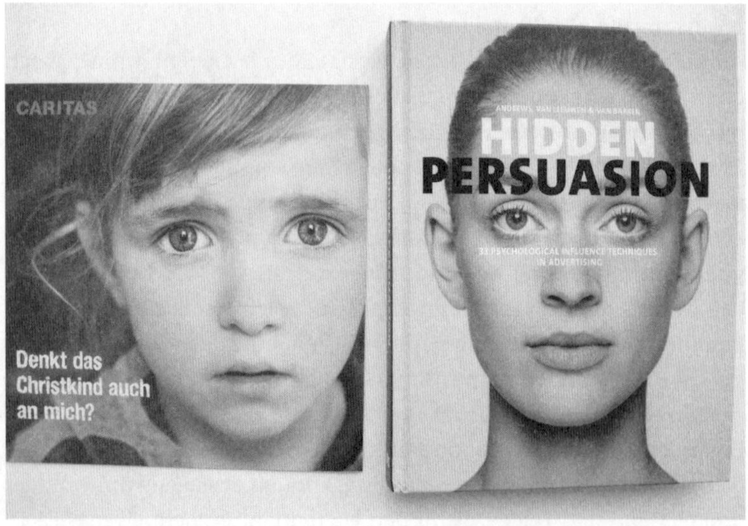

Abb. 1 Gestalter bei der Arbeit: Postwurfsendung und Handbuch, Schweiz und Niederlande 2014

dene, und unser Wahrnehmungsapparat ist darauf programmiert, aus ihren Bewegungen und veränderlichen Positionen – der Augenbrauen, der Stirn, der Mundwinkel – sofort Schlüsse auf die Stimmung des Gegenübers zu ziehen.

Und das tun wir auch ununterbrochen. Es ist deswegen gar nicht so einfach, unbewegt und »ausdruckslos« zu schauen, und das wissen wir auch, spätestens in dem Moment, in dem wir uns einem Kameraauge gegenübersehen. Das eigene Gesicht als dieses ununterbrochen sendende *Interface* ist der eigenen Kontrolle nicht vollständig unterworfen; die Bewegungen der Gesichtsmuskeln lassen bei den meisten Menschen im Alltag brauchbare Schlüsse darüber zu, was sie gerade empfinden. Die Kontrolle darüber – Schauspielern – ist nicht umsonst ein Beruf, der in jahrelanger Ausbildung erlernt werden muss.

Edmund Burke hat dem oben beschriebenen gemalten Gesicht in seinen Untersuchungen über die Wirkung des Schönen 1759 unterstellt, dass es imstande sei, bei unterschiedlichen (und unterschiedlich gelaunten) Betrachtern immer wieder dieselben oder doch sehr ähnliche Gefühle zu erzeugen. Charles Darwin hat etwas mehr als ein Jahrhundert später in seinem Buch über den Ausdruck der Gemütsbewegungen bei Tieren und Menschen dann nichts weniger als die Universalität dieser »expressions« postuliert. Gefühle kommen bei ihm von innen und werden außen, auf dem Gesicht, sichtbar, in feinsten Varianten und Kombinationen. Darwin unterschied deswegen ohne weiteres zwischen echter und nur vorgetäuschter Freude auf Gesichtern. Dafür benutzte er Fotografien, nämlich die bereits publizierten Gesichterstudien des französischen Physiologen Guillaume Duchenne de Boulogne (dessen Buch »Le mécanisme de la physiognomie humaine« 1862 erschienen war) und neu angefertigte Aufnahmen des dänischen Fotografen Oscar Gustave Rejlander. Bei Darwin gibt es sechs Basisgefühle, deren Ausdruck bei allen Menschen und in allen Kulturen gleich ausfalle – eine universale menschliche Sprache, durchs Gesicht vermittelt.[8]

Wenn das Gesicht in Großaufnahme im 20. und 21. Jahrhundert als Identifikationsoberfläche und Gefühlsmaschine schlechthin erscheint, dann stellt Charles Darwin dafür den wissenschaftlichen Gründervater. Der moderne Herausgeber von Darwins Schriften, der amerikanische Psychologe Paul Ekman, hat in den 1970er Jahren das »Facial Action Coding System« entwickelt, mit dem ihm zufolge emotionale Gesichtsausdrücke bei allen Menschen klassifiziert und genau erfasst werden können. Ihre Kombination aus sieben Grundgefühlen bilde eine universelle Sprache, so Ekman, aus jedem Gesicht ablesbar, immer und überall. Paul Ekman und seine Firma haben nicht nur Trainingsprogramme für die US-amerikanischen Sicherheitsbehörden entwickelt, mit deren Hilfe Übeltäter an ihrem Gesichtsausdruck erkannt werden können. Ein bisschen Pop-Selbstdarsteller ist er auch, er hat 2011 zusammen mit dem Dalai Lama ein Buch publiziert und erscheint als Spezialist für das wissenschaftliche Aufdecken von Unwahrem und Ungesagtem in einer amerikanischen Fernsehserie mit dem schönen Titel »Lie To Me«.

Bei Ekman sind es die »micro-expressions«, die jedes persönliche Gefühl auf dem Gesicht erscheinen ließen, in winzigen Sekundenbruchteilen; ihre Wahrnehmung und Deutung könne man trainieren. Und er ist überzeugt: Er könne alles aus den Gesichtern lesen. »Ich bin bis Papua-Neuguinea und auf alle Kontinente gereist«, hat Ekman 2010 in einem Interview zu Protokoll gegeben. »Es gibt keinen Ausdruck, den ich nicht kenne.«[9] Ekman bemüht dafür nicht nur seine eigene Erfahrung, sondern auch die Geschichte, vom Mittelalter (er zitiert Thomas von Aquin) bis zur modernen Fotografie. »Seit ich zwölf bin, fotografiere ich, und ich habe gelernt, dass uns unsere Gesichter fast alles erzählen.«[10]

Den Spezialisten, der »eines Menschen geheimste Gedanken aus einem jähen Mienenspiel, dem Zucken eines Muskels oder dem Blick eines Auges« ablesen kann, hat übrigens Arthur Conan Doyle bereits 1887 in seiner Erzählung »A Study in Scarlet« auftreten lassen. Sherlock Holmes heißt er.[11] Das große Versprechen, das Paul Ekman und seine Firma formulieren, ist möglicherweise schon ein bisschen älter.

Lass mich das Wahre fühlen

Jedes Gesicht ist eine bewegliche Kommunikationsoberfläche. Aber wenn die Empfindungen, die es ausdrückt, nur als Abläufe lesbar werden, wieso werden dann stillgestellten Abbildern des Gesichts so starke Wirkungen zugeschrieben? Das funktioniert nicht nur mit fotografierten, sondern auch mit gemalten Zügen. Das Gesicht einer jungen blonden Frau mit dunklen Augen und schön geschwungenem Mund. Darunter, groß: »Die Erfindung des Menschen«.

Das war die Botschaft der großen Plakate, die im Sommer 2011 in langen Reihen vor dem Kunsthistorischen Museum in Wien und überall in der Stadt zu sehen waren. Außer dem Gesicht im Dreiviertelprofil zeigte das Bild noch Halskette, großes Dekolleté und Schultern im golddurchwirkten Seidenkleid: Albrecht Dürer hat es 1503 gemalt. Um Porträts aus dem 15. und 16. Jahrhundert und das Dreigestirn Dürer-Cranach-Holbein ging es in der dazugehörigen Ausstellung; im Herbst und Winter 2011 war sie auch in München zu sehen. Im selben Jahr 2011 zog die Parallelaktion des Berliner Bode-Museums, »Gesichter der Renaissance«, mit niederländischen und italienischen Porträts derselben Periode eine Viertelmillion Besucher an. Am Jahresende wurde sie auf den Kulturseiten der »Frankfurter Allgemeinen Zeitung« als die »gegenwärtigste Schau des Jahres« gefeiert. »Wahrheit, die wundersam hineinwirkt ins Heute«, schrieb der begeisterte Journalist: »Unser Wunsch nach einer kraftvollen Identität als Individuum.«[12]

In welchem Verhältnis steht die »Wahrheit« dieser Bilder zu »kraftvoller Identität« und dem Individuum einer etwas unklar gefassten ersten Person Plural? Die Gesichter der Renaissance waren 2011 nicht einfach nur Bilder von früher, sondern ein zeitgenössisches Ereignis, weil sie verhießen, besonders authentische, einzigartige Individualitäten zu präsentieren. Diese Inszenierung war allerdings selber nicht ganz neu: Die Berliner wie die Wiener Ausstellung von 2011 waren bis in die Details der Bildauswahl und -kommentierung Wiederholung und Fortsetzung der großen Schau »Renaissance Faces: Van Eyck to Titian«, die zweieinhalb Jahre zuvor in der Londoner National Gallery zu sehen war.[13]

Richtige Individualität ist anscheinend etwas, was man bereits kennt. Den Künstlern sei »die authentische Erfassung einer Person« gelungen, meldete 2011 der Pressetext zur Wiener Schau, »gepaart mit der subtilen psychologischen Durchdringung der Dargestellten.« Aber warum wirken die gemalten Gesichter von Jan van Eyck, Petrus Christus, Dürer, Holbein und ihren italienischen Kollegen »individueller«, »realistischer« und »wahrer« als ganzfigurige Porträts, die der dargestellten Person nicht nur Kopf, Hals, Schultern und Hände geben, sondern auch den restlichen Körper, den sie im wirklichen Leben hoffentlich gehabt haben?

Das gemalte Gesicht, das den Betrachter fixiert, sei die machtvolle alte Formel der christlichen Kunst schlechthin, hat Marie-José Mondzain, Spezialistin für byzantinische Kunstgeschichte, formuliert. Jedes solche

Gesicht fordere den Betrachter zur Teilnahme auf. »Die Ikone agiert.« Sie sei nicht Objekt einer passiven Faszination, sondern ein wirksamer Operator, weil sie ein Gesicht zeige. So müsse man auch die unablässig wiederholte Erzählung von der Emotion verstehen, schreibt Mondzain, die den Betrachter beim Anblick des gemalten Gesichts überwältige und schließlich bekehre. »Wer sie sieht, sieht sich. Wer sie sieht, wird gesehen.«[14]

So kommt man der Wirkung von Gesichtern in Großaufnahme schon näher. Es ist verlockend, solche Bilder als Gefühlsgeneratoren zu beschreiben. Damit brockt man sich aber ein paar methodische Schwierigkeiten ein. Die Gefühle eines Betrachters vor einem Bild können sehr intensiv ausfallen. Aber sie können nicht ausschließlich privat und schon gar nicht »innerlich« sein, denn sonst wüssten wir nichts über sie. Gefühle sind dadurch charakterisiert, dass sie irgendwann wieder aufhören: Es sind Empfindungen mit beschränkter Haltbarkeit. Deswegen können nur solche Emotionen, die man mit anderen teilen kann, zum Gegenstand historischer Recherche werden, als sprachlich gefasste und an bestimmte Kontexte gekoppelte Signal-Pakete.

Diese Emotionen müssen sich aber auf andere übertragen lassen, also ansteckend sein, oder doch zumindest nachvollziehbar. Diesen Vorgang sollte man sich nicht zu einfach vorstellen. Die eine Hälfte der Zeit, hat der Philosoph Robert Pfaller geschrieben, glaube man, dass nur die Anderen diese Einbildungen und Illusionen haben; nicht man selber, man ist ja kühl und selbstbewusst. Aber die andere Hälfte der Zeit ist man auf geheimnisvolle Weise davon überzeugt, dass die anderen echter, tiefer fühlten als man selbst, und dass sie mehr empfänden: Nur man selbst sei so zerrissen, widersprüchlich und unecht.[15] Viele mediale Innovationen lassen sich als Instrumente zur Produktion und gleichzeitigen Synchronisierung von Empfindungen beschreiben – vom lauten Beten und Singen und dem gemeinsamen Lesen empfindsamer Romane bis zu Fangesängen in Fußballstadien und dem Besuch von Opern und Kinosälen. Bilder von Gesichtern, die im öffentlichen Raum »Ich« sagen, sind ebenfalls ein solches Instrument. Sie sind Aufmerksamkeitsmaschinen, die Rückkopplungseffekte erzeugen sollen. »Ja, so fühle ich jetzt auch!«

Ungefähr das wollen alle diese Plakate erreichen, an denen ich in der Fußgängerzone vorbeiradle. Die Redewendungen vom Bild des Gesichts als vermeintlich belebtem Objekt, das auftritt, spricht und handelt, sind seit so langer Zeit in der gelehrten Literatur über Bilder gebraucht worden, dass sie auch gelehrten und subtilen Wissenschaftlern im 20. und 21. Jahrhunderts wie selbstverständlich aus der Tastatur laufen. Es ist nicht nur verlockend, den Bildern der Gesichter ein vermeintliches Eigenleben zuzuschreiben, ein solches Vorgehen verbindet sich außerdem mit Arbeitsersparnis. Wer emphatisch genug die Belebtheit oder den »Eigensinn« der Bilder hervorhebt, erspart sich die Recherche nach Produzenten, Auftraggebern und Vorbildern dieser vermeintlich selbst handlungsmächtigen *imagines agentes*.

Lord Kitcheners blaue Augen

In den folgenden Kapiteln versuche ich einen anderen Zugang. Der Glaube an die Bilder vom Gesicht und ihre Wirkung hat eine Geschichte, die ungefähr tausend Jahre älter ist als die Werbeplakate in den Fußgängerzonen und auf den Titelseiten von Illustrierten. Die naheliegendste Antwort auf die Frage, wie solche großformatigen Bilder von Gesichtern funktionieren, besteht im Verweis auf die Technik, mit der diese Bilder hergestellt werden, die Fotografie. Herr Groebner, könnten Sie mir also nachsichtig erklären, schauen Sie: Da war wirklich jemand, der so ausgesehen hat. Eine Kopie seines Gesichts wurde mit Hilfe von Lichtstrahlen und eines schwarzen Apparats auf lichtempfindlichem Material fixiert, das nennt man indexikalische Abbildung. Demnach wirkt das Bild, weil es genauso aussieht wie das lebendige Gesicht. Es zeigt, dass da wirklich jemand Wirkliches war.

Ich wäre mir da nicht so sicher. Die Bilder auf den Plakaten sollen beim Betrachter Gefühle erzeugen, indem sie ihm als quasi-belebte Verdoppelungen lebendiger Vorbilder erscheinen. Diese Koppelung von Individualität – der Identifizierbarkeit einer bestimmten Person qua Bild – und besonderer emotionaler Aufladung (ein echtes Gesicht, also reagiert der Betrachter auch echt darauf) klingt wie ein sehr modernes Konzept. Aber das kommt darauf an, was man unter »modern« versteht. Der Historiker Carlo Ginzburg hat die Geschichte eines solchen sprechenden Gesichts recherchiert. Es ist das vielfach kopierte britische Plakat zur Mobilmachung beim Ausbruch des Ersten Weltkriegs, das alle unverheirateten jungen Männer aufforderte, sich als Kriegsfreiwillige zu melden. Das Plakat zeigte aber keine Fotografie, sondern ein gemaltes

Gesicht. Es gehörte General Lord Kitchener, der am 5. August 1914 zum britischen Kriegsminister ernannt worden war.

Kitcheners durchdringende blaue Augen fixierten den Betrachter; sein Blick schien ihm überallhin zu folgen. Das Plakat hat eine lebhafte Rezeptionsgeschichte, von der amerikanischen Version mit Uncle Sam (»I want you for U.S. Army«) über die Varianten der deutschen Reichswehr und der Bolschewiki bis zur bekannten Bildunterschrift der Plakate aus George Orwells 1949 erschienenem Roman »1984«: »Der Große Bruder sieht Dich.« Sein Motiv und seine Machart hatten aber direkte Vorbilder, die mit Fotografie und Militär nichts zu tun hatten, wie Ginzburg zeigt. Sie stammten aus der Werbung kurz nach 1900, für Zigaretten und für Schreibmaschinen. Die Geschichte der Bildformel reicht aber noch weiter zurück – von den vermeintlich direkt mit dem Betrachter korrespondierenden Bildern vom Gesicht Christi, die im ersten Drittel des 15. Jahrhunderts gemalt wurden, bis zu den eindringlichen Porträts von Feldherren und Göttern mit strengem Blick und ausgestrecktem Zeigefinger aus den antiken Traktaten.[16]

Nehmen wir Ginzburgs Skizze als Ausgangspunkt. Welche alten Bildformeln stecken in den Bildern von Gesichtern, die »Ich« (oder »Du«) sagen, und was haben sie mit den großen Vervielfältigungsmaschinen des 19., 20. und 21. Jahrhunderts zu tun? Die Geschichte, die ich in den folgenden Kapiteln erzählen möchte, ist weniger die Geschichte von Begriffen und wissenschaftlichen Kategorien (obwohl auch die auftauchen werden) als eine von Darstellungsmedien und – verzeihen Sie das kühle technische Wort – Übertragungskanälen.

Das erste Kapitel geht deswegen ins Mittelalter zurück. Gesichter – zuerst in Stein modelliert, dann gemalt – wurden vom Hochmittelalter an in der europäischen Kunst zunehmend detaillierter, verführerischer und eindringlicher dargestellt. Sie wurden mit Aussagen in der ersten Person Singular verknüpft, und vom 14. Jahrhundert an schrieben ihnen ihre Betrachter und Kommentatoren wachsende Überzeugungskraft und Lebendigkeit zu: Bilder von Gesichtern, so waren sie überzeugt, machten ihre Betrachter glauben. Die ältere Forschung hat die Entstehung dieser realistischen Porträts frohgemut als wundersame Erweckung und Selbstabbildung des modernen Individuums beschrieben – eines Individuums, das stets wie der moderne Betrachter dieser Bilder aussieht und fühlt. Die Experten des späten Mittelalters aber, die so ausführlich über die Präsenz und Unmittelbarkeit Auskunft geben, die kunstfertig gemalte Gesichter zu entwickeln vermochten, beschrieben sie als Vehikel zur Metamorphose. Bilder von Gesichtern waren nicht deshalb wirksam, weil sie jemandes wirkliches Aussehen wiedergaben, sondern weil sie es verwandelten und vervielfältigten und neue wunderbare Seh-Effekte erzeugen konnten.

Das zweite Kapitel widmet sich der Technik des Bildermachens mit lichtempfindlichen Silberverbindungen, die heute jeden Blick auf Bilder von Gesichtern prägt. Es ist die Fotografie mit ihrem Versprechen, die sichtbare Natur sich selbst abbilden zu lassen und dabei die Zeit stillzustellen. Sie hat nicht nur erstaunliche neue Gesichter – schwarz auf weiß, gespiegelt und im Negativ – in die Welt gesetzt und in immer schnelleren technischen Kanälen mobilisiert. Die Fotografie hat auch das Verhältnis dieser »Schatten«, wie sie in den 1860er Jahren genannt wurden, zu den physischen Körpern, die sie festhalten sollten, mehrfach umgeschrieben. Wie gut ließen sich die Empfindungen und Bewegungen lebendiger Personen durch die Fixierung ihrer Gesichter auf lichtempfindlichem Papier beeinflussen?

Das dritte Kapitel wendet sich den neuen Formen von Gesichtern in Großaufnahme zu, die in den Jahrzehnten nach dem Ersten Weltkrieg im öffentlichen Raum erschienen. Sie versprachen, in den Gesichtszügen Einzelner kollektive Zustände ganzer Gruppen und Nationen sichtbar zu machen, als Spiegelbilder, aus denen sich historische Abstammungen ebenso ablesen lassen würden wie zukünftige Entwicklungen: Gesichter als Zeitmaschinen, könnte man sagen, denn in ihnen konnten mittelalterliche Vorbilder durch moderne Darstellungstechniken erst so richtig wirksam (und sichtbar) werden. Die neuen Medien Kino und illustrierte Zeitschriften brachten den Menschen bei, wie sie massenhaft reproduzierte Fotos eines Gesichts als Modell für ihre eigenen Empfindungen in ihren Alltag einführen konnten. Die neuen Bilder waren nicht nur Chiffren für sehr persönliche Zustände, über die man sich aber mit anderen austauschen konnte. Sie versprachen gleichzeitig, diese intensiven Empfindungen wiederholbar zu machen – beim Sich-Vertiefen in dieses Foto, beim nochmaligen Betrachten dieses Plakats. Der Zauber des Persönlichen, den solche intim-öffentlichen Bilder ausstrahlten, war das Ergebnis massenhafter Vervielfältigung.

Fotografie, so argumentiert das vierte Kapitel, ist die Lieblingstechnologie der Moderne für Andacht und magische Übertragungen. Das gilt vor allem für jenen Bereich, der den verführerischen Ich-Gesichtern in Großaufnahme ihre heutige Unübersehbarkeit ermöglicht hat, die Werbung: Glauben-machen mit Bildern. Aber aus der Geschichte der Werbung lassen sich auch praktische Gebrauchsanweisungen für den Umgang mit solchen *imagines agentes* gewinnen; gerade mit Blick auf die neuen digitalen Formate am Beginn des 21. Jahrhunderts.

Ein wirkungsvolles Bild eines Gesichts ähnelt nicht immer und nicht unbedingt einem lebendigen Menschen. Sondern vor allem anderen Bildern. Die Gesichter, die auf den Werbeplakaten »Ich« sagen«, mögen auf den ersten Blick banal und aufdringlich erscheinen. Sie haben für neugierige Historiker aber einiges zu bieten. Sie antworten nicht, wenn man sie etwas fragt. Doch sie erweisen sich als kunstvolle und fragile Produkte, gefühlsgesättigt im Wortsinn: Über Wünsche und Lüste ihrer Macher geben sie ebenso Auskunft wie über jene Empfindungen, die ihre Betrachter ihnen gegenüber doch bitte haben sollen.

1.

Große Begriffe aus dem Mittelalter

»Das Subjekt gehört nicht zur Welt, sondern ist eine Grenze der Welt.«

(Ludwig Wittgenstein: Tagebücher, 1916)

Das Gesicht war in Großaufnahme und *en face* abgebildet: Ein junger Mann mit dunklen Augen, blondgefärbtem Haar und auffälliger Nase, der dem Betrachter in die Augen sieht. »Er weiß nicht, wer er ist und woher er kommt«, schrieb die deutsche Wochenzeitung »Die Zeit« am 3. August 2001 zu dem Foto. Niemand kenne den gebildeten jungen Fremden, der im November 1999 in Toronto aufgetaucht sei. Bei einem Raubüberfall, der am Busbahnhof auf ihn verübt worden war, habe er eine Gehirnerschütterung erlitten und sein Gedächtnis verloren. Seine Papiere und sein Gepäck blieben unauffindbar, die Suche nach seinen Fingerabdrücken in internationalen Polizeicomputern ergebnislos. Er verfüge über höhere Schulbildung, könne Latein, Italienisch und Französisch und spreche mit nordenglischem Akzent. Sein Foto war zuerst in Kanada auf Plakaten und in den Zeitungen verbreitet worden; dann auch in den Vereinigten Staaten und in England in Fernsehsendungen und in französischen und deutschsprachigen Zeitungen. Niemand meldete sich, um ihn zu identifizieren.

Busbahnhof Toronto, spätes 12. Jahrhundert

Ist das Gesicht unverwechselbarer Träger der Identität? Das vervielfältigte Bild des Unbekannten mochte so individuell sein wie möglich. Es lieferte aber keinen Aufschluss über die abgebildete Person, weil niemand es mit einer Biographie verbinden konnte. Am Handgelenk trug der Unbekannte ein Armband mit der Aufschrift »Philipp Staufen«. Das sage ihm nichts, gab der Mann in Toronto an. Da seine Herkunft ungeklärt blieb, wurde er aber 2001 schließlich unter dieser Bezeichnung offiziell registriert.

Es gibt einen Träger dieses Namens, über den relativ viel bekannt ist, aber für die kanadische Polizei war das kein brauchbarer Hinweis.

Philipp von Hohenstaufen, geboren 1177 als jüngster Sohn Friedrich Barbarossas, war zuerst Dompropst und Bischof, um dann wieder in den weltlichen Stand zurückzutreten und eine byzantinische Prinzessin zu heiraten. Im Bürgerkrieg 1198 wurde er als Philipp von Schwaben zum König gewählt, im Gegensatz zu seinem ebenfalls gekrönten Widersacher Otto IV. mit den echten Insignien, aber am falschen Ort. Im folgenden Bürgerkrieg besiegte Philipp von Hohenstaufen seinen Rivalen, wurde aber 1208 ermordet. Wie andere Mitglieder seiner Familie auch hat er ein lebhaftes und wunderbar kompliziertes Nachleben gehabt. Es reicht von Verschwörungstheorien, die seinen Namen mit der Eroberung von Konstantinopel im Vierten Kreuzzug in Verbindung bringen, über einen angeblichen Staatsstreich päpstlicher und venezianischer Geheimagenten bis zu den romantischen Staufer-Mythen des 19. und 20. Jahrhunderts.[1]

Aus dem Mittelalter stammt nicht nur der Name auf dem Armband des Mannes aus Toronto, sondern auch der Begriff, mit dem Kommentatoren seiner Geschichte im 21. Jahrhundert das bezeichneten, was er verloren zu haben angab – seine Identität. Das lateinische Wort *identitas* war im Lauf des 12. Jahrhunderts in theologischen Traktaten zum machtvollen Begriff geworden. Es stand dort nicht für Einzigartigkeit, sondern, abgeleitet von *idem*, der- oder dasselbe, oder *identidem*, zum wiederholten Mal, für die perfekte Übereinstimmung zwischen einem Original und seinem Abbild; als Attribut des Göttlichen.

Seit Augustinus war für die christliche Theologie selbstverständlich, dass jedes menschliche Gesicht einzigartig sei. Gleichzeitig spiegle sich in ihm das Gesicht Gottes, erklärten die frühmittelalterlichen Theologen. Deswegen sei seine Verunstaltung – etwa durch die Tätowierungen und Verstümmelungen der antiken Rechtspraxis – frevelhaft. Die gebräuchlichste theologische Metapher vom menschlichen Gesicht als gottebenbildlich bezog sich auf Bilder von Gesichtern, die in der Alltagswelt der Spätantike und des frühen Mittelalters buchstäblich auf der Hand lagen. *Nummi Dei sumus*, schrieben die Theologen: Wir sind Münzen Gottes. Münzen trugen den Kopf des Kaisers, und das machte sie echt. Ab dem 7. Jahrhundert erschien auf ihnen auch das Gesicht Christi.[2]

Das Bild vom Gesicht des Erlösers hat in den erbitterten theologischen Auseinandersetzungen um die Verehrung von Bildern seit dem

8. Jahrhundert eine große Rolle gespielt, weil es als *acheiropoieton* galt, als nicht von menschlicher Hand hergestellt, um die Verehrung von Ikonen zu rechtfertigen. Erstmals beschrieben wurde ein solches Bild im späten 6. Jahrhundert im syrischen Edessa. Über einem Stadttor eingemauert, habe es einen militärischen Angriff erfolgreich abgewehrt. Dabei habe es auch sein eigenes Ebenbild in den Ziegel eingraviert, der zum Schutz über es gelegt worden sei, und damit ein echtes Bild vom Bild erzeugt. Das göttliche Original war deswegen eines, weil es sich selbst vervielfältigen konnte. Dieses machtvolle Bild vom Gesicht Christi wurde nicht nur Inkarnation eines triumphierenden christlichen Kaisertums (als *Mandylion* befand es sich ab dem 10. Jahrhundert in Konstantinopel), sondern auch Vorlage für eine Reihe weiterer, ebenso wirkungsmächtiger Christusbilder. Sie wurden ab dem 11. Jahrhundert als *vera icon* oder Veronika auch im westlichen Mittelmeer und in Rom verehrt. Das byzantinische Original wurde nach der Plünderung der griechischen Metropole durch europäische Kreuzritter 1204 vermutlich nach Paris gebracht; dort verlor sich seine Spur.[3]

Ab dem 12. Jahrhundert hatten die gelehrten Spezialisten begonnen, ein immer detaillierteres Vokabular für die Erscheinungsformen von Ähnlichkeit und für Bilder als Kopien abwesender Dinge zu entwickeln. Dabei ging es um komplexe theologische Probleme der Vervielfältigung wie die Dreieinigkeit Gottes und um das noch verzwicktere Verhältnis zwischen dem Körper Christi und seiner Reproduktion durch die geweihte Hostie; aber auch um Irdisches. Denn im selben 12. Jahrhundert hatten die ersten Aussteller von Urkunden begonnen, die Echtheit und juristische Gültigkeit dieser Dokumente durch den Abdruck ihres persönlichen Siegels zu bezeichnen – eine praktische und notwendige Neuerung in einer Welt, in der sich schriftliche Dokumente zum Nachweis von Besitzverhältnissen rasch verbreiteten.[4]

Das Siegelbild war der vervielfältigte Abdruck des Körpers desjenigen, in dessen Namen die Urkunde ausgestellt worden war – durchaus im wörtlichen Sinn, frühe Siegel trugen noch reale physische Spuren ihrer adeligen Besitzer, Abdrücke ihrer Zähne oder manchmal sogar einige Barthaare. Sie wurden im Lauf des 12. Jahrhundert durch individuelle Zeichen ersetzt. Wenn die physische Gegenwart einer Person in einem Rechtsakt durch einen Schriftbeweis ersetzt werden musste, dann brauchte diese bürokratische Realität starke neue Begriffe, um Wahrheitsansprüche plausibel zu machen. *Identitas* bezeichnete die Verbindung zwischen einer Sache und ihrem echten Abbild. *Imago*, das zuvor Vorstellungs- und Erinnerungsbild bedeutet hatte, meinte nun etwas ungleich Konkreteres, nämlich den physischen Abdruck des Siegelbildes, den man bei Rechtsstreitigkeiten vorzeigen konnte: *Imago, id est similitudinis impressio.*

Im Gebrauch von Metaphern für Vervielfältigung und im Motiv vom menschlichen Gesicht als einem Siegelabdruck Gottes steckt deshalb handfeste Medien- und Rechtspraxis. Sie basierte auf der Auffassung, dass Abbilder und Repliken die Eigenschaften ihrer Originale übernähmen. Das war der gemeinsame Nenner zwischen der Lehre von der Eucharistie, der Verehrung der Hostien und der Rechtsgültigkeit der mit einem »echten Bild«, einem vervielfältigten Siegel gezeichneten Urkunden im 12. und 13. Jahrhundert. Das Falsche konnte man in dieser Logik an ihrer *difformitas* erkennen, an Unvollkommenheit als Ergebnis missglückter oder betrügerischer Vervielfältigung – ganz im Gegensatz zur positiv konnotierten exakten Entsprechung mit dem Vorbild. *Identitas* als *conformitas* dagegen vereinte Rechtsgültigkeit und Wahrheit: Die Vervielfältigung erzeugte in dieser Logik das Wahre, das vollkommen war, weil es echt war. Und umgekehrt.

Gotische Charakterköpfe

Das Mandylion mochte verschwunden sein: Kopien dieses wahren Bildes vom Gesicht Christi traten als *Veronica* und *vera icon* im christlichen Westen ihren Siegeszug an. Im 12. Jahrhundert hatten sich nicht nur die Bilder vom echten Bild, sondern auch die Erzählungen von den wundertätigen, weil wahren und unmittelbar wirksamen Gesichts-Bildern vervielfältigt. In der christlichen Spätantike und im Frühmittelalter hatten von Menschen gefertigte Bilder stets unter dem Verdacht gestanden, Manipulation zu sein und eben nicht das zu zeigen, was sie vorgaben. Im Hochmittelalter begann sich das zu ändern. Bilder galten nicht mehr von vornherein als Täuschung, sondern konnten das Authentische abbilden. Im Fall des in Rom aufbewahrten Schweißtuchs Christi, das sein Gesicht zeigte, verschob sich in den Beschreibungen von Chronisten im Lauf des 12. und 13. Jahrhunderts der Fokus von der materiellen Reliquie (also dem Stück Stoff, segensreich, weil es den Körper des Erlösers berührt hatte) zu dem, was auf ihr zu sehen war, nämlich dem Gesicht Christi – wenn man sehr genau hinschaute.[5]

Parallel dazu vermehrten sich die Geschichten, in denen Menschen Personen, die ihnen in einer Vision, einer Traumerscheinung oder real begegnet waren, nachträglich als bestimmten Heiligen oder Herrscher identifizieren konnten, und zwar mit Hilfe eines Bildes.[6] Auf eine hintergründigere Pointe läuft die Geschichte hinaus, die ein englischer Autor, Gervasius von Tilbury, ebenfalls am Ende des 12. Jahrhunderts in seine Beschreibung der in den Kirchen Roms aufbewahrten Schätze eingefügt hat. Unter ihnen befände sich auch das wahre Bild Christi, schreibt Gervasius. Wenn ein Kleriker im Stand der Sünde diesem in die Augen blicke, erblinde er auf der Stelle. Dieses wunderbare echte Antlitz, fügte er hinzu, sei allerdings heute vollkommen mit Gold bedeckt.[7] Das war auch eine Technik, die schwer kalkulierbaren Wirkungen eines echten Bildes zu kontrollieren, das ununterbrochen Wahrheit erzeugte; und die Passage sagt einiges über die ironischen Untertöne beim Reden über wahre Gesichter, die auch hochmittelalterlichen Berichterstattern zur Verfügung gestanden haben.

Im 12. und 13. Jahrhundert erschienen aber auch die Gesichter der Sterblichen in neuer Intensität. In den Steinskulpturen und Porträtreliefs, die in St.-Denis, Reims und Paris für längst verstorbene französische Könige angefertigt wurden, bekamen Herrscher, von denen zuvor keine oder keine befriedigenden figürlichen Darstellungen existiert hatten, nachträglich ein Gesicht, wie 1163 der fünf Jahrhunderte zuvor verstorbene König Childebert. (Stirnrunzeln inklusive; die waren vermutlich von Darstellungen biblischer Propheten übernommen worden.)[8] Ludwig der Heilige ließ in der Mitte des 13. Jahrhunderts in Reims allen seinen Vorgängern Gesichter verleihen, bartlos und mit neuester modischer Frisur – ein König sollte schließlich auch wie einer aussehen. Ungefähr zur selben Zeit wurden die Porträts der Stifter des Naumburger Doms in Auftrag gegeben, unter ihnen Markgräfin Uta von Meissen. Sie zeigen Personen, die zweihundert Jahre früher gelebt hatten. Die Dargestellten haben die Künstler, die ihre Gesichtszüge modelliert haben, nie gesehen.

»Ich« gesagt haben schon einige dieser steinernen Gesichter. Über dem Stadttor von Capua, 1234 bis 1239 von Friedrich II. errichtet, war eine große Büste angebracht, mit dem Schriftzug: »Ich werde durch kaiserliche Gewalt zur Wächterin des Königreichs.« Direkt über diesem Gesicht, der Personifikation der Gerechtigkeit, thronte als monumentale Sitzfigur mit drohend ausgestrecktem Arm der Kaiser selbst. Sein Bild spricht ebenfalls in der ersten Person: »Ich werde die ins Elend stürzen, die ich als wankelmütig erkenne.« In einem dreißig Jahre später entstandenen Bericht hat ein Betrachter von den starken Gefühlen geschrieben, die beide Gesichter zusammen erzeugten. Der Mund der Kaiserskulptur donnere seine Drohung auf die Passanten des Tors herunter, um ihnen Furcht einzuflößen. Aber auch diese Schilderung könnte ironische Untertöne haben. Die kaiserliche Macht, von denen die sprechenden Gesichter in Stein kündeten, gab es zu diesem Zeitpunkt nämlich nicht mehr. Und der Berichterstatter, der über die Gefühle der Betrachter schrieb, war Hofkaplan jenes französischen Fürsten, Karl von Anjou, der diese staufische Herrschaft in Süditalien beendet hatte.[9]

Es gab im Hochmittelalter aber auch andere Weisen, ein Gesicht anzuschauen. In der »Compilatio singularis exemplorum«, einer Sammlung von kurzen Predigtexempeln, die ein anonymer Dominikanermönch zwischen 1290 und 1297 in Frankreich zusammengestellt hat, findet sich die Geschichte von einem Gaukler, der nackt aufgetreten sei – *indecens totus nudus, exceptis brachis*, also unbekleidet bis auf seine Unterhosen. Ob er nicht friere?, fragt ihn ein Zuschauer. Der Gaukler verneint. »Auch nicht im Gesicht?« Aber sicher nicht, antwortet der Gaukler: *Ego sum totus visagium.*[10]

»Ich bin als ganzes Gesicht« – und deswegen nackt. Das Exempel diente dem Dominikanerprediger dazu, sein Publikum zum Lachen und gleichzeitig zum Nachdenken zu bringen, eine viel gebrauchte rhetorische Technik der Bettelorden. Denn um ironische Verfremdung geht es dabei; im Gesicht friert man eben normalerweise nicht. Aber dieses Gesicht, so die Lektion der Geschichte, ist nicht einfach Kürzel für den gesamten Menschen, sondern ein Teil des menschlichen Körpers, für den besondere Regeln gelten. Das Gesicht ist im Normalfall eben nicht stillgestellt, sondern pathognomische Kommunikationsschnittstelle, erinnert das Exempel. Es kann deswegen so schnell Signale übermitteln, weil es wie kein anderer menschlicher Körperteil seine sichtbare Form verändert: Runzeln der Stirn, Hochziehen der Augenbrauen, Aufreißen oder Zusammenkneifen von Augen und Mund, Blecken der Zähne; manche Menschen können sogar mit den Ohren wackeln. Ein komplett stillgestelltes Gesicht gehört entweder einem Toten. Oder es ist kein lebendiger Körper, sondern ein Bild.

Die Geschichte legt dem Gaukler – keine sehr positive Figur der mittelalterlichen Didaktik – aber noch mehr in den Mund. Das Gesicht, sagt er stolz, ist nicht nur besonders beweglich, sondern obendrein stets nackt. In der hochmittelalterlichen Bildproduktion und Plastik hatten unanständige, verzerrte und grimassierende Gesichter ihren festen Platz, in den Marginalien von illustrierten Handschriften ebenso wie in Darstellungen von Allegorien der Laster und anthropomorphen Dämonen und Teufeln, samt deren Hinterteilen und Genitalien.

An der Wende vom 12. zum 13. Jahrhundert waren auch die ersten bildlichen Darstellungen von Dichtern erschienen, gewöhnlich in Abschriften ihrer Werke. Ovid, Lukan und Vergil, von denen niemand wusste, wie sie ausgesehen hatten, wurden mit frischen Gesichtern ausgestattet.[11] Dasselbe gilt für sehr viele Figuren der christlichen Heilsgeschichte, für spätantike und frühmittelalterliche Heilige und Stifter, von denen über Jahrhunderte keine Bilder oder detaillierten Personenbeschreibungen überliefert waren, ebenso wie für andere Kleriker und Laien. Sie alle bekamen ab dem 13. Jahrhundert Gesichter, weil ihre Bilder auf nachträglich angefertigten Plastiken, Reliefs, Grabmälern und Fresken erschienen.[12] So eindrucksvoll ihre Züge vor allem nach 1220 ausfielen, als die in Stein gemeißelten Gesichter auf Kathedralen und Grabmälern zunehmend kunstvoll und ausdrucksstark wurden, so sehr waren sie praktische Zeitpolitik, Vergegenwärtigung im Wortsinn: Sie demonstrierten die nachträgliche Visualisierung einer verschwundenen Vergangenheit durch die Gesichter ihrer Protagonisten.

Je intensiver sich das christliche Europa des Hochmittelalters den Bildern zuwandte und je größere, buntere und wirkungsvollere Gesichter diese Medienrevolution produzierte, zuerst in religiösen, dann auch in weltlichen Räumen, desto deutlicher wurden ihre besonderen Eigenschaften. Am Beginn des 14. Jahrhunderts wurde in der »Steirischen Reimchronik« zum ersten Mal die Erzählung vom Künstler formuliert, der ein Porträt eines Fürsten – des Königs Rudolf von Habsburg – anfertigen sollte, als steinerne Skulptur. Der Künstler, so der Chronist Ottokar, sei aber nicht fertig geworden, weil sich Rudolfs Gesicht durch Alter, Sorgen und Krankheit verwandelt und immer mehr Falten bekommen habe: Der Bildhauer habe sein Abbild ständig nachbessern müssen.[13]

Die Gesichter dargestellter Personen verändern sich, eben weil sie lebendig sind; ihre Abbildungen aber nicht. Der Chronist, der die Geschichte berichtet, hat aber weder den Bildhauer noch den lebendigen König samt Falten je selbst gesehen. Sein Bericht ist erst zehn Jahre nach Rudolfs Tod 1291 begonnen und um 1321 abgeschlossen worden. Auch Ottokars Geschichte wird also nachträglich erzählt. Sie hat vermutlich unter anderem dazu gedient, die auffällige Gestaltung der Grabskulptur im Speyrer Dom zu erklären. Noch eine 1997 erschienene Untersuchung war sich allerdings sicher, aus deren Gesichtszügen direkte Schlüsse auf höchst persönliche Empfindungen des Herrschers ziehen zu können – »müde« sei er, und »resigniert«.[14]

Bildschirme ins Jenseits

Wie verlässlich konnten Bilder sein, wenn sie Gesichter zeigten? Bei aller Verehrung der Bilder vom wahren Gesicht Christi waren sich die gelehrten Zeitgenossen des 14. Jahrhunderts nicht so sicher, wenn es um die Wiedergabe der Gesichtszüge Sterblicher ging. Das Gesicht verkörpere das Göttliche im Menschen, lehrten die Theologen; aber durch die Erbsünde sei die ursprüngliche Gottebenbildlichkeit des Menschen verlorengegangen. Seither befände er sich in einer Zone der Unähnlichkeit. Kein Bild, Gesicht des gottähnlichen Menschen, könne deshalb die direkte Schau Gottes von Angesicht zu Angesicht ersetzen. Wem wann ein solcher unmittelbarer Blickkontakt, die *visio beatifica*, möglich sei – nur den Heiligen oder auch besonders begnadeten Gläubigen, direkt nach dem Tod oder erst beim Jüngsten Gericht –, war unter Theologen des 13. und 14. Jahrhunderts eine heftig diskutierte Frage, die erst 1336 durch ein Machtwort der Kurie beendet wurde. Gängiges Motiv in Heiligenlegenden war deshalb die Beschreibung, wie das Gesicht der oder des Heiligen im Augenblick ihres Todes in buchstäblich überirdischer Schönheit erstrahlt sei, Abglanz der Schönheit dessen, was der sterbende Heilige schon vor Augen habe: Beweis seiner Heiligkeit und (kurze) himmlische *preview* in einem.[15]

Das Gesicht des Heiligen wurde dabei zu einer Art interaktivem Bildschirm ins Jenseits. Gemalte Bilder konnten im 14. Jahrhundert nicht mit derartig starken Echtheitseffekten aufwarten. Umso intensiver wurde über die Möglichkeiten und Grenzen der Visualisierung nachgedacht. Schon Wilhelm von Ockham war aufgefallen, dass ein Bild nicht zur Unterscheidung zweier Gesichter verwendet werden konnte, die sich ähnlich sahen.[16] Herausgefordert durch die radikale Kritik an Bilder- und Reliquienverehrung, die John Wyclif, Jan Hus und ihre Anhänger formuliert hatten, formulierten katholische Theologen am Ende des 14. Jahrhunderts zunehmend skeptische Ermahnungen gegen den Missbrauch von Bildern und gegen alle Vorstellungen, die Bilder von Heiligen seien wegen ihrer anthropomorphen Darstellungen selbst lebendig und handlungsfähig.

Deswegen warnten sie: Allzu suggestive Bilder könnten zum Aberglauben verleiten. Illusionistische Darstellungen, die dem Betrachter suggerierten, er sähe sich einem lebendigen Körper gegenüber, seien nicht nur falsch, sondern betrügerisch, lehrte Nikolaus von Dresden in seinem Traktat »De imaginibus« von 1415. Maler, die einen männlichen oder eine weibliche Heilige als *horisator et horisatrix* – wörtlich: männliche und weibliche Buhler, also mit verführerisch schönem Aussehen – darstellten, täuschten die Gläubigen. Für das Publikum hielt der Gelehrte ähnlich strenge Ermahnungen bereit. Die Wirkung solcher *imagines falsae* gehe so weit, so Nikolaus von Dresden besorgt, dass die Gläubigen ihre Aufmerksamkeit von der allein heilsbringenden Eucharistie abwendeten und den bloßen gemalten Täuschungen widmeten. Einem solchen Bild menschliche Eigenschaften und Reaktionen zuzuschreiben sei verwerflicher Irrtum, lehrten auch eine Reihe seiner Zeitgenossen, unter anderem der italienische Franziskanerprediger Bernardino da Siena.[17]

Nicht nur Theologen waren gegenüber den Bildern zurückhaltend. Der Dichter Francesco Petrarca hatte in den beiden berühmten Sonetten 77 und 78 seines »Canzoniere« das Porträt seiner Geliebten Laura beschworen. Über Lauras Aussehen erfährt der Leser dabei allerdings nichts, außer dass sie von großer Schönheit gewesen sei. Die Sonette behandeln vielmehr Petrarcas eigene Empfindungen bei der Betrachtung. »Scheint sie mir im Abbild zu verzeihen / und lässt, gemalt, mich süss in Hoffnung schweben. / Will ich sodann mit ihr mich unterhalten / hört sie mir scheinbar zu in grösster Milde / Ach! Dass sie mir doch Antwort geben könnte!«[18] Vor allem macht der Dichter deutlich, dass das Bild, das er besingt, nicht unter lebendigen Menschen weilt, sondern im Jenseits. Denn dort befinden sich zu dem Zeitpunkt, als Petrarca sein Sonett schreibt, sowohl die Porträtierte als auch ihr Maler

Simone Martini – beide waren tot. Petrarca imaginiert ein Bild, das buchstäblich überirdisch ähnlich geworden ist. So gut getroffen sei das gemalte Gesicht, formuliert der Dichter im Sonett 77, dass es nur im Himmel entstanden sein könnte und *non qui tra noi* – »nicht hier, unter uns«.[19]

Aus den Gedichten spricht eine deutliche Skepsis gegenüber menschengemachten Abbildern. In einem Brief von 1362 hat der Dichter seinen eigenen Widerstand dagegen, gemalt zu werden, noch stärker betont: Ein begonnenes Porträt von ihm sei deswegen unvollendet geblieben. »Wenn wir überhaupt gesehen werden wollen, so zeigen wir uns in den Büchern«, formulierte er in seinen »Familiaria«.[20] Eine Bild-Text-Kombination von zwei autographen Zweizeilern Petrarcas und einem Dichterporträt, 1340 oder 1342 von Simone Martini gemalt, zeigt nicht das Gesicht des lebendigen, sondern eines toten Autors, nämlich Vergils.[21]

Diese Zurückhaltung hat Petrarca nicht daran gehindert, einer ganzen Reihe von Bildern die Fähigkeit zuzuschreiben, wie lebendig zu wirken. Er habe Kaiser Karl IV. mehrere Bildnisse »unserer Fürsten« als Geschenk überreicht, berichtet er in einem Brief 1355, darunter ein Porträt des Kaisers Augustus, »das geradezu zu atmen schien«. Er habe den Kaiser ermahnt, ihnen zu gleichen und sich »nach ihrer Form und ihrem Bilde zu gestalten« – aber der Dichter, unermüdlich im Recyceln von Metaphern antiker Autoren, spricht dabei von Darstellungen eines Kirchenvaters und von antiken Münzen.[22] Für Petrarca gab es also sehr wohl authentische und täuschend lebensähnlich geformte Gesichter. Nur befanden die sich in einer reinszenierten und christlich überformten Antike. Oder im Jenseits.

Die Jahrzehnte in der Mitte des 14. Jahrhunderts, in denen Petrarca schrieb und arbeitete, figurieren in kunsthistorischen Überblicksdarstellungen und Handbüchern als Entstehungszeit der ersten realistischen Porträts. Als die beiden ältesten erhaltenen gemalten Gesichter gelten das des Habsburgerherzogs Rudolphs IV. von Österreich und des französischen Königs Johann der Gute, beide im letzten Drittel des 14. Jahrhunderts entstanden. Beide waren 2011 als Auftakt in der Wiener und Münchner Ausstellung von der »Erfindung des Menschen« zu sehen. Das Bild Rudolfs war nach seinem Tod 1365 in Kombination mit seiner steinernen Büste auf dem Hochgrab im Wiener Stephansdom ausgestellt. Der Herzog trägt darauf eine juwelengeschmückte Bügelkrone, die wie eine Kaiserkrone aussieht und ihm eigentlich nicht zustand. (Zum Erzherzog machte er sich mit der aufwändigen Fälschung eines kaiserlichen »Privilegium maius«, das unter anderem Abschriften phantasievoller Bestätigungen von Nero und Julius Caesar persönlich enthielt.) Bei Johann, dessen Bild heute die triumphale Reihe der französischen Königsporträts im Louvre eröffnet, ist der Fall noch ein wenig komplizierter. Auf dem französischen Thron saß er von 1350 bis 1364; den allergrößten Teil davon – nach 1356 bis zu seinem Tod – aber in englischer Gefangenschaft in London. Wann das Bild entstanden ist, ist unbekannt. Es ist undatierbar. Die Inschrift, die den Dargestellten als »Jehan Roy de France« identifiziert, ist erst mehrere Jahrzehnte nach dem Tod des Königs hinzugefügt worden. Wessen Gesicht das Bild zeigt, ist unklar. Fest steht nur, dass es seit dem 17. Jahrhundert als Vorlage für alle späteren Darstellungen des Königs gedient hat. Es hat ihm im Wortsinn ein Gesicht gegeben.[23]

Ein Mann mit rotem Kopftuch

Aber wann werden die Porträts denn wahr, realistisch, zuverlässig? Folgt man den Überblicksdarstellungen, dann ist es zwei Generationen später so weit, in den dreißiger Jahren des 15. Jahrhunderts. Die klassische Formel dafür hat der Kunsthistoriker John Pope-Hennessy 1966 in einem viel gelesenen Buch über die Renaissanceporträts geprägt. Es sei der »Empirismus« von Jan van Eyck und dessen Zeitgenossen gewesen, ein der nominalistischen Philosophie und deren Fokus auf das Einzelding besonders verpflichtetes Verfahren, das dem Aussehen der einzelnen Person endlich Anerkennung verschafft habe. »Portrait painting«, so eröffnete Pope-Hennessy seine Studie selbstbewusst, »is empirical.«[24]

Anfang der 1430er Jahre beginnt das Bild vom Gesicht jedenfalls in der ersten Person zu sprechen. *Joh(anne)s de eyck me fecit an(n)o mcccc 33, 21 octobris* ist sein Porträt eines Mannes mit auffälligem rotem Kopftuch überschrieben. Das Bild wird gewöhnlich als Selbstporträt Jan van Eycks aufgefasst, weil der originale Rahmen den Satz »als ich kann« in griechischen Buchstaben trägt.[25]

Wie wenige andere Bilder ist dieses Gemälde als Anfang, als eine Art medialer Urknall des Konzepts vom abgebildeten Ich beschrieben worden. Schon in den 1840er Jahren und erneut am Ende des 19. Jahrhunderts wurde Jan van Eyck von kunsthistorischen Experten enthusiastisch als Zeitgenosse gefeiert – von der »Revolution« bis zum »Durchbruch der Moderne« in seinen Bildern wurden dabei alle möglichen Parallelen bemüht. 1957 hat Erwin Panofsky in seiner Studie über die niederländische Malerei van Eycks rhetorischen Kunstgriff – der Text auf dem Bild erscheint als Stimme des dargestellten Gesichts – selbst noch einmal mimetisch nachvollzogen. Aus dem gemalten Gesicht von 1433 macht Panofsky 524 Jahre später eine lebendige Person, der er selbstständige Wahrnehmung und Intention zuschreibt. »Zum ersten Mal versucht der Dargestellte, direkten Kontakt mit dem Betrachter aufzunehmen«.[26] In diesem Betrachter verschmelzen der schreibende Kunsthistoriker und seine Leser zu einer interessanten (und geräumigen) ersten Person Plural. »Wir fühlen uns beobachtet und mit wacher Intelligenz geprüft«, setzt Panofsky fort, »mit dem Ausdruck der Skepsis, der durch den

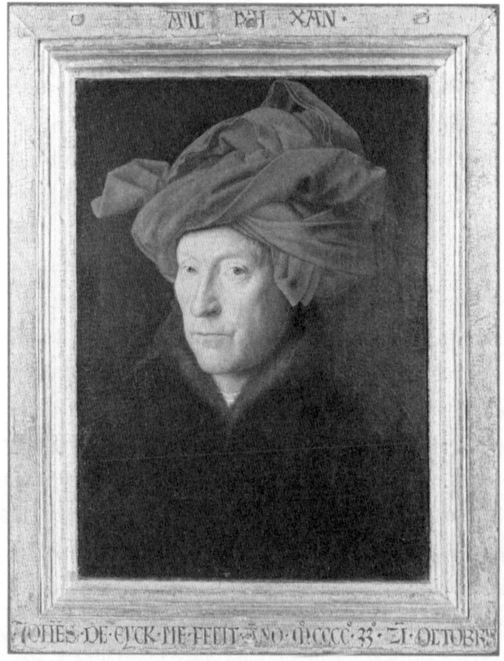

Abb. 2 Fühlen Sie sich beobachtet? Jan van Eycks »Mann mit rotem Kopftuch«, 1433

schmallippigen Mund mit leicht heruntergezogenen Winkeln noch intensiviert wird.«[27]

Der Experte, der hier spricht, ist Fachmann für alle Empfindungen, die zwischen Bildern und ihrem Publikum hin und her wechseln. Er weiß nicht nur, was er selbst und seine Leser fühlen, sondern auch, was die dargestellte Person empfunden hat. Panofsky zufolge vermittelt das gemalte Gesicht des Mannes mit dem roten Turban dessen »gesamte Persönlichkeit«. »Reizbar, aber unerschütterlich, desillusioniert, doch unersättlich neugierig.«[28] »Eher nachdenklich als verträumt, fast ein wenig lächelnd«, schreibt er zu einem anderen Porträt Jan van Eycks, »ist Niccolò Albergati in einer Welt höchster Klarheit zu Hause.«[29] Einmal abgesehen davon, dass in der Zwischenzeit nachgewiesen worden ist, dass die Person, die van Eyck gemalt hat, leider nicht Niccolò Albergati[30] gewesen sein kann: Woher weiß der fünfhundert Jahre später schreibende Wissenschaftler das eigentlich?

Von seinen älteren Kollegen. »Wir wissen ganz genau, wie der reiche Genter Kaufherr ausgesehen hat«, hat Jakob Burckhardt 1885 über das Stifterehepaar des Genter Altars der Brüder van Eyck geschrieben. »Intelligent, aber besorglich, wie es der vielleicht gefahrvolle Erwerb und das kluge Zusammenhalten seines Reichtums mit sich bringen mochte, dabei innerlich abhängig.«[31] Die wissenschaftliche Literatur über die Renaissanceporträts ist voller Beispiele für ähnlich forsches Durchgreifen vom gemalten Gesicht auf unsichtbare Charaktereigenschaften und intime Empfindungen des und der Porträtierten. So liest sich das auch noch hundert Jahre später. Ein Porträt des 14., 15. und 16. Jahrhunderts, heißt es in einem 1990 erschienenen Standardwerk zur Geschichte des Porträts, sei »gewöhnlich das intimste erhaltene Dokument zur Persönlichkeit des Dargestellten.«[32]

Das ist eine ziemlich optimistische Sichtweise. Was hätte die nominalistische Philosophie mit ihrer rigorosen Unterscheidung zwischen Begriffen und Dingen zu all diesen blickenden, fühlenden und sprechenden gemalten Gesichtern gesagt?

Göttliche Kräfte

Es ist ein bisschen unfair, nur den modernen Spezialisten vorzuhalten, ihren eigenen Empfindungen bei der imaginierten Zwiesprache mit gemalten Gesichtern freien Lauf zu lassen. Von der Mitte der 1430er Jahre an haben auch die gelehrten zeitgenössischen Betrachter solchen Bildern besondere Eigenschaften zugeschrieben und ihnen extrastarke Realitätseffekte unterstellt. Die Malerei, so der Florentiner Humanist Leon Battista Alberti in seinem »Trattato della Pittura«, enthalte eine *forza divina*, eine göttliche Kraft. Die könne nicht nur abwesende Menschen gegenwärtig machen, sondern auch die Verstorbenen noch lebendig erscheinen lassen; und zwar mit solcher Macht, dass die Betrachter davor erschreckten und die gemalte Kopie mit dem lebendigen Original verwechselten. Porträts seien deswegen welche, weil sie ihre Betrachter glauben *machten*, schreibt Alberti emphatisch.[33]

So weit weg ist das nicht von den Besorgnissen gelehrter Theologen wie Nikolaus von Dresden, der zwanzig Jahre früher von der verderblichen Macht der Maler geschrieben hatte, ihr Publikum zu betrügen, und von den gleichzeitigen Ermahnungen der Bettelordensprediger, die vor der Verführung durch Bilder warnten. Nur dreht Alberti die Sache um. Bilder funktionieren, *weil* sie täuschen. Seine Beschreibung von Bildnissen, die so perfekt nach der Natur gemalt seien, dass sie starke Gefühle erzeugten und ihre Betrachter angesichts der vermeintlichen Gegenwart Toter erbleichen und »am ganzen Körper erzittern« ließen, ist eine Montage aus Zitaten antiker Autoren, von Plutarch, Quintilian und Horaz.[34] Am wirksamsten seien dabei Gesichter, weiß Alberti. Wenn in einem Bild einer Geschichte das Gesicht eines allgemein bekannten Mannes, eines *degnio uomo*, erscheine, reiße es sofort »die Augen aller Betrachter an sich«, sogar dann, wenn andere Figuren viel kunstfertiger gemalt seien. »So viel *forza* enthält das, was aus der Natur gezogen ist.«[35] Woran der bekannte Mann (keine Frauen bei Alberti) im Gemälde aber erkannt werden kann, bleibt in seinem Text offen. Von Bildlegenden ist keine Rede. Wenn Alberti von den realen Wirkungen von Bildern schreibt, verweisen seine Beispiele auf antike Vorbilder und Zitate aus der antiken Literatur. Zeitgenössische Beispiele nennt er keine. Alberti setzt stillschweigend voraus, dass die Betrachter schon wissen, wie der *degnio uomo* aussieht.

Ein Gesicht, so hatte ein Zeitgenosse Albertis, der Humanist Lorenza Valla, in seinen »Elegantiae Linguae Latinae« von 1434 festgehalten, lasse sich mit zwei unterschiedlichen Begriffen beschreiben. Einerseits als *facies* – ein Wort, das Valla mit *superficie*, der Oberfläche, verbindet, als Teil des hinfälligen irdischen Körpers also. Andererseits, so Valla, gäbe es das *vultus*: Ein höherer Begriff, den er mit *voluntas* verknüpft, dem Willen als Ausdruck der Seele.[36] Alberti benutzt in der lateinischen Fassung seines Texts beide Ausdrücke; in der italienischen Fassung sind sie zu *viso* zusammengezogen. *Ritrarre al naturale* – aus der Natur herausziehen – war seit dem dreißig Jahre vor Alberti verfassten Kunsttraktat des Cennino Cennini die geläufige Formel für die Arbeit des Zeichners. Das Partizip Perfekt des Verbs hervorziehen, sichtbar machen *(ritrahere, protrahere)* steckt in allen Bezeichnungen für Gesichtsbilder, vom italienischen *ritratto* bis zu unserem Wort Porträt.

Bei Alberti beginnt dieses Herausgezogene dann selbst zu agieren, als ob es ein belebter und handlungsfähiger Gegenstand wäre: Das Bild reißt »die Augen aller Betrachter sofort an sich«. Wenn das gemalte Gesicht in diesem kleinen Kabinettstück humanistischer Rhetorik selbständig handelte, was konnte man dann aus ihm lesen? Alberti selbst sah das pragmatisch. Jedes Gesicht mache die Fähigkeiten der Maler sichtbar, aus der Natur das herauszuziehen, was sie am besten weiterverwenden konnten. Dafür gab er abermals einer antiken Autorität das Wort, nämlich Plutarch. Der berichte, dass die alten Maler bei der Darstellung von Königen stets den Eindruck vermeiden wollten, das Gesicht sei geschönt. »Vielmehr suchten sie, soweit möglich, das Störende zu mildern, unter Wahrung freilich der Ähnlichkeit. Eine solche Zurückhaltung, solchen Takt gilt es, meine ich, bei einem Vorgang insgesamt zu beachten: Hässliches soll entweder nicht wiedergegeben oder gemildert werden.«[37]

Der gute Maler ist in Albertis Traktat also einer, der nicht das Sichtbare einfach wiedergibt, sondern es pragmatisch verändert und optimiert. Bedenke man die Fähigkeit des Menschen, sein Äußeres zu verwandeln, argumentiert derselbe Leon Battisti Alberti einige Jahre später in seiner ironischen Antikenpersiflage »Momus oder Vom Fürsten«, dann sei überhaupt kein Porträt geeignet, zwischen Wahrheit und Täuschung, zwischen Gesicht und Maske zu unterscheiden. Albertis zynischer Protagonist Momus insistiert sogar darauf, dass auch das erhabenste und ehrfurchtgebietendste Gesicht eines Götterbildes nichts anderes als irdische menschliche Arbeit zeige. Das Heilige in einem solchen Gesicht werde nicht durch das verwendete Material erzeugt, sondern durch den, der es anbete.[38]

Corporate Identities

Wessen Gesichter zeigten die Bilder und Masken *al naturale*, auf die Albertis boshafter Held anspielt? Zwei- und dreidimensionale Porträts in unterschiedlichen Materialien hatten sich im Florenz im zweiten Drittel des 15. Jahrhunderts immer rascher zu verbreiten begonnen. 1444, wenige Jahre nach der Fertigstellung von Albertis »Momus«, war der berühmte Franziskanerprediger Bernardino da Siena gestorben. Von ihm ist schon die Rede gewesen, als skeptischer Warner vor der Verführung durch Bilder. Am Ort von Bernardinos Tod, im mittelitalienischen L'Aquila, wurde eine Totenmaske von ihm angefertigt: Es ist die älteste überlieferte und mit Sicherheit identifizierte solche Maske überhaupt. Der Körper des aufgebahrten Bernardino wurde zum Ziel spontaner Wallfahrten, weil er sofort begonnen hatte, Wunder zu wirken. Wunder ereigneten sich auch vor seinen Porträts, die nach seinem Tod in seiner Geburtsstadt in Auftrag gegeben wurden – zumal rasch klarwurde, dass der Leichnam des Heiligen in L'Aquila bleiben würde.[39] In den erhaltenen Verträgen über die Herstellung dieser Bilder wurde explizit hervorgehoben, dass sie dem Toten so ähnlich wie möglich sein müssten.[40]

Ein Bild des Heiligen, so ähnlich wie möglich, forderte auch der einflussreiche Prediger Johannes di Capestrano aus Siena an, um die Heiligsprechung Bernardinos voranzubringen. Sie erfolgte bereits 1450. Zeugen in diesem Heiligsprechungsprozess beschrieben in allen Details, welche zahlreichen Wunder sich vor den Bildern von Bernardino in seiner alten Wirkungsstätte in Siena ereignet hätten. Schließlich ging es darum, Siena als Ort der Bilder erfolgreich gegenüber L'Aquila zu positionieren, das über den Körper des toten Heiligen verfügte.[41]

Eine möglichst lebensähnliche Wiedergabe des Gesichts, wie sie die Propagandisten der Verehrung von Bernardino einforderten, konnte dabei ganz unterschiedliche Dinge bedeuten. Bernardino da Siena war nur einer von vielen italienischen neuen Heiligen des 15. Jahrhunderts. Sie waren gewöhnlich Angehörige der Bettelorden, und ihr Kult wurde durch vervielfältigte Abbilder ihrer Körper und Gesichter – Totenmasken, Büsten und Porträts *al naturale* und *al vivo* – verbreitet.[42] Die frommen Biographen der neuen Heiligen betonten gerne deren unansehnliches Äußeres, welches dann im Augenblick ihres Todes in buchstäblich atemberaubende Schönheit umgeschlagen habe, mit rosigen Lippen und zarter weißer Haut. So ließ sich das traditionelle Motiv von der *visio beatificia*, dem Schauen ins Gesicht Gottes im Augenblick des Todes, wirkungsvoll zur Geltung bringen. Ein prominenter Bologneser Geistlicher, Alessandro Longari, machte daraus sogar eine Art posthumen Schönheitswettbewerb. Er habe in seinem Leben dreihundert tote Heilige gesehen, schrieb er 1463, aber keine habe so gut ausgesehen wie die sterbende Caterina Vigri.[43]

Der Vergleich macht die Breite des Phänomens ebenso deutlich wie die Konkurrenzsituation, in der sich ein frommer Wundertäter dabei befand. Das Gesicht des verstorbenen und in der Klosterkirche aufgebahrten Minoritenbruders Giacomo della Marcha 1476 sei in so lebhafter Farbigkeit erstrahlt, dass eine Frau bei seinem Anblick ausgerufen habe: *L'aveno bene coloriti quisti frati* – richtig gut hätten ihn die Mönche angemalt. Die fromme Legende, die den Ausspruch überliefert, lässt die Strafe dafür auf dem Fuß folgen. In der folgenden Nacht erschien der Skeptikerin der Verstorbene persönlich und ohrfeigte sie.[44]

Das Gesicht des Heiligen musste als wahrer erscheinen als alle Bilder; zumal es auch im 15. Jahrhundert viele kritische moralische Stimmen zum Gebrauch von Farbe auf Gesichtern (und Statuen) gab. Immer zahlreichere, raffiniertere und farbenprächtigere Bilder dieser Gesichter waren für die Durchsetzung und Visualisierung jedes einzelnen der vielen neuen *santi* unersetzlich. Ziel war ein einheitliches und prägnantes Erscheinungsbild, das sich von denen der Konkurrenten abhob. Die Wiedererkennbarkeit der neuen Heiligen musste gewährleistet sein. Das Gesicht wurde dabei zum wichtigsten Attribut.[45]

Dafür musste es reproduzierbar sein. Das Motiv des Vorbilds im Wortsinn, dessen gemalte Gesichtszüge man in den eigenen Privaträumen ständig vor Augen habe, um ihm besser nacheifern zu können, hat als literarischer Topos eine lange Wirkungsgeschichte. Der Florentiner Humanist Leonardo Bruni behauptete 1441 in seinen Lebenserinnerungen, er selbst habe als Kind 1384 ein gemaltes Porträt Francesco Petrarcas in seinem Schlafzimmer gehabt: »durch das, da ich es täglich sah, ein unglaublicher Feuereifer entzündet wurde.«[46] Mit Heiligen ging das auch. 1474 bat der Ordensgeneral der Kamaldulenser, Pietro Delfino, den Abt eines Florentiner Klosters in einem Brief dringend darum, ihm leihweise die Totenmaske seines heiliggesprochenen Vorgängers Traversari zu überlassen, damit er einen Abguss davon fertigen könne. In einem späteren Brief von 1490 sprach Delfino davon, dass er diese Maske immer vor Augen habe, »mit dem Wunsch, mich in eben dieses Abbild zu verwandeln«. Deswegen könne er sie leider auch nicht verleihen. Ein weiterer Brief schildert ausführlich die Bemühungen des Malers, der daraufhin in das Kloster geschickt wurde, um Traversaris Gesichtszüge in einem Gemälde festzuhalten. Beim ersten Versuch sei das Bild misslungen, beim zweiten aber zufriedenstellend ausgefallen, und Delfino bemerkt, es sei eben nicht einfach, die Kopie einer Kopie herzustellen.[47]

Das Bild des Gesichts eines verehrungswürdigen Heiligen wurde nicht durch seine Lebensechtheit oder Individualität wirkungsvoll. (Denn schließlich war damals, so wie heute, jedes menschliche Gesicht in seinen Details einzigartig und wie kein anderes.) So prägnant die Gesichtszüge eines Heiligen sein mochten, wirksam wurde sein Bild dadurch, dass möglichst viele Kopien von ihm hergestellt wurden. Dass sich viele der mit vervielfältigten Bildern popularisierten Heiligen wie Bernardino von Siena zuvor als Prediger scharf gegen die täuschenden Künste der Maler ausgesprochen hatten, kann man als schöne medienhistorische Rückkopplung würdigen: Bilder verewigten Bilderkritiker.[48]

Alle diese Bilder waren nicht einfach bloße Wiedergabe dessen, was der Maler vor Augen gehabt hatte, sondern sollten Wiedererkennbarkeit organisieren.[49] Sie standen in enger Beziehung zu Masken aus Gips oder Wachs, die Toten und Lebenden abgenommen wurden und als Vorlagen für dreidimensionale Büsten und für gemalte Bilder dienten, die den Kopf und die Schultern des und der Porträtierten zeigten. Im 1495 angelegten Nachlassinventar des Malers und Bildhauers Andrea del Verrocchio finden sich nicht weniger als zwanzig solcher *maschere ritratte al naturale*.[50] Hergestellt wurden sie, um die äußere Erscheinung Abwesender – etwa von aus politischen Gründen aus der Stadt Verbannten – wieder sichtbar zu machen. Wenn dagegen politische Gegner zur Abschreckung visualisiert wurden (*in effigie* kopfüber aufgehängt oder auf den *pitture infamanti* zur Strafe und Abschreckung porträtiert), setzte man weniger auf die Darstellung ihrer individuellen Gesichtszüge als auf die möglichst herabsetzende Präsentation ihrer Namen und Wappen. In diesem Kontext vermochte das Gesicht eben nicht »die Augen aller Betrachter« an sich zu reißen, wie es Alberti formuliert hatte, im Gegenteil. Die bekannte Person musste aufwändig durch ihren Namen und durch Embleme und Wappen identifiziert werden.[51]

Anders bei den Gesichtern Abwesender, die positiv besetzt waren: Vervielfältigte Porträts, Büsten und Medaillen prominenter Mitglieder der Familie de' Medici wurden von ihnen selbst in Auftrag gegeben und an Parteigänger verschenkt. Sie sollten nach dem Tod Lorenzos de' Medici und während des Exils der Familie nach 1494 deren Präsenz in den Häusern ihrer Anhänger als lebensechte Abbilder sicherstellen.[52] Wirksam wurden sie durch eine Form von »Individualität«, die mit fester Einbindung in ein Kollektiv einherging – die *famiglia* und den *stato* der Medici, also durch Zugehörigkeit zu ihren Patronage- und Klientelgruppen –, und durch serielle Vervielfältigung. Das einzelne Gesichts-Bild war wirksam, weil es genauso aussah wie seine vielen identischen Gegenstücke, die man anderswo sehen konnte.

Fass mich nicht an: Erotische Anrufungen

Von wessen selbstbewusstem »Ich« künden also die verführerischen Porträts der Renaissance? Wie Jan van Eycks Porträt des Mannes mit dem roten Kopftuch sprachen auch manche gemalten Gesichts-Bilder des 15. Jahrhunderts ihre Betrachter an, in der ersten Person Singular. Fass mich nicht an – *Noli me tangere* –, sagt zum Beispiel das weibliche Portrait, das Agnolo di Domenico del Mazziere, genannt der Meister von Santo Spirito, um 1485 in Florenz gemalt hat. Es hängt heute in der Berliner Gemäldegalerie: Eine junge blonde Frau mit großen Augen, die den Betrachter fixieren und ihm überallhin zu folgen scheinen, aus welchem Winkel er das Bild auch anschaut.

Die blonde junge Frau hat keinen Namen. Sie trägt eine Haube, die sie als Braut oder jung Verheiratete ausweist. Das Motto des Bildes, ein Zitat aus dem Johannesevangelium 20, 17, lässt sich durchaus als Hinweis auf die Grenzen der Identifikation lesen, jedenfalls auf die zwischen Männern und Frauen. Maria Magdalena begegnet als erste dem Auferstandenen, hält ihn aber für den Gärtner. Erst als Jesus sie bei ihrem Namen nennt, erkennt sie ihn; und als sie ihn dann umarmen möchte, verbietet er es ihr. Es gibt aber noch einen weiteren Text. Er befindet sich auf der Rückseite, rund um ein lorbeerbekränztes Wappenschild, und verwendet ebenfalls die erste Person Singular: »Es geschah, wie Gott es wollte; es wird geschehen, was Gott will. Angst vor Schande, und Wunsch nur nach Ehre. Früher weinte ich nach dem, den (oder was) ich wollte; dann nach dem, was ich gehabt hatte.«[53]

Ein höchst persönlicher Text, ein unverstellter Einblick in intime Empfindungen des 15. Jahrhunderts? Kommt darauf an. Je nachdem, wer hier zu wem spricht, gibt der Text dem Bild, das seinen Betrachter selbstbewusst fixiert, ganz unterschiedliche Bedeutungen. Es kann sein, dass hier der Ehemann oder Vater seine Macht über die junge Frau erklärt; oder es ist die selbstbewusste Stimme der Abgebildeten selbst. Ein 1986 erschienener Aufsatz hat sogar vermutet, das Bild sei das ironische Abschiedsgeschenk einer Frau an ihren Liebhaber nach der Trennung. Die Spannung zwischen dem keuschen – oder spielerischen – Motto (»Fass mich nicht an«), dem Ausdruck des Begehrens und der sinnlichen Präsenz der Abgebildeten sei bewusst inszeniert, schreibt die Autorin. Sie hat dem Bild tief in die Augen geschaut. Es evoziere die »verlockende Präsenz verbotener, tiefer liegender Körperzonen« – ein erotisch aufgeladenes Rätsel.[54]

Die Bildlegende mit ihren Ichs ist jedoch eine Montage aus verschiedenen literarischen Zitaten. Sie kombiniert eine häufig gebrauchte fromme Beschwörung irdischer Vergänglichkeit mit einer Zeile aus Francesco Petrarcas »Triumph der Keuschheit« und einem Sonett, das dem Florentiner Dichter Matteo di Meglio zugeschrieben wird, datiert 1452. Der Autor im Katalog zur Berliner Ausstellung der ›Gesichter der Renaissance‹ 2011 sieht deshalb in demselben Bild ganz andere Dinge als die Kollegin sechzehn Jahre zuvor. Es zeige kein Gesicht *al naturale*, sondern ein überhöhtes Tugendideal als »physische Evidenz moralischer Perfektion«; das spiegle sich auch in den »ausdruckslosen Zügen« der Dargestellten.[55]

Noch komplizierter wird die Sache dadurch, dass die Formulierung »Was Gott wollte, war / und es wird sein, was Gott will« auch auf Gemälden aus dem 15. Jahrhundert erscheint, die den Dargestellten und sein Skelett zeigen; Masacchio hat die Stifter seines großen Freskos in Santa Maria Novella so dargestellt. Porträts dieses Typs trugen Totenschädel oder Motti wie *El fin fa tutto*: Das Ende bewirke alles.[56] Also doch nicht mehrdeutige erotische Botschaft, sondern strikter Tugendkatalog im

Angesicht der letzten Dinge? Das Gesicht der schönen Florentinerin (oder der Auftraggeber ihres Porträts) übermittelt dem Betrachter des 21. Jahrhunderts durchaus eine Botschaft, und die lässt an Eindeutigkeit und Klarheit nichts zu wünschen übrig. Sie lautet: »Du bist nicht gemeint.«

Wem hat dann der unverwandte Augenaufschlag gegolten, mit dem die blonde Unbekannte auf dem Bild von Agnolo di Domenico del Mazziere in der Berliner Gemäldegalerie ihren Betrachter fixiert? Der Blick in das Gesicht und vor allem in die Augen einer anderen Person galt als riskant. Etwas oder jemanden direkt anzusehen wurde im 15. und 16. Jahrhundert als das Äquivalent zur physischen Berührung betrachtet. Florentiner Prediger wie Giovanni Dominici und Bernardino da Siena erinnerten ihr Publikum unablässig, sich vor der Macht der Blicke zu hüten, die Seelenheil und Keuschheit in Gefahr brächten. Dominici

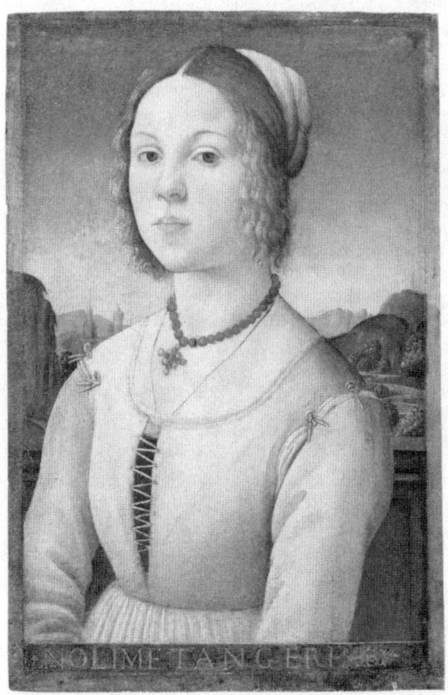

Abb. 3 Anschauen, nicht berühren: Unbekannte Florentinerin, gemalt um 1485

ermahnte Väter streng, ihren halbwüchsigen Töchtern nicht in die Augen zu schauen, um nicht Bilder begehrenswerter Männlichkeit in ihnen zu erwecken, dasselbe bei Müttern und ihren Söhnen. Berühmt ist Bernardinos scharfe Ermahnung an die Frauen, stets den Blick niederzuschlagen: »Begrabe Deine Augen!«[57]

Nicht nur den lebendigen Augen, auch dem Bild eines Gesichts wurde im 15. Jahrhundert die Macht zugeschrieben, die Gefühle des- oder derjenigen, die es intensiv betrachteten, dramatisch zu verändern. Wenn Leonardo da Vinci Porträts mit der Fähigkeit ausstattete, ihre Betrachter in Liebe zu der darauf Dargestellten entflammen zu lassen, dann hat das mit seinen eigenen Gemälden weniger zu tun als mit einer langen Kette literarischer *topoi*. Verliebte küssten das Bild der begehrten Person und sprächen zu ihm, wusste er in seinem Traktat über die Malerei zu berichten.[58] Die Legenden, in denen die Porträts weiblicher Unbekannter als

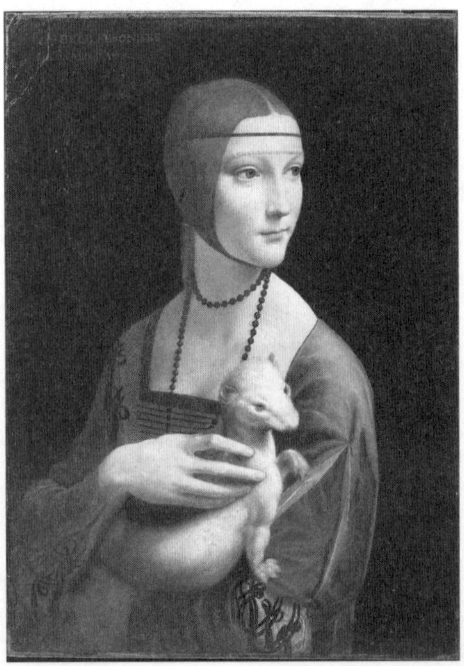

Abb. 4 Unähnlich, sagt die Porträtierte: Cecilia Gallerani, Geliebte des Herzogs von Mailand, gemalt von Leonardo da Vinci, um 1490

Darstellungen der Geliebten des Malers gedeutet werden, haben in der Literatur über diese Bilder seit dem 19. Jahrhundert üppig gewuchert: Ein schönes Symptom der Wirkung dieser Gesichter auf nachgeborene Betrachter, die sie mit starken Empfindungen aufladen und ihnen sinnliche, physische Präsenz zuschreiben – zum Beispiel dem weiblichen Porträt, das Hans Holbein am Beginn der 1520er Jahre gemalt und mit dem Namen einer berühmten Kurtisane aus der griechischen Antike unterschrieben hat. Die »Laïs« Hans Holbeins, lautet dementsprechend auch der erste Satz eines dieser Texte, »spricht in eigentümlicher Weise den Betrachter an.«[59] Spricht? Wirklich?

Einer der wenigen Fälle, in denen die erotische Konstellation rund um ein solches Bild rekonstruiert werden kann, ist Leonardo da Vincis Porträt der »Dame mit dem Hermelin«, das heute in der Sammlung Czartoryski in Krakau aufbewahrt wird. Die Dargestellte ist Cecilia Gallerani, von 1489 an Geliebte des Mailänder Herzogs Ludovico il Moro und Mutter seines unehelichen Kindes. 1492 wurde sie an einen Grafen aus Ludovicos Gefolge verheiratet.[60] Das Bild befand sich in Cecilias Besitz: Es war so bekannt, dass die Fürstin Isabella d'Este, selbst eifrige Auftraggeberin und Sammlerin von Porträts, im April 1498, sechs oder sieben Jahre nach der Entstehung des Gemäldes, Cecilia brieflich darum bat, ihr das Bild zu leihen. Sie wolle es mit Gemälden anderer berühmter Maler vergleichen. Cecilia entsprach dem Wunsch; allerdings nicht, ohne eine Bemerkung hinzuzufügen. Als Maler, schrieb sie an die Fürstin zurück, sei Leonardo einzigartig. Das Bild sei allerdings zu einer Zeit entstanden, als sie, Cecilia, *in una età sì imperfecta* (sic) gewesen sei, dass sie mittlerweile selbst völlig verändert sei: So sehr, dass niemand, der sie und das Bild gemeinsam sähe, glauben könne, dass es für sie gemacht worden sei.[61] Die Formulierung ist überraschend. Cecilia Gallerani findet sich auf dem Bild »in unvollkommenem Alter« dargestellt. Das Wort *effigie*, das sie im nächsten Satz gebraucht, bezieht sie nicht auf das Gemälde, sondern auf ihr eigenes Aussehen, das eben *tutta cambiata* sei. Ist das nur Bescheidenheit? Man kann die Passage auch so lesen, dass sie findet, dass sie zum Zeitpunkt der Niederschrift besser aussieht als auf dem Porträt. Auf jeden Fall: maximal unähnlich.

Konterfeis

Das wäre ja auch eine Definition von Selbstbewusstsein in der Renaissance: Distanzierung von jenem Bild, das vorgibt, das eigene Gesicht zu zeigen. An die Fähigkeiten der Maler, jemandes Aussehen naturgetreu und lebensecht abzubilden, haben die Experten des 19. und 20. Jahrhunderts um einiges fester geglaubt als die Kunden und Auftraggeber dieser Maler vierhundert Jahre früher. In den Gesellschaften der Renaissance haben solche Bilder vielfältige und komplexe Funktionen erfüllt. Aber direkte Vergleiche zwischen Porträt und porträtierter Person wurden als riskant angesehen.[62] Cecilia Galleranis Korrespondenzpartnerin, die Markgräfin Isabella d'Este, Mäzenin und Auftraggeberin unter anderem von Mantegna, Leonardo da Vinci und Tizian, hat sich in ihren überlieferten Briefen unablässig über die mangelnde Zuverlässigkeit der Maler beschwert. Manche stellten sie zu dick dar, schrieb sie; andere zu blond; von einem dritten Porträt fand sie, der Maler müsse ihre schwarz gemalten Augen durch hellere ersetzen. 1493 klagte sie, wie schwer es sei, einen Maler zu finden, der ihr eigenes Gesicht befriedigend wiedergeben könne. Dabei griff Isabella auf ältere Porträts ihrer selbst zurück, die sie dem Maler als Vorlage zur Verfügung stellte. Sie selbst bekam der beauftragte Künstler nicht unbedingt zu Gesicht.[63]

Das Wort, das Isabelle d'Este für die Abbildungen ihres Gesichts verwendete, klingt vertraut: *che contrafaciano il vulto naturale*. Das kennen wir als das deutsche »Konterfei« – ein heute etwas altmodisch klingendes Wort für Porträt, das in vielen Texten über die Gesichter der Renaissance erscheint.[64] *Contraffare* bedeutete im Italienischen und Französischen des 14. und 15. Jahrhunderts allerdings etwas anderes als sein modernes deutsches Gegenstück. Es stand für einen Prozess kunstvoller Simulation – wie etwa in dem Neujahrsgeschenk, dass 1432 drei berühmte Buchmaler, die Brüder von Limburg, ihrem Mäzen überreichten. Die vermeintliche neue illuminierte Handschrift war *un livre contrefait*, wie der Chronist beeindruckt bemerkte: Gemacht »aus einem Stück weißen Holzes, bemalt zur Vortäuschung eines Buchs, das weder Blätter hat noch irgendetwas Geschriebenes«.[65]

Ähnlichkeit als Täuschung ist auch die ältere Bedeutung im Deutschen. *Kunterfeit* oder *gunderfey* hieß Nachgemachtes, Gefälschtes; im

15. Jahrhundert war es der Fachausdruck für Legierungen, die wie Silber aussahen, aber keines enthielten – wie noch heute im englischen Wort *counterfeit*.[66] An der Wende vom 15. zum 16. Jahrhundert begann sich die Bedeutung des Begriff *contraffare* ins Positive zu verschieben. Das *imago contrefacto* stand nun für das Produkt einer Wiedergabetechnik, die nicht mehr etwas Falsches, sondern etwas Echtes erzeugte. Der Kupferstecher Israel von Meckenem gab seinem um 1495 produzierten Stich, der das wunderwirkende Christusbild in der römischen Kirche Santa Croce di Gerusalemme zeigt, eine Bildlegende, die den Prozess der Reproduktion explizit hervorhob. *Hec ymago contrafacta est ad instar et similitudinem illius primae ymaginis pietatis*.[67]

Gemeint war damit der Vorgang der technischen Vervielfältigung von Bild zu Bild. Als der venezianische Maler Jacopo de' Barbari 1500 in die Dienste Maximilians I. trat, beschrieb sein Vertrag seine Aufgaben als das »contrafeten und illuminieren« von Vorlagen. 1515 gab der Nürnberger Patrizier Anton Tucher bei Veit Stoss einen kostspieligen geschnitzten Holzaltar in Auftrag, als würdigen Rahmen für die beiden Bilder des Kaisers Constantin und der Kaiserin Helena, »in irem leben abconttrafett«. Albrecht Dürer bemerkte zu seiner berühmten Zeichnung des indischen Einhorns vom selben Jahr, er habe es »von wunders wegen abkunterfet« – er hatte aber selbst nur ein Bild des Tiers vor Augen. Fünf Jahre später bemerkte er in den Aufzeichnungen seiner Reise in die Niederlande: »Ich hab den Erasmum Roterodam noch einmal conterfet.« Das Wort ist in allen drei Fällen dasselbe. Aber bezieht es sich wirklich auf die gleiche Art von Bildern, von denen die ersten beiden Personen zeigen, die seit mehr als tausend Jahren tot waren, das nächste ein Bild eines exotischen Tieres, das letzte aber einen lebenden Humanisten?[68]

Von der zweiten Hälfte des 15. Jahrhunderts an wurden nicht nur die Gesichter von toten Heiligen vervielfältigt, wie wir gesehen haben, sondern auch Bilder von wunderwirkenden Gnadenbildern, und zwar in einer Technik, die unübersehbar nicht Unikate, sondern Serien herstellte: dem kolorierten Holzschnitt. Die ältesten vervielfältigten Abbilder eines solchen Bildes, die mit einem erklärenden Text versehen sind, wurden um 1460 in Süddeutschland hergestellt und zeigen »vnnserer lieben frauen pild als si in dem tempel was e sy sand joseph vermahelt ward (...) also ist sy gemalt in dem tum czu maylandt« – ein Bild Marias also, dessen Original im Mailänder Dom aufbewahrt werde. Hinzugefügt waren Beschreibungen der Wunder, die das Bild vollbracht habe; es sei deshalb für alle Gläubigen nützlich, in Notlagen Maria »in dieser figure« um Hilfe anzurufen. Gemeint war das als Verkaufsargument, schließlich wurden diese Drucke für den Markt produziert.[69]

Nur handelte es sich dabei um Abbildungen ohne Original. Es gibt keine Quellen zur Existenz eines solchen älteren Marienbildes im Mailänder Dom. Belegt ist es ausschließlich in Reproduktionen nördlich der Alpen. Die frühesten Vervielfältigungen, die sich einem existierenden Bild zuordnen lassen, sind drei Kupferstiche des Meisters E. S., die 1466 für das wunderwirkende Marienbild im schweizerischen Wallfahrtsort Einsiedeln gedruckt wurden. Sie wurden in drei unterschiedlich aufwändigen Varianten gefertigt, je nach Geldbeutel des Publikums. 1466 hatte in Einsiedeln das Jubiläum der Weihe der Klosterkirche durch Engel stattgefunden, eine der erfolgreichsten spämittelalterlichen Wallfahrten im deutschsprachigen Raum, für die der Papst einen besonders umfangreichen Sündenablass verkündet hatte.

Welches wunderwirkende Bild geben die drei Stiche des Meisters E. S. wieder? Während heute in Einsiedeln ein stehendes Marienbild verehrt wird, ist auf den Kupferstichen eine Sitzfigur abgebildet. Im Jahr zuvor war das Kloster von einem verheerenden Brand heimgesucht worden; von der Gnadenkapelle waren nur die Mauern stehengeblieben. Direktes Vorbild für die Kupferstiche war nicht das 1466 verehrte Bild, sondern ein älteres; festgehalten auf den metallenen Pilgerzeichen, die in der ersten Hälfte des 15. Jahrhunderts in großen Stückzahlen hergestellt worden waren. Das war lukrativ, das Kloster hatte dafür eine besondere Institution eingerichtet, das sogenannte Zeichenamt. Auch beim Jubiläum von 1466 wurden sie verkauft, mit großem Erfolg; insgesamt fast 130000 Stück, wie die erhaltenen Abrechnungen dokumentieren.[70]

Die Einsiedler Pilgerzeichen zeigen tatsächlich eine frappierende Ähnlichkeit, aber nicht mit dem wunderwirkenden Madonnenbild vor Ort, sondern mit metallenen *signa*, die seit dem 12. und 13. Jahrhundert im südfranzösischen Wallfahrtsort Rocamadour hergestellt wurden.[71] Ein wahres Bild war ein wirksames Bild; seine Ähnlichkeit bezog sich auf Vorlagen, die den Gläubigen aus anderen Kontexten vertraut waren. Ein aus Blei und Zinn gegossenes Bild eines wunderwirkenden Bildes konnte sich dabei, erfolgreich in vielen zehntausend Stück verkauft, in die Vorlage für weitere erfolgreich vermarktete Kupferstiche verwandeln.

Alles wird lebendig

Ein Bild kann einer Person ähneln. Aber eine Person kann auch einem Bild ähneln. (Jeder gute Historienfilm lässt im 20. Jahrhundert Schauspieler auftreten, die »wie aus dem 15. Jahrhundert« aussehen, also wie Bilder.) Und ebenso wie eine Person einer anderen Person ähneln kann (das kennen wir, »ganz der Papa!«), kann ein Bild nicht etwa der dargestellten Person ähneln, sondern vor allem einem anderen Bild. Das meinte Isabella d'Este, wenn sie von *contrafare* schrieb, und Anton Tucher, wenn er verehrungswürdige Bilder von spätantiken Heiligen »in irem leben abkontrafett« rahmen ließ. Gerade Bilder von Gesichtern waren im 15. und 16. Jahrhundert gewöhnlich nicht nach der Natur geschaffene Unikate. Mit unmittelbarer Porträtähnlichkeit waren sie eher lose verkoppelt. Wirksam wurden sie vielmehr durch jene technischen Reproduktionsverfahren, von denen das Verb »kontrafetten« handelt. Gerade Bilder von Gesichtern vervielfältigten nicht unbedingt Gesichter von Angesicht zu Angesicht, sondern in sehr vielen Fällen andere Bilder. Sie wurden gemalt, um selbst als Vorlagen für weitere Vervielfältigung zu dienen.[72]

So auch bei der »Laïs« von Hans Holbein des Jüngeren, deren herausfordernden weiblichen Blick gleich mehrere Generationen von männlichen Kennern auf sich ruhen gefühlt haben – ein schönes Beispiel für den Überschuss an Wirkung, den erotisch aufgeladene Gesichtszüge (plus schönem Dekolleté) erzeugen konnten und können. Das Vorbild für Holbeins Bild war gar keine lebendige Person, wie seit einigen Jahren bekannt ist, sondern ein anderes Bild, nämlich die »Salome« des Leonardo-Schülers Andrea Solario, heute im Metropolitan Museum in New York. Das von Holbein gemalte Gesicht ist seinerseits dann, minutiös reproduziert, für ein weiteres Bild seiner Werkstatt genutzt worden, dem 1526/28 entstandenen »Venus und Amor«.[73]

Gemalte Gesichter waren von Anfang an Teile von Vervielfältigungsketten. Schon von Robert Campins beeindruckendem »Porträt eines feisten Mannes«, um 1430 entstanden und in der älteren Forschung unter anderem als Porträt Jan van Eycks, Niccolò Strozzis und Robert de Masmines identifiziert, existiert eine ebenso beeindruckende, exakte zeitgenössische Kopie. Drei der ältesten erhaltenen italienischen Porträts überhaupt – eines Masaccio zugeschrieben, ein zweites Paolo Uccello, ein drittes Domenico Veneziano, alle zwischen 1430 und 1440 entstanden – zeigen dasselbe Gesicht eines jungen Manns mit dunklen Augen und markanten Lippen im Profil, mit weißem Untergewand und kunstvoll gewickeltem roten Kopftuch. Sie ähneln einander so stark, dass sie sich offenbar auf dasselbe Vorbild beziehen. Von den in Serie gefertigten Porträts von Bernardino da Siena, die nach dessen Tod 1444 angefertigt wurden, ist weiter oben schon die Rede gewesen. Raffaels berühmtes Bildnis von Papst Julius II. von 1511 oder 1512 ist heute in drei Exemplaren überliefert. Das ist kein Zufall: Auch Raffaels Porträt seines Freundes Tommaso Inghirami, in denselben Jahren entstanden, existiert heute in zwei zeitgenössischen Versionen. 1514 wurde derselbe Raffael von Kardinal Riario beauftragt, für den Papst exakte Kopien zweier Porträts von Mitgliedern der Gonzaga-Familie, gemalt von Bonsignori, herzustellen.[74]

Giorgio Vasari überliefert die Anekdote, dass Andrea del Sarto das Papstporträt von Raffael so virtuos reproduzieren konnte, dass er sogar dessen Assistenten Giulio Romano täuschen konnte, der behauptet hatte, in der Werkstatt des Meisters am Original mitgearbeitet zu haben.[75] Dasselbe Papstporträt wird in Giorgio Vasaris Lebensbeschreibung des Künstlers als »so ähnlich und lebendig« beschrieben, »dass es dem Beschauer die gleiche Furcht einflößte, die er beim Anblick des Papstes selbst empfunden hätte« – eines der vielen Echos von Albertis Montage aus Plinius- und Plutarch-Zitaten. Gilt das auch für seine Kopien? Der letzte Kupferstich, den Dürer 1526 angefertigt hat, war ein Porträt eben jenes Erasmus von Rotterdam, den er sechs Jahre früher zweimal gezeichnet hat. Er sei *ad vivam effigiem deliniata*, versichert der Text des Stichs dem Betrachter – nach dem Leben gezeichnet. In Wirklichkeit hat er aber ein anderes, älteres Bild als Vorlage, nämlich das Porträt von 1517 von Quentin Massys.[76]

Vom 15. Jahrhundert an erscheinen in den Quellen häufig Bilder, die von den Zeitgenossen als *au vif* beschrieben wurden, flämisch als *naar t'leven* oder lateinisch *ad vivum*. Mit der tatsächlichen Anwesenheit einer lebendigen Person bei der Entstehung des Bildes hatte das aber nichts zu tun. Gemeint war die Fähigkeit des Malers, jemanden wie lebendig darzustellen; also der Effekt der Animation auf den Betrachter. Das Inventar der Kunstsammlung des Herzogs von Berry bezeichnete sogar eine antike Goldmünze mit dem Bild Julius Caesars mit diesem

Begriff. Porträts *au vif* wurden nicht nur von Personen angefertigt, die seit vielen Jahrzehnten oder sogar Jahrhunderten tot waren, sondern auch von Fabelwesen – *ung monstre nomme chimère, ingenieusement fait au vif,* wie ein Text aus dem 16. Jahrhundert es formulierte. Solche Bilder sagten nicht »Ich bin die wirkliche Welt«, sondern: »Ich bin das wunderbare Übernatürliche, gefertigt für Dich.«[77]

Wenn etwas lebendig wird, dann verändert es sich auch. Dasselbe taten die gemalten Gesichter. In den Beschreibungen von Porträts in der italienischen Kunstliteratur des 15. und 16. Jahrhunderts erscheinen stets dieselben Formulierungen. *Vivo,* lebendig sei das Bild, *una cosa viva, la tavola viva. Pare che spira e sia vivissima,* heißt es an anderer Stelle – es scheine zu atmen und sei superlebendig; oder von einem anderen Porträt, noch kühner: *non dipinta ma viva.* Auch das ließ sich noch steigern, wie Fredrica Jacobs in ihrem Buch über den Renaissance-

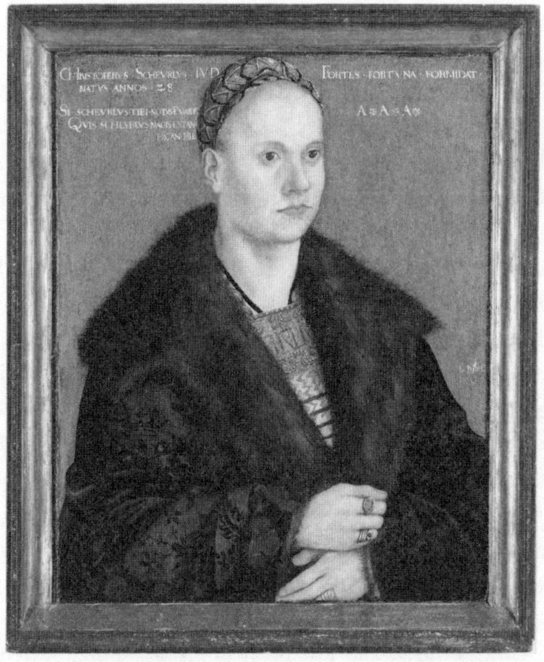

Abb. 5 Wer ist echter, das Porträt oder sein Vorbild? Lukas Cranach der Ältere: Christoph Scheurl, 1509

Mythos des lebendigen Bildes gezeigt hat: *veramente vivissimo* und schließlich *piu vivo che la vivacità*.[78] Klingt fast nach Werbeslogans – denn hier geht es um Ambivalenz und um Superlative, die sich am Ende in einem leicht absurden Komparativ selbst negieren. Was soll denn eine solche ›Überlebendigkeit‹ sein?

Die Antwort ist naheliegend: Simulation. Derselbe Nürnberger Humanist Christoph Scheurl, der in einem Brief an Cranach 1509 die literarischen Topoi aus der Antike von der Lebensähnlichkeit des gemalten Bildes herunterbetet, versah sein eigenes, im selben Jahr von Cranach angefertigtes Porträt mit einer halb koketten, halb beunruhigten Aufschrift. Sie wendet sich direkt an den Betrachter. »Wenn Dir Scheurl bekannt ist«, lässt die Inschrift das Bild sagen, »wer ist dann mehr Scheurl, dieser oder jener?«[79]

Porträts sind eine Affektstrategie, und die steht zum Identifizieren einer Person in einem eher zwiespältigen Verhältnis. In jener historischen Periode, in der die ältere Literatur die »Entdeckung des Menschen« und den Durchbruch des realistischen autonomen Porträts »nach der Natur« angesiedelt haben, wurden in großer Anzahl Bilder von Bildern angefertigt; ebenso Bilder von Gesichtern, die der Maler nie gesehen hatte, die um mehrere Jahre oder Jahrzehnte rückdatiert waren oder schon ziemlich lange tot. Der vermeintliche Porträtrealismus der Renaissance hat jede Menge fiktive Gesichter von lange verstorbenen Gründern und Ahnherren nachträglich produziert.

Denn in der Renaissance wurden Menschen nicht durch Bilder ihrer Gesichter identifiziert. Dafür wurden diese Bilder auch nicht hergestellt. Porträts wurden gemalt, um die Abgebildeten in theatralischen Verkleidungen und suggestiven Posen zu zeigen und zu verwandeln.[80] Im 14. Jahrhundert waren solche Fähigkeiten zur Manipulation des eigenen Aussehens noch ziemlich unfreundlich beschrieben worden. Die hektischen *homini occupati*, klagte Petrarca, seien nicht nur von Anderen abhängig, sondern trügen auch deren fremdes Gesicht, *aliena frons*. »Sie weinen und lachen nicht ihrem eigenen Urteil gemäß, sondern legen fremde Gefühle an.«[81] Im 15. Jahrhundert wurde das schon positiver gesehen. Ein und derselbe Mann, schrieb Leonard Bruni 1420 in seinem Traktat »De militia« über die Pflichten der städtischen Amtsinhaber, könne viele *personae* verkörpern: Es sei die Würde des Amtes, die ihn in jemanden verwandle, der er vorher nicht gewesen sei.[82] In dem 1487 entstandenen und 1496 erstmals veröffentlichten Traktat von Giovanni Pico della Mirandola von der Würde des Menschen wird dessen Fähigkeit zur Verwandlung und Verstellung dann zur Gottesgabe schlechthin. Von allen Geschöpfen sei nur dem Menschen das Geschenk der »unbestimmten Gestalt« gegeben, schreibt Pico – mit Ausnahme des Chamäleons, mit dem er ihn ausdrücklich vergleicht.

Die verschiedenen Porträts, die von prominenten Auftraggebern des 15. Jahrhunderts wie Francesco Sassetti und Isabella d'Este überliefert sind, weichen dementsprechend stark voneinander ab. Der 1441 von Jacopo Bellini und Pisanello gleichzeitig porträtierte Markgraf von Ferrara, Leonello d'Este, mochte sein Gesicht weder auf dem Bild des einen noch des anderen wiedererkennen. »Gebt mir einen Maler, dem wir wirklich vertrauen können, dann werde ich mich gerne auf Papier, Leinwand oder Holz porträtieren lassen«, lässt der dichtende Dominikanermönch Matteo Bandello im 16. Jahrhundert eine der Heldinnen ausrufen.[83] Gerade Bilder von Gesichtern konnten rasch und problemlos Titel und Zuschreibung wechseln und die porträtierte Person nachträglich in jemand anderes verwandeln. Aus dem Porträt eines süddeutschen Gelehrten um 1480 wurde so 1512 ein Bild des Heiligen Joachim; aus einer eleganten Florentiner Dame, von Sandro Botticelli gemalt, die Heilige Katharina; aus einem eleganten Höfling Maximilians I. ein zweihundert Jahre älterer Hamburger Seeräuber.[84]

Für die Zeitgenossen signalisierten diese Bilder nicht Individualität und Authentizität, sondern die besonderen Fähigkeiten derjenigen, die sie herstellen, vervielfältigen und an neue Verhältnisse adaptieren konnten. Bilder von Gesichtern waren deswegen wirksam, weil sie etwas Bestehendes nicht einfach wiedergaben, sondern es verwandelten und vervielfältigten. Authentizität qua Gesichtsbild funktioniert immer nur retroaktiv. Nie, könnte man sagen, sind die gemalten Gesichter aus der Vergangenheit ihren Gegenstücken aus Fleisch und Blut so ähnlich gewesen wie im Nachhinein.

Einmal Indien und zurück

Auf dieser Nachträglichkeit beruhen alle Erzählmotive von der starken Wirkung von Porträts auf ihre Betrachter. Für das Motiv vom Bild eines Verstorbenen, das so ähnlich sei, dass es die Betrachter erbleichen lasse und sprachlos vor Schreck mache, gilt das ebenso wie für die Parallelerzählung vom Bild der oder des abwesenden Schönen, bei dessen Anblick sich der Betrachter sofort unsterblich in die gemalte Person verliebe.

Aber diese Erzählungen sind nicht spezifisch für die christliche Bildkultur des Mittelalters und der Renaissance. Sie erscheinen ebenso in der literarischen Tradition eines Kulturraums, dem die Überblicksdarstellungen beharrlich bescheinigen, er habe keine Porträtmalerei im europäischen Sinn hervorgebracht oder hervorbringen können: Indien zwischen dem 8. und dem 16. Jahrhundert. Das auf Holz gemalte Bildnis einer Königin ist so kunstfertig hergestellt, dass es zu atmen und zu sprechen scheint. Könige entbrennen beim Blick auf ein solches Bild sofort in Liebe für die darauf Dargestellte. Prinzessinnen erkennen ihre Liebhaber, die ihnen im Traum erschienen sind, auf gemalten Porträts wieder. Eine neue Studie über Porträts im frühen Indien hat ganze Serien dieser Motive aus dem 8., 11. und 13. Jahrhundert zusammengestellt. Mit solchen Bildern ließen sich auch raffinierte Erzählungen von Verführung und Rache inszenieren: Ein betrogener Prinz fertigt sein Selbstporträt an und spielt es der feindlichen Königin zu. Sie verliebt sich sofort in den Dargestellten und lässt ihn an ihren Hof holen. Incognito überzeugt der Prinz den hässlichen König, dass der mit Hilfe eines magischen Rituals dieselbe Schönheit erlangen könne wie er selbst. Der eitle König willigt ein. Er wird vom Prinzen überwältigt und ermordet, und der Rächer präsentiert sich anschließend vor Königin und Hofstaat selbst als der wundersam nach dem Muster des Porträts verwandelte König und als legitimer Herrscher. Ein Sieg der List – und ein Sieg jenes Mediums, mit dem man jemandes sichtbare Gestalt gleichzeitig täuschend ähnlich und wunderbar verschönert darstellen konnte.[85]

Vincent Lefèvre, dessen »Portraits in Early India« ich diese Geschichten entnehme, bemerkt darin amüsiert, aber auch leicht verzweifelt, dass das Stereotyp von Indien als einer statischen Gesellschaft, die sich in ihrer Kunstproduktion auf außerzeitliche religiöse Symbole konzentriert habe – so Georg Wilhelm Friedrich Hegel in seinen »Vorlesungen zur Ästhetik« – offenbar bis heute wirke. Wann immer er sein Material auf Tagungen Kunsthistorikern präsentiere, werde ihm bescheinigt, dass diese Bilder »very interesting« seien, aber »no real portraits«.[86] Aber was ist dann ein richtiges Porträt? Das, so argumentiert er, sei definiert durch die Intention, eine spezifische historisch belegte Person darzustellen; und durch die Wahrnehmung des Betrachters, dass er das Gesicht von jemand Bestimmtem vor Augen habe. Porträts konnten dementsprechend in Indien wie in der europäischen Renaissance Bezeichnung und Bedeutung wechseln, aber Porträts bleiben. Die Präsentation solcher Bilder war mit erhöhtem sozialem Status und mit einem Namen verbunden. Sie war handfeste Zeitpolitik: der Versuch, die vergänglichen Gesichtszüge einer sterblichen Person, einmal fixiert, mit Zukunft aus- und aufzurüsten.

Das sei übrigens, so erinnert Lefèvre seine Leser, auch in der europäischen Tradition so. Plinius der Ältere hat in seiner »Historia Naturalis« die Fertigung von Porträts von den Sehnsüchten ihrer Betrachter abgeleitet. »Der Wunsch, mit den großen Männern (imaginierten) Umgang zu haben, erzeugt Gesichter, die nicht überliefert worden sind.«[87] Derselbe Giorgio Vasari, der die Künstlerbiographien seiner »Vite« in der ersten Hälfte des 16. Jahrhunderts so großzügig mit den Motiven der Lebendigkeit der gemalten Bilder würzt und die zweite Auflage seiner Lebensbeschreibungen mit Holzschnittporträts der Künstler ausstattet, liefert auch explizite porträtkritische Passagen. Viele hervorragende Maler hätten Porträts angefertigt, die dem Dargestellten wenig oder gar nicht glichen, weil sie sich nicht sklavisch an ästhetisch ungenügende lebendige Vorbilder hätten halten wollen. Von Michelangelo Buonarotti berichtet Vasari in seiner Lebensbeschreibung sogar, er habe es verabscheut, jemanden lebensähnlich darzustellen; außer wenn der Betreffende *d'infinità bellezza*, von unendlicher Schönheit, gewesen sei.[88]

Aber wann ist ein Gesicht schön genug, um sich selbst ähnlich zu sein? Die beharrlich wiederholten Berichte der Chronisten des 14., 15. und 16. Jahrhunderts von dem bezaubernden Porträt der zukünftigen Angetrauten, bei deren Anblick sich der König sofort in die Prinzessin verliebt habe[89], sind, aus dieser Perspektive gesehen, selbstverständlich echt – echt indisch. Wie die »wahren Abbilder« und »recht kontrafetten« besonders wirkungsmächtiger Bilder erzeugen sie eine vergangene Zeitzone, in der unvermittelte Entsprechung und *identitas* geherrscht habe. Von ihr kann man auf dem Bild selbst (wenn es überhaupt vorhanden ist) nur noch Hauch, Rest, Spur entdecken.

Früher war alles echter

Die Bilder in den großen Ausstellungen in London, Berlin, Wien und München, in denen 2008 und 2011 die Wunderwerke der »Entdeckung des Menschen« und des wunderbaren und wahren »starken Individuums« der Renaissance zu sehen waren, sind aber nicht nur fünf oder sechs Jahrhunderte alte Artefakte aus Farbe, Holz und Leinwand. Gleichzeitig sind sie theatralische Aufführungen der Gegenwart.[90] In den Bildern geht es um Identifikation – Erkennen – eines Gesichts als einen Vorgang, in dem es jemand nachträglich ganz genau weiß. Wenn Spezialisten über Darstellungen von Gesichtern schreiben, werden in ihrer Prosa Empfindungen spürbar, über die bereits Plinius Bescheid wusste: die Sehnsucht nach Nähe zu einem Gesicht mit großer Lebensgeschichte.

Wilhelm von Humboldt hat im Jahr 1799 an Goethe drei lange Briefe über die mittelalterlichen Kunstwerke geschrieben, die er im Pariser »Musée des Petit Augustins« besichtigen konnte. Humboldt bemerkt im ersten seiner Briefe, physiognomische Studien »sollten vielleicht doch eher physiognomische Träume heißen.« Aber das hindert ihn nicht, selbst in den steinernen Gesichtern des 13., 14. und 15. Jahrhunderts ausführlich zu lesen. König Ludwig IX. trage »unverkennbare Züge von Schwäche und Gutmüthigkeit«; zu Ludwig XI. dagegen bemerkt er, »ein großer Ausdruck von Klugheit« sei unverkennbar; doch sei sie »mehr Verschlagenheit und List als Größe des Geistes.«[91]

Und das war erst der Anfang. Der deutsche Kunsthistoriker Wilhelm Vöge hat die Charakterköpfe aus den gotischen Kathedralen in einem klassischen und mehrfach nachgedruckten Artikel 1914 »Bahnbrecher des Naturstudiums um 1200« genannt. Also kündeten sie von der Wahrheit, wie einer der Porträtköpfe aus Chartres: »Die Face zeigt einen feigen Einschlag.«[92] Jedes einzelne dieser Gesichter, so ein anderer kunsthistorischer Spezialist 1922, spreche »so eindringlich als Mensch und Werk zum Betrachter, dass ohne weitere Worte hier Mensch mit Menschen fertig werden kann.« Die Züge des Markgrafen Eckhart von Meissen zeigten einen »rücksichtslosen, unbeugsamen Charakter«, schrieb ein Fachkollege 1925.[93] Gesichter, die auffallend porträtähnliche Züge aufweisen, reizen ihre Betrachter dazu, das Bild so anzuschauen, als ob es ein lebendiges Gesicht eines Menschen zeigen würde. Das Gesichts-

Bild wird dann zum Zeugnis der »Persönlichkeit« der oder des Dargestellten, die der Betrachter selbst erzeugt: Er lädt das, was er beschreibt, mit seinen eigenen Empfindungen auf.

Jedes gemalte Gesicht wird so doppelt lesbar, als physische Oberfläche und als geheimnisvolle Offenbarung von etwas, das sonst unsichtbar bliebe. Das ist genau die Doppelung zwischen materiellem Äußerem und innerem Ausdruck, die Lorenza Valla – nicht ohne religiöse Untertöne – 1434 als *facies* und *vultus* zu fassen versucht hat. Der Dichter Pietro Bembo schrieb 1516 über ein von Raffael gemaltes Porträt, der darauf Dargestellte gleiche sich selbst nicht so sehr, wie ihm dieses Bild ähnlich sei.[94] Damit war die Idee eines Überporträts auf den Begriff gebracht, das über den Dargestellten genauer Auskunft gebe als dessen eigentliche Erscheinung.

Bei Bembo war das aber ironisch gemeint. Das Lob der Porträtmalerei als souveräne Abbildung von Wirklichkeit bekam nämlich im 16. Jahrhundert zunehmend kritische Untertöne. Vincenzo Danti unterschied in seinem »Trattato delle perfette proporzioni« von 1567 bereits zwischen *ritrarre* als bloßer Wiedergabe des Sichtbaren und dem künstlerisch höherwertigen *imitare*, in dem die Natur – soll heißen: die Gesichter und Körper der Porträtierten – verbessert würden; also so dargestellt, wie sie aussehen sollten. Ein anderer gelehrter Bildtheoretiker, Giovan Paolo Lomazzo, ermahnte 1584 in seinem Traktat über die Künste die Maler, die Gesichter von Herrschern auch dann mit dem Ausdruck von Adel und Tiefe zu versehen, wenn der ihnen in der Natur fehle – nach dem Vorbild der antiken Künstler, die natürliche Mängel mithilfe der Kunst unsichtbar gemacht hätten. Genau so, betonte Lomazzo, hätten es auch Leonardo, Raffael und Michelangelo gemacht.[95] (Die Renaissance war schon am Ende des 16. Jahrhunderts eine mythische Periode, in der alles wahrer und richtiger gewesen sein würde: Zukunftsvergangenheit, würde man heute sagen.)

»Porträtist« wurde in den Malereitraktaten des 17. Jahrhunderts und bei den Essayisten der Aufklärung abfällig für diejenigen Maler gebraucht, die keine eigenen Ideen hätten und »der Hässlichkeit des Gesichts und des Körpers unterworfen seien«. Im Gegensatz zum Künstler als Mann der Erfindung sei der Porträtmaler »knechtischer Kopist«, so der Artikel »Porträt« im Handlexikon der bildenden Künste, erschienen 1764 in Berlin. Es müsse um das »wahre Temperament« und das »Wesen«

einer Person gehen, nicht um »grobe Ähnlichkeit«. Joseph von Sonnenfels ermahnte 1768 dementsprechend die Maler, sich vor »mechanischer, oberflächlicher Ähnlichkeit« zu hüten.[96]

Diese Unterscheidung zwischen der falschen Nachahmung des Sichtbaren und der wahren Darstellung des Unsichtbaren hat vielleicht am wirkungsvollsten August Wilhelm Schlegel in seinen »Vorlesungen über die schöne Literatur und Kunst« von 1802/1803 auf den Begriff gebracht. Dort beklagt er die Tendenz des Porträts zur sklavischen Nachahmung. Über die »mikroskopischen Menschenmaler« hat er wenig Schmeichelhaftes zu sagen. Ihre Arbeit sei »kein freyes Auffassen der Erscheinung«, sondern »ein ekelhaftes Anatomiren der Oberfläche, dessen Effect im ganzen, bey der gemalten Nachahmerei des einzelnen, dann doch nicht wahr ist«. Richtige Künstler dagegen hätten »das Bedeutende und zum Charakter Passende klar herausgefühlt«. (Ohne Gefühl geht es nicht bei Gesichtsbildern.) Schlegel nahm, wie nach ihm Hegel in seinen Vorlesungen zur Ästhetik, die Bilder des deutschen Porträtisten Balthasar Denner als abschreckende Beispiele für eine solche Porträtmalerei, die nichts sei als tote Nachahmung und Täuschung. Für Hegel ist nur das Porträt wirklich gelungen, »worin jener innere Geist sich lebendig gestaltet«. Dann werde es »dem Individuum ähnlicher, als das wirkliche Individuum selbst«.[97]

Die Formulierung ist dieselbe wie bei Pietro Bembo dreihundert Jahre zuvor. Nur ist sie diesmal todernst gemeint, als Forderung. Ähnlichkeit wird dabei von einer relationalen Kategorie einer mehr oder weniger brauchbaren Reproduktion zu einer absoluten Wahrheit – zur Über-Ähnlichkeit. Fragt sich nur: Woran kann man den »inneren Geist« erkennen? Und was ist das für ein Betrachter-Experte, der in der Lage wäre, den eigentlichen »Charakter« von kunstvoller Simulation zu unterscheiden, als sichtbaren Ausdruck eines sonst unsichtbaren Wesens? Der von Schlegel und Hegel verachtete deutsche Maler Balthasar Denner war mit seinen detailliert gearbeiteten Porträts alternder Gesichter um 1750 sehr erfolgreich; sie wurden für hohe Summen von fürstlichen Sammlungen angekauft. So hyperrealistisch die Bilder auch wirkten, gefertigt und verkauft hat Denner sie als Phantasieporträts ohne reale Vorlagen in mehreren, praktisch identischen Fassungen.[98] Der vermeintlich sklavisch die Natur nachahmende Porträtist, den die strengen Philosophen verurteilten, war meist gar keiner.

Der strenge Katalog an Forderungen, was das gemalte Bild eines Gesichts sichtbar zu machen habe, wurde von Leuten formuliert, deren eigene Fähigkeiten in ganz anderen Bereichen lagen als im Anfertigen von gemalten Bildern. Ein solcher Anspruch war umso verlockender, als er dem jeweiligen Betrachter die Auskunft darüber ersparte, aufgrund welcher Informationen er die perfekte Übereinstimmung konstatierte oder ihr Fehlen bemängelte. Dass ein Bild den »Charakter«, das »Innerste« und das »Wesen« des oder der Porträtierten wiedergeben müsse, wurde das ganze 19. Jahrhundert hindurch beharrlich wiederholt. Solche Forderungen waren machtvoll und zählebig, weil sie unerfüllbar waren und letztlich unbestimmt blieben.[99]

Zu sehen gibt es dabei nämlich nichts, und wenn ein kluger Mann wie Georg Simmel 1905 einen Aufsatz zur Ästhetik des Porträts schreibt, macht er das auch unfreiwillig deutlich. Durch seine Darstellung des Gesichts könne der Maler eine »Erscheinung zu völliger Deutlichkeit« bringen, schreibt er dort, und den Betrachter »zu dem lebhaftesten Vereinheitlichungsprozess anregen«. »Einheit«, fährt Simmel fort, »ist Seele: denn alles Körperliche liegt in unüberwindlichem Auseinander, erst in der Seele geht eine Verflechtung, Durchdringung, eine Innigkeit des Ineinanders der Dinge vor sich, zu der die Außenwelt überhaupt keine Analogie besitzt.«[100] Also nicht heraus-, sondern hineinfühlen.

Den sichtbaren Ausdruck der »Seele« gibt es nicht im gemalten Gesicht, sondern nur im Kopf des Betrachters – der von sich behauptet, dass er nicht irgendein Betrachter ist, sondern mit der Stimme des Künstlers spricht. Deswegen kann er so streng zwischen guter (»innerlicher«, »seelischer«) und schlechter (»oberflächlicher«, »mechanischer«) Ähnlichkeit unterscheiden, ohne darüber Auskunft geben zu müssen, nach welchen Kriterien er die eine von der anderen unterscheiden kann. Wenn er vom Gesicht auf dem Bild spricht, spricht er von seinen eigenen Fähigkeiten. »Ich (und nur ich) habe es genau gesehen.«

Diese rhetorische Formel ist so praktisch, dass sie bis heute erfolgreich betrieben wird. Wer in einem 1985 erschienenen einflussreichen Buch über Porträtmalerei nachschlägt, findet dort die Formulierung von der »Gleichung zwischen Bildnis und Individuum« ebenso wie die von Individualität als einem »höheren Grad von Persönlichkeit«: Ihr »Kern« könne dann im Porträt anschaulich gemacht werden. Das sind die Beschwörungsformeln aus den älteren Porträttheorien – inklusive der religiösen, wenn der Autor bei manchen, aber nicht allen Werken Dürers deren »Seelenhaftigkeit« konstatiert. Die mittelitalienische Malerei bleibt ihm zufolge »im Körperlichen stecken«, während die venezianische in den Gesichtszügen »die Seele« entdecke. »Autonomie« – das Widerstehen der Person gegenüber allen Gelegenheiten, sich durch gesellschaftliche Funktionen begründen zu lassen – bezeuge ihre Individualität.[101]

Ein solches Konzept von Individualität ist Untersuchungskategorie und hohes Ziel in einem; es tritt mit allgemeingültigem Erfüllungsanspruch auf. Die Fiktionalität gemalter Bilder, hat ein Kommentator höflich angemerkt, werde dabei kaum bedacht.[102] Die wirklichen Umstände, unter denen im 15. und 16. Jahrhundert Personen ihre Gesichter haben darstellen lassen (und dafür bezahlt haben), werden mit der emphatischen Anrufung von Originalität, Aus-sich-selbst-Handeln und (Bild-)Leiblichkeit als Ausweis der Beseelung vollständig zum Verschwinden gebracht. Maler und Porträtierter, obwohl fünf Jahrhunderte entfernt, wollten immer schon vom nachgeborenen Experten erkannt werden.

Vom Gesicht auf dem Bild führen dicke, mit starken Wünschen und Identifikationsmechanismen aufgeladene Kabel zurück zu demjenigen, der es anschaut. Die häufig zitierte Formel vom Maler, der sich selbst darstelle – *ogni pittore dipinge se*, bereits im ausgehenden 15. Jahrhundert fleißig zitiert[103] –, wird man auf den Experten übertragen müssen, der beim Betrachten fremder Gesichter über seine eigenen Wünsche und Phantasie Auskunft gibt. Die einzigen Personen, die uns aus Porträts des Mittelalters und der Renaissance ganz nackt, unmaskiert und *al naturale* entgegentreten, sind die Spezialisten, die über sie geschrieben haben.

Die Sehnsucht nach dem Supergesicht

Der Schluss vom Bild-Detail auf den Abgebildeten ist dann am überzeugendsten, wenn diese Erzählung bei einer konkret benennbaren Person endet. Ein mit Albertis *forza divina* gemaltes Gesicht ist eines, weil es einer (und eben nur einer) Person zugeordnet werden kann. Wenn es als Rätsel daherkommt, dient es dazu, die gelehrte Expertise zu demonstrieren, die es durch geglückte Identifikation auflöst. Zeigt das Gesicht, das Robert Campin auf so beeindruckende Weise gemalt hat, Robert de Masmines oder Niccolò Strozzi? Ist der von Jan van Eyck Dargestellte wirklich der Kardinal Albergati – oder doch nicht? Dasselbe gilt für die Suche nach Kryptoporträts, eine eigene, durchaus umfangreiche Gattung historischer Nachforschung.[104] Schließlich würde man schon gerne wissen, wie die betreffende Person ausgesehen hat, in der vergangenen Wirklichkeit. Und irgendjemandes Gesicht muss da ja gewesen sein.

In dieselbe Zone der Wünsche gehören die beharrlichen Nachforschungen nach dem Gesicht des Malers, das den Wunsch des Betrachters nach möglichst großer Nähe nicht nur zum Werk, sondern auch zu dessen Urheber erfüllen soll. Auf diese Weise haben schon die Kunstexperten des 16. Jahrhunderts lebensähnliche und quasi verlebendigte Porträts – »wahrhaftig conterfett« – nicht nur der lebendigen Maler und Dichter ihrer eigenen Periode, sondern auch ihrer ruhmreichen, toten antiken Vorbilder gesucht und gefunden. Von Vergil und Livius wurden ab dem Beginn des 16. Jahrhunderts reihenweise Porträts mit detailliert ausgearbeiteten individuellen Gesichtszügen angefertigt, von Jesus Christus ganz zu schweigen.[105] In den Kunstmuseen des 19. Jahrhunderts hat dieser Wunsch einen neuen Ort erhalten.[106] Kunsthändler, Sammler und Kuratoren des 19. Jahrhunderts haben ziemlich viele Porträts umstandslos als die Gesichter berühmter Maler identifiziert. Als Selbstporträt Hans Memlings erfolgreich vermarktet wurde 1844 das Porträt eines jungen Mannes von Dirk Bouts 1462; der Direktor der Londoner National Gallery kaufte 1859 ein angebliches Selbstporträt von Masaccio; sein Nachfolger 1883 eines von Antonello da Messina.[107]

Ihre modernen Nachfolger entdecken weiterhin diskret platzierte Künstlerselbstbildnisse an den Orten, an denen die visuellen Informationen genügend dicht und eng gepackt zur Verfügung stehen, um ein ordentliches Rätsel abgeben zu können. Angebliche Selbstporträts der Malerbrüder Hubert und Jan van Eyck wurden in ihrem Genter Altar lokalisiert; der Bräutigam auf Jan van Eycks Doppelporträt von der Hochzeit der Arnolfini galt bis weit ins 20. Jahrhundert hinein als Selbstporträt des Künstlers. Von den burgundischen Bildteppichen im Historischen Museum Bern bis zu Mantegnas Fresken in der »Camera degli Sposi« wird erstaunlich vielen Bildern zugeschrieben, dass aus ihnen der Maler selbst, listig und nicht zu gut versteckt, seine Betrachter anlächle.[108] Ein 2005 erschienener, reich bebilderter Sammelband zum Selbstporträt – »Der Künstler als Kunstwerk« – wiederholt sogar die Anekdote von Michelangelo Buonarotti, der in der Ausmalung der sixtinischen Kapelle sein eigenes Gesicht – faltig und verzweifelt – auf der abgezogenen Haut des heiligen Bartholomäus dargestellt habe.[109]

Eine solche Zuschreibung findet sich in den Quellen des 16. Jahrhunderts aber nirgends, auch nicht bei Vasari. Sie stammt aus dem ekstatischen Text des italienischen Mediziners Francesco La Cava, dem sich an einem strahlenden Morgen im Jahr 1923 plötzlich die Wahrheit offenbart habe, wie er schreibt. »Era proprio lui!« Niemand anders als Michelangelo selbst sei auf der faltigen abgezogenen Haut zu sehen – »wie das Gesicht Christi auf dem Turiner Grabtuch«, wie Cava noch hinzufügt.[110]

Die Suche nach dem versteckten Selbstporträt des Künstlers dokumentiert die Sehnsüchte des Betrachters – nicht zuletzt danach, in der eigenen Rolle vom Bild sozusagen anerkannt zu werden. Ich, der Zuschauer, will nicht nur wissen, wie der Künstler ausgesehen hat: Ich will vom ihm angeschaut werden. Im Nachhinein gerät jedes kunstfertig gemalte Gesicht in den Verdacht, der Spiegel von irgend jemandes unverwechselbarer Individualität gewesen zu sein (»Da war jemand!«), und zwar möglichst einer Person, deren Name bereits bekannt ist. Die traditionelle kunsthistorische Forschung betreibt mit beträchtlichem Aufwand deswegen munter weiterhin die Suche nach Selbstporträts von Künstlern, obwohl sich sehr viele frühere Vermutungen in dieser Hinsicht als falsch herausgestellt haben; oder, noch unangenehmer, als Annahmen, die sich weder bestätigen noch falsifizieren lassen.

In diesem Zuordnungsspiel als gelehrtem Dialog unter Spezialisten steckt eine Menge Vergnügen an der akademischen Konkurrenz zwischen Kennern. (»Das sieht man doch!«) Es hat aber vielleicht selbst einen blinden Fleck. Jedes Reden über Bilder, das der Formel von der Identifikation als Unverwechselbarkeit folgt, soll Unschärfe, Mehrdeutigkeit und Unentscheidbarkeit zum Verschwinden bringen. Gemalte Gesichter waren nicht nur Vehikel der Identifikation, sondern mindestens ebenso sehr der Verwandlung und der Täuschung. Mit ihrer großen technischen Präzision konnten sie eindeutige Zuordnungen auch bewusst erschweren und unter Umständen unmöglich machen – und zwar gerade dort, wo es um die Identifikation der Personen geht, die auf ihnen dargestellt werden, also um die sichtbaren Eigenschaften der Porträtierten, um die Wahr- oder Augenscheinlichkeit ihres Aussehens.

Denn ein Bild eines Gesichts, so die implizite Vorannahme des Identifikationsspiels, muss einen jeweils eindeutig identifizierbaren Referenten haben – den wahren Besitzer, die richtige Besitzerin dieses Gesichts. Es kann unter keinen Umständen eine *und* eine andere Person zeigen, gleichzeitig, egal wie ähnlich die Porträtierten einander gewesen sein mögen. Ein solches Vexierbild, das sowohl den einen wie den anderen Porträtierten zeigen würde, den König wie seinen Doppelgänger, das Gesicht, dessen Zuordnung unentscheidbar ist, ein solches Kunststück hätte eigentlich für den Künstler als technisch versiertem *artifex* der Kunstliteratur seit dem 15. Jahrhundert eine verlockende Aufgabe dargestellt. Lässt sich ein eindrucksvolles Gesicht so malen, dass es möglichst vielen von Leon Battista Albertis *conosciuti et degni huomini* gleichzeitig ähnelt, als künstlerisch maximal gedehnte Ähnlichkeit?

In der gelehrten Beschäftigung mit den Bildern vom Gesicht als gemalter Abbildung von Individualität kommt dieses Supergesicht nicht vor, soweit ich die Literatur überblicke. In der Praxis vielleicht schon. Und das bringt uns zu dem jungen Mann aus Toronto zurück, der 1999 an einer Busstation gefunden wurde und nicht mehr angeben konnte, welcher Name zu seinem Gesicht gehöre. Nach erfolglosen Versuchen, ihn zu identifizieren, hatten ihn die kanadischen Behörden nach dem Namen auf seinem Armband als »Philipp Staufen« registriert. In den nächsten zwei Jahren versuchte er mit Hilfe eines Anwalts und verschiedener Unterstützer, die kanadische Staatsbürgerschaft zu erhalten; dazu trat er auch in Hungerstreik, den er aber erfolglos abbrach. Schließlich akzeptierte er eine befristete Aufenthaltsgenehmigung und heiratete die Tochter seines Rechtsanwalts, in die er sich verliebt hatte. Im Sommer 2001 unterzog er sich einer Gesichtsoperation. Im Oktober 2001 änderte er offiziell seinen Namen in »Keith Ryan«; im Frühjahr 2003 ändert er ihn erneut in »Sywald Skeid«.

Dann kontaktierte ein englischer Produzent von Pornofilmen Skeids Rechtsanwalt, seine Frau und die kanadische Polizei. Jemand, bei dem es sich offenbar um Staufen/Ryan/Skeid handelt, hatte im Herbst 1998 und Frühjahr 1999 als Model für verschiedene Produzenten pornographischer Filme gearbeitet, unter dem Namen Georges Lecuit, mit einem französischen Pass. Im Februar 2004 ergaben weitere juristische Nachforschungen, dass dieser Pass von einem wirklichen Georges Lecuit im August 1998 als gestohlen gemeldet worden war. Staufen/Ryan/Skeid wurde verhaftet, aber nach einer Woche auf Bewährung freigelassen.

Dann verschwand er mit seiner Frau. Erst zwei Jahre später tauchte er erneut auf, in Lissabon, wo er sich um die portugiesische Staatsbürgerschaft bemühte, erfolglos. In einem langen Interview für das amerikanische Magazin *GQ* im Juni 2007 gab er schließlich an, als Ciprian Skeid im rumänischen Timisoara geboren zu sein. Er hasse diesen Ort. «I'd rather be a fake nobody than a real me.«[111]

Das wiederum ist selbst ein Zitat. Es stammt aber nicht aus der Geschichte des Mittelalters, sondern aus einem Kriminalroman. 1955 hat Patricia Highsmith »Der talentierte Mr. Ripley« veröffentlicht, in dem sich der Titelheld erfolgreich die Identität eines anderen aneignet. In Highsmiths Buch ist dieser Satz so allerdings nicht zu finden: Er stammt, leicht abgewandelt, aus der gleichnamigen Verfilmung. Sie war im Dezember 1999 in den USA und Kanada in die Kinos gekommen, wenige Wochen, nachdem der Mann aus Rumänien mit seiner spektakulären Geschichte in den Medien aufgetreten war. Er wird ihn sich angesehen haben. Vielleicht hätte er auch gerne das Gesicht von Matt Damon gehabt, der im Film den talentierten Mr. Ripley spielt. Auf den Werbeplakaten für den Film ist es – in Großaufnahme – mit einer eindringlichen Frage kombiniert. »How far would you go to become someone else?«

2.

Schwarz auf Weiß

»Niemand dächte heute im Traum daran,
die Kamera einen Spiegel zu nennen.
In Wahrheit gibt es überhaupt keine Spiegel.«

(Siegfried Kracauer, 1966)

Wenn die Firma schon Facebook heißt, dann benutzen wir ihre Dienste auch, haben sich die Verantwortlichen in der Berliner Gemäldegalerie vermutlich gedacht: Auch die Ausstellung »Gesichter der Renaissance« von 2011 hat ihren Auftritt im sozialen Netzwerk. Ein prominenter Berliner Friseur verpasst dort der anonymen blonden Florentinerin, die Domenico del Mazziere am Ende des 15. Jahrhunderts gemalt hat, einen neuen Haarschnitt. Die Aufforderung *Noli me tangere* hat er offenbar nicht auf sich bezogen.

Wenige Klicks weiter unten auf der Google-Trefferliste zum Bild findet sich eine Website, die dem Besucher eine in Öl erstellte Kopie des Bildes der jungen Frau anbietet. »Unsere Meisterfälscher können für Sie eine perfekt ausgeführte Kopie des Bildes in Museumsqualität herstellen«, versichert sie, für nur zwei Dollar pro Quadratzoll. »Wir können das Bild altern lassen, mit haarfeinen Rissen, um das Aussehen eines kostbaren echten alten Stücks zu erzeugen.« Alles, was die Spezialisten bräuchten, sei eine digitale Kopie in genügend hoher Auflösung, und die Rechte für die Reproduktion. Nicht zögern, sofort bestellen. Unter der Rubrik »Questions« kann man auch »Who are you?« anklicken. »Wir sind«, erklärt dort ein anonymer Text zuvorkommend, »eine Gruppe professioneller Kunstfälscher aus vielen Orten der Welt.«[1]

Egal, wie man den Diensten von www.artforgers.com gegenübersteht, ihr Angebot enthält eine Lektion: Wer von Gesichtern redet, redet auch von den technischen Bedingungen ihrer Vervielfältigung. Denn die sind es, die aus einem Gesicht – der vorderen Hälfte des Kopfs, ein dreidimensionales und dicht mit Muskeln besetztes, also bewegliches und bewegtes Objekt – ein zweidimensionales Bild machen. Erst dieses Bild kann dann in verschiedenen Medien weiter bearbeitet werden, von der Druckerpresse des 15. Jahrhunderts bis zu den modernen Vervielfältigungstechniken durch lichtempfindliche Chemikalien und digitale Reproduktion.

Fotogesichter

Was heutige Betrachter auf fünfhundert Jahre alten Porträts von Gesichtern sehen, ist bedingt durch eine technische Erfindung. Sie ist aber nicht im 15. Jahrhundert gemacht worden, sondern im Jahr 1839: Es ist die Fotografie. Seither prägt sie alles Reden über Gesichter. Sie stellt im Wortsinn den Rahmen dafür her, aus dem wir als Zeitgenossen gar nicht aussteigen können. Als technische Fixierung eines flüchtigen Moments hat sie dort, wo es um identifizierbare, »naturgetreue« Gesichter geht, auch die moderne Wahrnehmung älterer Bilder grundlegend verändert. Als Jan van Eycks »Hochzeit der Arnolfini« 1843 erstmals in London ausgestellt wurde, schrieb ein enthusiastischer Besucher, das Bild wirke mit der unglaublichen Präzision seiner Details wie die brandneue Technik Daguerreotypie.[2]

Fotografie ist jene Technik der Vervielfältigung, die von sich selber behauptet, dass sie gar keine sei: Schließlich nehme in dem neuen Verfahren, so ihr Erfinder Henry Fox Talbot, die Natur persönlich ihren »Zeichenstift« in die Hand. Die neuen Daguerreotypien, schwärmte 1839 ein Zeitungsartikel im »Hamburger Correspondenten«, seien »die Natur *und* der Gegenstand selbst«. Samuel Morse, nicht nur Erfinder des Telegraphen, sondern auch Porträtmaler, war ebenfalls überzeugt, nicht Kopien, sondern »Teile der Natur selbst« vor Augen zu haben, wenn er in ein fotografiertes Gesicht blickte.[3]

Andere Zeitgenossen waren beim Anblick der neuen Bilder nicht ganz so enthusiastisch. Das neue Verfahren sei ein warnendes Beispiel für den »Unwerth der bloßen Nachahmung«, klagte Friedrich Theodore Vischer 1851. Das »wahllos von der Maschine ausgeführte Gesicht ist gerade nicht das wahre«. Der Maler Eugène Délacroix, fasziniert von der neuen Technik, konnte unter hundert Porträt-Daguerreotypien »nicht eine einzige erträgliche finden«. Ralph Waldo Emerson hat wenige Jahre später ebenfalls seiner Enttäuschung Ausdruck verliehen: Nicht den Menschen selbst, sondern nur das Porträt einer Maske halte man in den Händen.[4]

Auch Charles Darwin, immerhin ausgewiesener Spezialist für den Ausdruck der Empfindungen bei Tieren und Menschen, mochte beim Anblick seines eigenen fotografierten Gesichts nicht glauben, dass er wirklich »as bad an expression« habe wie die auf dem Foto sichtbare.[5] Jakob Burckhardt schrieb 1860 in einem Brief, er habe sich »seit langen Jahren nicht mehr abbilden oder photographiren lassen«, und 1864 protestierte er erneut: »Mein eigenes Angesicht kann und kann ich nicht photographiren lassen! Der Widerwille ist gar zu gross, ich weiß nicht warum.« Noch 1883 beschrieb Robert Louis Stevenson das Anfertigen fotografischer Porträts als prekäre Glückssache: »quite a lottery«.[6]

Es war ihre mechanische Präzision, die diese frühen Kritiker der neuen Technik vorhielten. Keine Maschine, wie perfekt sie auch konstruiert sei, werde je in der Lage sein, jene Phänomene hervorzubringen, die man Ähnlichkeit nenne, hatte Rodolphe Töpffer, Schriftsteller, Karikaturist und Professor für Rhetorik an der Genfer Akademie, 1841 in einem Artikel formuliert. Wo es um die Gesichter lebendiger Personen gehe, sei Ähnlichkeit – die Erfassung des eigentlich Charakteristischen – etwas, was über bloße Reproduktion hinausgehe: nicht bloßes Abbild des Sichtbaren, sondern ein »Zeichen des freien Ausdrucks«, ein Surplus, ein dynamisches Extra.[7] Derselbe Töpffer hatte seit den 1830er Jahren damit experimentiert, komische und skurrile Bildergeschichten mit Karikaturen zu verschmelzen und in fortlaufenden *panels* zu erzählen, also narrative Bewegung in der Zeit graphisch umzusetzen, unter anderem durch unterschiedlich große Bildformate.[8] Kein Wunder, dass dem Erfinder der Comics die stillgestellten Gesichter der Daguerreotypien wenig überzeugend vorkamen.

Diesen Einwänden gegen fotografische Porträts lebendiger Gesichter als bloße mechanische und deswegen leblose Kopien sind wir schon begegnet. Sie sind selbst Echos (oder Abbilder) der Debatten um gemalte Bilder von Gesichtern aus dem 16., 17. und 18. Jahrhundert.[9] Auch die Maschine, von der Töpffer schrieb, gab es bereits siebzig Jahre vor der Fotografie – jedenfalls im theoretischen Reden über Bilder. »Wenn man eine Maschine erfände, die solche Gemälde hervorbrächte wie Raffael, wären diese Gemälde noch schön?«, hatte Diderot 1767 rhetorisch gefragt. Seine Antwort war harsch: »Nein.« »Und die Maschine? Sobald sie etwas Alltägliches würde, wäre sie nicht schöner als die Gemälde.« Bereits 1835, also vor der Fotografie, hatte die Pariser Zeitschrift »L'Artiste« abwertend von der »industrie du portrait« geschrieben.[10]

»Ich verachte die Fotografie so sehr«, hatte Gustave Flaubert 1853 in einem Brief formuliert, »wie ich die Originale liebe. Nichts an ihr ist wahr.« Nie würde er zulassen, setzte er trotzig dazu, dass ein fotografisches Porträt von ihm angefertigt würde. Maxime Du Camp, sein Reisegefährte auf der Reise nach Ägypten 1849–1850, habe allerdings eines gemacht. »Aber ich war darauf in nubischer Kleidung zu sehen, zu Fuß und aus großer Entfernung, in einem Garten.«[11] Derselbe Flaubert wird ein paar Jahre später launisch erklären, dass er entgegen dem äußeren Anschein in Wahrheit eine Frau sei, nämlich Emma Bovary, außerdem ein Kamel und ein Bär. »Ich habe Lust, mir einen schönen Bären als Gemälde zuzulegen, ihn einrahmen zu lassen und in meinem Zimmer aufzuhängen, nachdem ich darunter geschrieben habe: Porträt von Gustave Flaubert.«[12]

Die Farbe wechseln: Verwandlung durch Lichtbilder

Wen konnte man also erkennen auf den Bildern, die der amerikanische Fotoenthusiast Oliver Wendell Holmes 1859 »einen Spiegel mit Gedächtnis« genannt hatte?[13] Von Jacob Burckhardt, der 1864 von seinem »Widerwillen« gegen fotografische Porträts schrieb, sind mehrere Fotos erhalten. Die beiden frühesten sind in Paris 1843 aufgenommen worden. Das erste zeigt ihn sitzend in elegantem Gehrock und breiter Halsbinde vor Atelierdekoration. Auf dem zweiten Bild hat er die üppig gemusterte Decke, die das Tischchen neben ihm geschmückt hatte, heruntergezogen und sich wie einen exotischen Mantel um die Schultern drapiert; die Halsbinde ist auf dem Gilet herausgezogen und flattert lose über die Schulter.[14] Der wohlhabende junge Basler Student posierte nicht nur vor dem Apparat im Pariser Studio, er improvisierte auch gleich seine Verwandlung mit Hilfe einer Tischdecke.

Damit ist er kein Einzelfall. Man kann die Geschichte der Fotografie ohne weiteres mit der Lust am inszenierten, verfremdeten Bild beginnen lassen. Der Pariser Fotopionier Charles Nègre hat zwischen 1849 und 1854 ganze Serien von Selbstporträts aufgenommen. Mehrere davon zeigen ihn als mittelalterlichen Mönch kostümiert, und von zwei dieser Aufnahmen wurden wiederum Radierungen angefertigt.[15] Ein weiteres Selbstporträt von Nègre, um 1855 entstanden, zeigt ihn als Orientalen mit großem Turban, Pantoffeln und Wasserpfeife. Auf zwei weiteren Bildern posiert er in derselben Verkleidung, Hand am Dolch, vor einer Pariser Haustür.[16]

Gewöhnlich werden diese Bilder leicht abwertend als »Genreszenen« bezeichnet. Aber es ist Charles Nègre selbst, der hier posiert. Sind Selbstporträts in exotischer oder mittelalterlicher Verkleidung weniger wahr als solche in einem repräsentativen bürgerlichen Anzug? Gustav Flaubert, einige Monate jünger als Charles Nègre und wie er Sohn einer wohlhabenden Familie in der Provinz, schrieb 1850 von seiner Orientreise als 28-Jähriger nach Hause, er würde in Ägypten häufig für einen Orientalen gehalten, weil er leidlich Arabisch spreche, vor allem aber wegen seiner dunklen Haut und seines orientalischen Aussehens in Haarschnitt und Kleidung – und er schreibt das mit unüberlesbarem Stolz. Wie die Begeisterung für ein pittoreskes, abenteuerliches Mittelalter war die Faszination durch einen nicht weniger verlockenden (und weitgehend imaginären) Orient für gebildete Franzosen in den 1840er und 1850er Jahren ein beliebtes Mittel der Selbstdarstellung.[17]

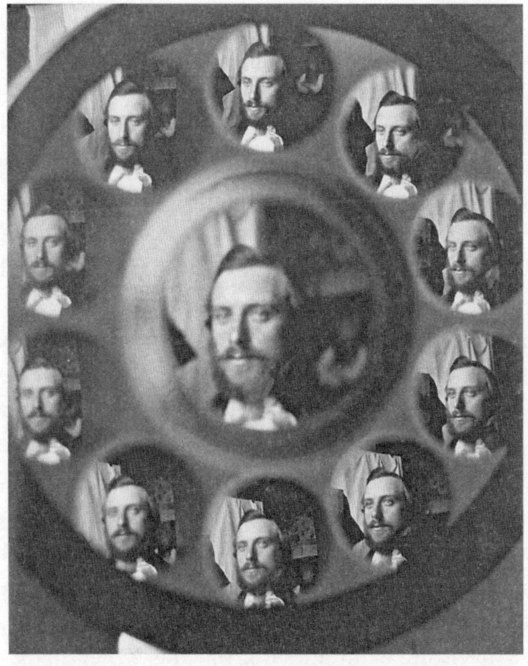

Abb. 6 Das Gesicht des Fotografen, multipliziert: Charles Nègre im Hexenspiegel, um 1850

Charles Nègre hat sich um 1850 in einem sogenannten »Hexenspiegel« fotografieren lassen. Das Daguerreotyp zeigt ihn in Großaufnahme, umgeben von kleineren Aufnahmen desselben Gesichts, aber jeweils in einem leicht veränderten Aufnahmewinkel. Nègres Porträt wird dabei zur Serie, die Bewegung suggeriert, aber selbst als Spiegel eines Spiegels stillgestellt wird. Das originale Daguerreotyp ist eine spiegelnde Metallplatte, in die der Betrachter schaut; dabei wird hinter dem Kaleidoskop von Nègres Gesichtern sein eigenes Gesicht sichtbar. Er ist, im Wortsinn, mit im Bild.[18]

In einer der einflussreichsten Autobiographien des ausgehenden 18. Jahrhunderts, Jean-Jacques Rousseaus postum publizierten »Confessions«, wollte der Autor sein großes Unternehmen der Selbstbeschreibung ausdrücklich nicht als »irgendein Buch« bezeichnet wissen. Es handle sich, schrieb Rousseau »um mein Porträt« – und zwar um eines, das in einer unbestechlich präzisen *camera obscura* angefertigt werden solle. In denselben Jahren, in denen Charles Nègre seine Selbstporträts als Bürger, Orientale und Kaleidoskop anfertigte, hat ein deutscher Schriftsteller im Exil einen spöttischen Kommentar zu Rousseaus Memoiren publiziert. Erschienen ist er in derselben »Revue des Deux Mondes«, in der Eugène Delacroix vier Jahre zuvor seine kritischen Anmerkungen zur Fotografie veröffentlicht hatte. Rousseau, so Heinrich Heine 1854, habe an der alten Schwäche festgehalten, »die darin besteht, dass wir in den Augen der Welt immer anders erscheinen wollen, als wir wirklich sind«. Rousseaus literarisches Selbstporträt sei deshalb »eine Lüge, bewunderungswürdig ausgeführt, aber eine Lüge«.[19]

Die Manipulation, so Heine, stecke im Begriff des Porträts als naturgetreu gemalter Ähnlichkeit: Ein englischer Maler habe am Hof des Königs der Ashanti dessen schwarze Höflinge und Hofdamen porträtiert. »Der König, welcher die frappante Ähnlichkeit bewunderte, verlangte ebenfalls konterfeit zu werden und hatte dem Maler bereits einige Sitzungen gewidmet, als dieser zu bemerken glaubte, daß der König, der oft aufgesprungen war, um die Fortschritte des Porträts zu beobachten, in seinem Antlitze einige Unruhe und die grimassierende Verlegenheit eines Mannes verriet, der einen Wunsch auf der Zunge hat, aber doch keine Worte dafür finden kann – der Maler drang so lange in Seine Majestät, ihm Ihr allerhöchstes Begehren kundzugeben, bis der arme Negerkönig schließlich kleinlaut fragte, ob es nicht anginge, daß er ihn weiß malte.« »Das ist es«, fährt Heine fort. »Der schwarze Negerkönig will weiß gemalt sein. Aber lacht nicht über die armen Afrikaner – jeder Mensch ist ein solcher Negerkönig, und jeder von uns möchte dem Publikum in einer anderen Farbe erscheinen, als die ist, womit uns die Fatalität angestrichen hat.«[20]

Was hätte Heine zu dem wohlhabenden Bürgersohn Charles Nègre gesagt, der sich in seiner Wohnung auf der Île St.-Louis als mittelalterlichen Mönch und sinnlichen Orientalen dargestellt hat, ohne dabei, wie sein Altersgenosse Flaubert, zur Selbsterforschung nach Ägypten reisen zu müssen? Das fotografische Porträt war nie einfach Spiegel, sondern bewegtes Kaleidoskop. »Jedes neue Bild«, hat Oliver Wendell Holmes 1861 bemerkt, zeige uns neue Seiten des Dargestellten. »Wir bemerken, dass er nicht ein Gesicht hat, sondern viele.«[21]

Eingefrorene Zeit, in Serie

Als technische Prozedur ist Fotografie stillgestellte Zeit: Die meisten Bilder lassen sich aber eher als Zeit-Konglomerate beschreiben, zusammengeklebte Zeit-Schichten. Weil sie demonstrativ ungleich alt sind, verweisen sie auf eine spezifisch produzierte fiktive Binnenzeit, die es nur in dem jeweiligen Einzelbild selbst gibt. Fotografien wurden seit den 1840er Jahren explizit dazu angefertigt, vom akuten Verschwinden Bedrohtes festzuhalten. Er fotografiere, so schrieb Charles Nègre 1858 in einem Bewerbungsschreiben an den französischen Militärdiktator Napoleon III. über die Möglichkeiten der neuen Technik, um »die sichtbaren Spuren vorübergehenden Daseins« festzuhalten.[22] Nègre richtete seine Kamera nicht nur auf sich selbst und seine Freunde, sondern auch auf die Skulpturen und Fassadendetails mittelalterlicher Kirchen in Chartres, Paris und Arles. Er fotografierte für den Abriss bestimmte alte Gebäude, Hausierer und Wanderarbeiter in pittoresken Kostümen auf den Pariser Straßen – im Verschwinden begriffene und gerade noch auf Salzpapier festgehaltene Fragmente einer Stadt im radikal beschleunigten Umbau.

Vier Jahre früher, 1854, hatte Adolphe-Eugène Disderi sein *carte de visite*-Verfahren patentieren lassen. Es erlaubte die Kombination mehrerer Porträts auf einem einzigen Blatt Fotopapier in einem Entwicklungsgang, und Disderis Kombination der üblichen gedruckten Visitenkarten – deren Format er übernahm – mit diesen aufgeklebten fotografischen

Porträts wurde ein phantastischer Erfolg. »Man kann sich keinen Begriff davon machen, wie das hiesige Publikum für die *cartes de visite* eingenommen ist,« schrieb 1860 der Journalist und Publizist Ernest Lacan. (Gutaussehender Mann, sowohl Nègre wie Disderi haben ihn fotografiert.) »Jeder will sein Porträt in diesem Format besitzen und an seine Freunde verteilen.«[23]

Die Einzahl »Porträt«, die Lacan verwendet, ist allerdings irreführend. Nicht das eine, sondern eben mehrere unterschiedliche Fotos des eigenen Gesichts ließen sich so gleichzeitig und kostengünstig herstellen und in Umlauf bringen, und das war ansteckend. Disderi rühmte sich 1866, er habe 65 000 Porträts prominenter Personen in seinem Unternehmen vorrätig; für England in den 1860er Jahren wird die jährliche Produktion auf mehrere hundert Millionen Stück geschätzt. All diese verschiedenen Bilder, die einen selbst in unterschiedlichen Posen und elegantem Aufzug im Fotostudio vor unterschiedlichen Hintergründen zeigten, wollten verschenkt, versendet, verbreitet sein; die Bilder der anderen in besonderen Alben gesammelt, getauscht, präsentiert. »Visitencarten-Epidemie« nannte 1860 ein Wiener Fotograf das Phänomen, das Disderi und seinen Konkurrenten und Nachahmern enorme Profite bescherte; »Porträt-Visiten-Kartomanie« taufte es im selben Jahr eine satirische Zeitschrift in Berlin.[24]

Die Optimierung des eigenen Aussehens – und der unterschiedlichen eigenen *looks* – war dabei inbegriffen; ab 1860 war es möglich, unpassende Details direkt auf dem Negativ zu retuschieren. Die Hofdamen der Königin Victoria, selbst eifrige Sammlerin von Fotografien, forderten die Damen der Londoner Society auf, doch Bilder ihrer selbst und ihrer Gatten an die Regentin zu senden; die österreichische Kaiserin Elisabeth besaß 1864 mehr als zweieinhalbtausend solcher fotografischer Visitenkarten.[25] Der amerikanische Präsident Abraham Lincoln, 1860 von einem Bewunderer um eine *carte de visite* gebeten, antwortete, er habe keine mehr, und ohnehin habe er die Kontrolle über sein Bild im neuen Medium verloren. »I suppose they got my shadow and can multiply copies indefinitely.« Shadow, Schatten, war eine geläufige Bezeichnung für die neuen Bilder. Die amerikanische schwarze Frauenrechtlerin Sojourner Truth, engagierte Kämpferin gegen Sklaverei, verkaufte von 1863 bis in die 1870er Jahre ihr eigenes fotografisches Porträt auf Vortragsreisen, unterschrieben: »I sell the shadow to support the substance.«[26]

Dieses »Ich« auf dem Bild sprach von Ökonomie. Oliver Wendell Holmes schrieb in seinem Essay über die Fotografie 1863, die neuen fotografischen Porträts seien, wie jedermann wisse, die momentan gültige soziale Währung geworden, »the green-backs of civilization«. Damit spielte er auf das 1862 von der amerikanischen Regierung herausgegebene Papiergeld gleichen Namens an. Es trug ebenfalls ein Gesicht – das Porträt des Präsidenten des National Currency Board. Der drastische Wechselkursverfall dieser Scheine rief einen nationalen Skandal hervor und war Auslöser für den Kongressbeschluss, dass kein amerikanischer Geldschein in Zukunft das Gesicht einer lebenden Person zeigen dürfe.[27]

Auch in Europa verebbte der Boom der kostspieligen Karten von und für bessere Leute, abgelöst von einer Popularisierung, die das soziale Repräsentationsspiel hochadeliger Kreise größeren Bevölkerungsgruppen zugänglich machte. Der erste Professor für Kunstgeschichte in Wien, Rudolf Eitelberger von Edelberg, wies 1860 in einem Vortrag über die Fotografie darauf hin, dass die neue Technik selbst »der ärmsten Familie« die Freude erlaube, porträtiert zu werden.[28] Das war zu diesem Zeitpunkt noch ziemlich übertrieben, aber mittelfristig war die Beobachtung zutreffend. Billigere Anbieter drängten auf den Markt, und Disderi musste seine stark geschrumpfte Firma 1877 verkaufen. In den Jahren vor seinem Tod 1889 arbeitete er verarmt als Strandfotograf in Nizza.

»Ich verkaufe den Schatten, um die Substanz zu erhalten«: Fotografisch festgehaltene und vervielfältigte Gesichter waren in den Jahrzehnten nach 1850 sowohl ein Medium der Werbung für die eigene Person, wie im Fall der schwarzen Aktivistin Sojourner Truth, als auch ein Mittel, die eigene Erscheinung den jeweils gültigen Standards von Eleganz, Aussehen und sozialer Zugehörigkeit anzuverwandeln. Serialität, Massenproduktion und Standardisierung (die *cartes de visite* wurden in festen Formaten produziert, um in Steckalben zu passen) waren nicht das Gegenteil der Präsentation des eigenen Gesichts, sondern ihr Kanal.

Um »Naturwahrheit« gehe es bei solchen fotografischen Porträts ohnehin nicht, hatte 1860 Rudolf Eitelberger von Edelberg seinem Publikum versichert. Stark belichtete Stellen erschienen übermäßig hell. »Die vorspringenden Theile« (er meint die Nase) würden auf dem Bild größer, »als es mit der Richtigkeit verträglich ist.«[29] Karikaturisten war das vertraut. Wilhelm Busch machte genau diese Verzerrung 1871 zum Thema einer Bilderfolge, die er in den »Fliegenden Blättern« publizierte.

»Ehre dem Fotografen!«, ist sie überschrieben. »Denn er kann nichts dafür.« Wie häufig tadele man die Fotografen – »und doch, wie ungerecht«. Denn der Fotograf sei eigentlich Maler. Er schminke, retuschiere und setze Menschen und ihre Körperteile in Bewegung. Das erzeuge unkontrollierbar selbständige Bilder, weiß der Karikaturist, und die zeigt er auch, samt ihrer vorspringenden Teile: bizarr vergrößerte Nasen, Stiefel und der bebende Busen der aufgeregten Braut.[30]

Wilhelm Busch hat genau gesehen, dass fotografierte Gesichter sich auf mehr bezogen als nur auf die Person, deren Einzigartigkeit sie zu dokumentieren vorgaben. Fotografierte Gesichter konstituierten Gruppen und Zugehörigkeiten, weil sie Kollektive von Betrachtern erzeugten – schwarz auf weiß. Hautfarben und Rassenzuschreibungen erscheinen dabei auffällig häufig, von Heinrich Heines Negerkönig über Flauberts Selbstdarstellung als Orientale bis zu Anspielungen in den fotografi-

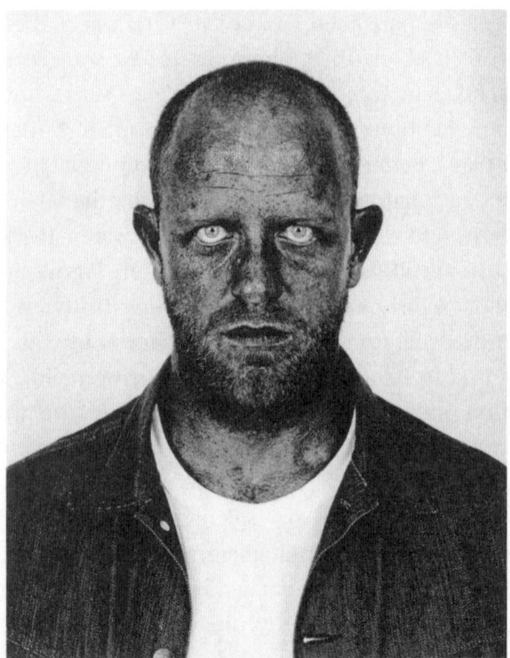

Abb. 7 Das Gesicht des Fotografen wechselt die Farbe. Selbstporträt von Pieter Hugo (2011)

schen Essays von Oliver Wendell Holmes auf »sultanas« und drohende »dusky complexions« auf Fotografien von Weißen durch unsachgemäße Entwicklung.[31] Den Gesichtern auf den Fotografien aus den 1850er und 1860er Jahren kommt man deswegen vielleicht näher, wenn man sie heutigen Aufnahmen gegenüberstellt. Der südafrikanische Fotograf Pieter Hugo ist am Beginn des 21. Jahrhunderts mit seinen Porträts wandernder Artisten und Schausteller aus Schwarzafrika – »The Hyena & Other Men« – bekannt geworden. In seinen Arbeiten hat er die Kategorie des fotografischen Porträts ganz unterschiedlichen Belastungstests ausgesetzt. Er hat Porträts von auf dem Set posierenden Schauspielern nigerianischer Action- und Horrorfilme gemacht, Porträts von afrikanischen Straßenkindern und von schwarzen Richtern in ihren traditionellen englischen Amtsroben. Vor allem hat er Bilder von Gesichtern gemacht, die nicht zurückschauen und den Blick des Betrachters spiegeln können, beides Teil der traditionellen imaginären Wunschliste an solche fotografisch fixierten Gesichter: Porträts von Toten und Blinden.[32]

Wie Nègre verfremdet und kostümiert Pieter Hugo aber auch Angehörige seiner eigenen Klasse. Er schminkt und porträtiert weiße Südafrikaner als Schwarze: An ihren Gesichtern demonstriert er das Prinzip der Umkehr von Licht und Loch, das die technische Grundlage für die Schwarzweißfotografie bildet. Und schließlich schaut Hugo selbst in die Kamera, ein wenig starr, mit schwarzer Haut und unwirklich hellen Augen. Der Fotograf selbst hat sich in Heinrich Heines König der Ashanti verwandelt, nur diesmal andersherum. Der Titel von Hugos Arbeit deutet an, dass es dabei um mehr gehen könnte als nur um Spielerei. Fotografie ist auch Nach-Leben als Anti-Leben. Sie ist ein für immer eingefrorener Moment, und der kann sich auch in einen Ort verwandeln: »There Is A Place in Hell For Me and My Friends.«[33]

Das Echte festhalten

Am 30. Mai 1864 hatte sich der wohlhabende Bürger Franz Xaver Beck-Leu aus der Schweizer Kleinstadt Sursee für eine Reise ins Ausland einen Pass ausstellen lassen. Das aufwändig gedruckte Formular des Kantons Luzern vermerkt Kontrollnummer, Alter, Größe, Personenbeschreibung (»Haare: blond; Stirn: gewölbt; Nase: proportioniert; Kinn: oval«) und enthält die mit Unterschriften beglaubigte Versicherung des Amtsstatthalters und Amtsschreibers, dass ihnen der Reisende persönlich bekannt sei. Nur Beck-Leus eigene Unterschrift fehlt auf dem Dokument. Stattdessen hat er ein Foto von sich eingeklebt. Das war völlig vorschriftswidrig, aber für ihn das stolz vorgezeigte Gegenstück für seine Unterschrift: die physische Spur seiner Person auf dem gestempelten Papier, das behördlich bescheinigte, wer er war.[34]

Wenn Fotografie eine »Stop«-Maschine war, dann war sie auch das Versprechen, aus der unablässigen Metamorphose von Gesichtern und der sichtbaren Welt ausgewählte Momente einzufrieren. Nicht nur ein experimentierender bürgerlicher Amateur wie Charles Nègre hatte in den 1840er und 1850er Jahren wandernde Hausierer, Straßenmusikanten und Bettler fotografiert. Dasselbe versuchte auch die Polizei, um Personen ohne festen Wohnsitz erfassen und identifizieren zu können: nicht als pittoreske, sondern als suspekte Elemente des städtischen Alltags. Nach der Veröffentlichung von Daguerres Erfindung 1839 hatte der französische Innenminister sofort den Ankauf der neuen Technologie durch den Staat empfohlen, weil das Verfahren seine Objekte exakt abbilde – endlich feste, brauchbare Bilder verdächtiger mobiler Subjekte. 1851 hatte der Fotograf Louis Dodéro vorgeschlagen, amtliche Ausweise mit Fotografien aufzurüsten, die bloße Personenbeschreibungen doch mit Vorteil zu ersetzen vermöchten.[35]

Praktisch erprobt wurden ab Ende der 1840er Jahre in Frankreich und England Aufnahmen von festgenommenen Verdächtigen, um Straftäter mit wechselnden Namen zweifelsfrei erfassen zu können. (Ein halbes Jahrhundert zuvor hatte Jeremy Bentham vorgeschlagen, dazu allen Personen doch endlich einen eindeutigen Namen plus Geburtsdatum auf ihr Handgelenk tätowieren zu lassen.) Der in Paris ausgebildete Berner Lithograf und Fotograf Carl Durheim fertigte 1852/53 im Auftrag der Polizei die ersten Porträts von schweizerischen Fahrenden an, die als Hausierer, Artisten, Musiker und Gelegenheitsarbeiter ihr Überleben zu organisieren versuchten und ab der Mitte des 19. Jahrhunderts im Fokus von besonderen Erfassungs- und Registrierungsbemühungen der Polizei standen.[36] Auf Durheims Aufnahmen schauen die meisten dieser unfreiwillig Fotografierten nicht ohne trotzige Würde in die Kamera. Obwohl die Bilder im Auftrag der Generalanwaltschaft erstellt worden waren, um Personen mit absichtlich unklaren oder widersprüchlichen Namen und Herkunftsorten besser identifizieren zu können, erinnern sie mit ihren sorgfältig drapierten Kleidern und Posen an die bürgerlichen Porträts der *cartes de visite*.

Eine ganze Reihe von Untersuchungen haben in den letzten Jahren die Entwicklung nachgezeichnet, die von den ersten Versuchen der fotografischen Erfassung von Verdächtigen am Beginn der zweiten Jahrhunderthälfte über die Einführung standardisierter Polizeifotos bis zum Zusammentragen gewaltiger Bestände fotografischer Porträts in den Polizeiarchiven geführt hat – samt der folgenden Ernüchterung. Auch aufwändig angefertigte und archivierte Fotografien erwiesen sich in vielen Fällen als schlicht untauglich dafür, Personen nur mit Hilfe der Fotos ihrer Gesichter zuverlässig zu identifizieren. Fälle von Doppelgängern und zufälligen Ähnlichkeiten seien nie vollständig auszuschließen, klagten die Kriminalisten. Manipulationen des Aussehens durch veränderte Bärte und Frisuren seien zu einfach, und ein und dieselbe Person sähe auf verschiedenen Bildern zu unterschiedlich aus. Das war die Basis für die Entwicklung neuer Verfahren wie des Systems Bertillon, das die Fotografie mit einer rigorosen Vermessung und Registrierung unveränderlicher Körpermaße kombinierte. 1887 hielt die Pariser Polizei offiziell die Mängel der Identifikationstechnik Fotografie fest; im Jahr darauf wurde Alphonse Bertillon zum Leiter des Erkennungsdienstes ernannt.[37]

»Von der allgemeinen Einführung der Fotografie wurde viel erwartet«, resümierte ein preußischer Polizeijurist 1891, »allein die Hoffnungen haben sich nicht erfüllt.« Bilder seien unzuverlässig.[38] Die fleißigen Kriminalbeamten hatten Wilhelm von Ockhams Einsicht aus dem 14. Jahrhundert, dass ein Bild alleine nicht zur Unterscheidung zweier ähnlicher Gesichter verwendet werden kann, anhand der Fotografie ein zweites Mal lernen müssen. Die von der Polizei angefertigten Porträtfotografien waren alle unmittelbar und präzise. Sie waren aber unzuverlässig, gerade weil sie so unmittelbar und präzise waren. Im Zeitalter der unendlich variierten Inszenierungen des eigenen Aussehens auf den *cartes de visite* war es wenig überraschend, dass sich die fotografisch Porträtierten zusammen mit den Bildern veränderten, die sie wiedergeben sollten: freiwillig und unfreiwillig, aber stets rascher als die von ihnen gemachten Aufnahmen.

Eugène Delacroix hatte sich schon 1850 darüber gewundert, wie lose sein eigenes Ich mit seinem Gesicht verkoppelt war. »Wer von uns hat nicht hundert Gesichter? Wird mein Porträt von heute morgen dasjenige von heute abend und von morgen sein?«[39] In einer Fotoserie, die um 1890 aufgenommen und »Les transformations« überschrieben worden ist, posierte deshalb ein Inspektor der Pariser Police de Sûreté, Constant Robert, verkleidet als betrügischer Müllsammler. Auf weiteren Fotos derselben Serie stellt Robert zusammen mit einem Kollegen, dem Brigadier Bourelet, in theatralischen Inszenierungen die Festnahme eines Landstreichers und die handgreifliche Auseinandersetzung mit einem gewalttätigen Schlachtergesellen dar. Die einzigen Verbrecher, deren Aussehen sich zuverlässig festhalten ließ, waren offenbar diejenigen, die von den Hütern der Sicherheit selbst dargestellt wurden.[40]

Die neuen Reproduktionstechnologien hatten in der zweiten Hälfte des 19. Jahrhunderts den Fragen nach dem Verhältnis zwischen Original und Kopie, Nachbildung und Replik immer größeres Gewicht verliehen. Sie veränderten damit nachträglich auch den Blick auf Bilder, die sehr viel früher entstanden waren. Hans Holbeins 1526 gemalte Madonna des Basler Bürgermeisters, 1743 für die Kunstsammlung des sächsischen Königshauses in Dresden erworben, war am Beginn des 19. Jahrhunderts als deutscher Gegenpol zu Raffaels sixtinischer Madonna ein sehr populäres Bild geworden. Am Beginn des 19. Jahrhunderts tauchte aus dem Besitz Wilhelms von Preußen plötzlich ihre Doppelgängerin auf, von 1852 an in Darmstadt aufbewahrt. Der mit großer öffentlicher Anteilnahme ausgetragene Streit, welches der beiden Bilder vom Meister selbst stamme und welches bloße spätere Kopie sei, fand seinen Höhepunkt in der Dresdener Holbein-Ausstellung von 1871, die erstmals beide Bilder nebeneinander zeigte. Die Darmstädter Madonna, das offizielle Original, wirke dabei befremdlich und unecht, erklärten Kommentatoren; ihre Dresdener Schwester sei erhaltenen Basler Originalzeichnungen ähnlicher und »holbeinischer«.[41]

Das erinnert nicht zufällig an Rodolphe Töpffers Überlegung vom »signe librement expressif«, das erst das Charakteristische eines Gesichts zusammenfasse. Einem frühen Bewunderer von Töpffers Comics, Johann Wolfgang von Goethe, waren zwei Publikationen gewidmet, die 1883 und 1888 alle erhaltenen Porträts des deutschen Dichterfürsten in Reproduktionen versammelten – immerhin 217 Stück. Angesichts der Variationsbreite all dieser Bilder eines einzigen Gesichts überschrieb die »Zeitschrift für bildende Kunst« 1889 ihre Besprechung: »Wie sah Goethe eigentlich aus?«

Na, unterschiedlich eben. George Bernard Shaw hat das Paradox von den vielen Gesichtern der eigenen Selbstähnlichkeit im Jahr 1902, ein halbes Jahrhundert und viele, viele Millionen Fotografien nach Délacroix, in der ironischen Bemerkung zusammengefasst, dass auch die allerbesten Maler nur jeweils eine Ansicht der Person geben könnten – und die entspreche natürlich nie der Realität. »Die Kamera dagegen«, setzt er fort, »macht aus einer Person authentische Porträts von mindestens sechs offensichtlich verschiedenen Personen und Charakteren.«[42] Die Pointe liegt in dem Wort authentisch – ein Wort, das von den mittelalterlichen *authenticae* abgeleitet ist, jenen kleinen Streifen Pergament, die ein kleines Stückchen Knochen eines fernen Toten qua Benennung zum Körper eines Heiligen machten, zur wirksamen, weil echten Reliquie. Fotografien, so erinnern uns die Fototheoretiker beharrlich, können in der Moderne als Berührungsreliquien beschrieben werden, als quasi-körperliche Emanationen dessen, was sie zeigen.[43]

Aber gleichzeitig waren solche Aufnahmen ein Mittel, sich selber älteren Vorbildern anzugleichen. Der amerikanische Fotograf Fred Holland Day war in den 1890er Jahren als engagierter Streiter für die Sache der neuen Kunst aufgetreten. »Is Photography A Fine Art?«, fragte er in einem Vortrag 1894, und seine Antwort war ein enthusiastisches Ja. Er fertigte umfangreiche Fotoserien von schönen (und mehr oder weniger unbekleideten) jungen Männern an, inszeniert als Faune, antike Statuen und Renaissancegemälde, darunter ein sehr ekstatisch leidender Heiliger Sebastian. Noch expliziter wurde der Bezug aufs Religiöse, wenn Day selber ins Bild kam. Sein erstes Selbstporträt, 1896 aufgenommen, zeigte ihn mit Wundmalen und Heiligenschein aufgebahrt als fotografierten Doppelgänger von Hans Holbeins »Totem Christus«. Zwei Jahre später realisierte er »Sacred Subjects«, eine aufwändig inszenierte Folge von fast 260 Fotografien über Leben und Passion Christi, aufgenommen mit antik kostümierten Statisten in Massachusetts. Die letzten sieben Bilder waren mit Hilfe eines Selbstauslösers und eines auf die Kamera montierten Spiegels hergestellt. Sie zeigen Day selbst, in der Pose des Gekreuzigten und in Großaufnahme.[44]

Im selben Jahr 1898 ist dann auch der Wunsch nach einem Porträtfoto von Jesus Christus persönlich in Erfüllung gegangen. Beim Entwickeln von Aufnahmen des in Turin aufbewahrten angeblichen Grabtuchs Jesu entdeckte der Fotograf Secondo Pia jene Gesichtszüge, die für ihn nur der unmittelbare, wahre Abdruck des authentischen, wirklichen Gesichts Christi sein konnten. Dagewesen waren sie schon vorher; auf dem Negativ wurden sie aber viel deutlicher sichtbar. Dieses vervielfältigte Negativ hat dann eine erstaunliche Karriere in den Bildmedien der Moderne gemacht. Das Original geht wohl auf das 14. Jahrhundert zurück; jedenfalls legen das die Dokumente nahe, die zwei Jahre nach Pias Entdeckung, 1900, publiziert wurden. Sie belegten, dass das Grabtuch 1357 erstmals öffentlich gezeigt worden war. 1389 erklärte der Bischof von Troyes in einem Schreiben an den Papst, ihm läge die Beichte jenes Malers vor, der das Grabtuch hergestellt habe. Papst Klemens VII. gestattete, es zur Schau zu stellen, allerdings unter der Bedingung, dass darauf hingewiesen werde, dass es ein von Menschen gemachtes Abbild und nicht das Original sei – um allgemeinen Irrtum und Idolatrie zu verhüten, wie die Verordnung hinzufügte.[45]

Die fotografischen Reproduktionen dieses Grabtuchs durch Pia 1898, fünf Jahrhunderte später, verwandelten sich sofort selbst in Berührungsreliquien. Die Verteidiger seiner Echtheit riefen nach der Publikation der mittelalterlichen Dokumente auf, es gegen »Angriffe aus dem 14. Jahrhundert« in Schutz zu nehmen. Je eines der Originalnegative wurden dem Papst und dem König von Italien übergeben: Sie sollten genau denselben Autoritäten (und nur ihnen) zugänglich sein, die auch den Zugang zur Reliquie selbst kontrollierten. Die »Iconografie de l'art chrétien« von Louis Réaud wusste es im Jahr 1959 jedenfalls genau: Die Schutzheilige der Fotografen sei die heilige Veronika.[46] Fotografie, könnte man hinzufügen, ist eine religiöse Technik aus dem Mittelalter.

Schnelle Kanäle: Postkartengesichter

Was bedeutet das in Bezug auf Gesichter? Je mehr fotografische Porträts nicht nur als bloße mechanische Abbilder angesehen wurden, sondern den Status von Originalen erhielten, und je intensiver fotografische Porträts von Gesichtern (nicht unähnlich ihren gemalten Vorbildern aus dem 15. und 16. Jahrhundert) Teile von Vervielfältigungsketten wurden, ein desto stärkeres Eigenleben entwickelten sie. Den Selbstbildern ihrer ursprünglichen Besitzer und Besitzerinnen haben die fotografierten Gesichter nie vollständig entsprochen. Jetzt machten sie sich selbständig und gingen auf Wanderschaft. Den in der Mitte des 19. Jahrhunderts neu eingeführten Emblemen für die Mobilisierung von Texten, den Briefmarken, waren sie ohnehin technisch, administrativ und formal eng verbunden. Die ersten Briefmarken, 1840 eingeführt, zeigten ein Gesicht – das der englischen Königin, selbst enthusiastische Sammlerin von Fotografien. Bei Ausbruch des Sezessionskriegs 1864 wurde in den USA eine eigene Steuer auf Fotografien eingeführt, zu entrichten in Form von Steuermarken, die auf der Rückseite des Bildes aufgeklebt sein mussten; in den beiden folgenden Jahrzehnten wurden fotografische Porträts in Briefmarkengröße populär, die auf Briefe und Glückwunschbillets geklebt wurden: mobilisierte Gesichter in standardisierten Formaten.[47]

Diese Bilder setzten sich umso leichter in Bewegung, als gesetzliche Regelungen zu reproduzierten Fotos von Gesichtern auf die schnelle technische Entwicklung der Fotografie und der Vervielfältigungstechniken vergleichsweise langsam reagiert hatten. Im Deutschen Reich erlaubte das Reichsgesetz von 1876 über den »Schutz der Fotografien gegen unbefugte Nachbildung« die Reproduktion aller Arten von Fotografien auf Gegenständen. Ein »Recht am eigenen Bild«, verstanden als Möglichkeit juristischer Kontrolle über Reproduktionen von Reproduktionen des eigenen Gesichts, wurde vom Juristen Hugo Keyssner erstmals 1895 formuliert.[48]

In denselben Jahren erschienen auch die ersten Bildpostkarten – zuerst als Chromolithographien, dann als Fotopostkarten im Bromsilberverfahren hergestellt. Die Postkarte war 1869 in Österreich-Ungarn und 1870 auch im Deutschen Reich und in der Schweiz eingeführt worden. Sie war eigentlich kein Gegenstand, sondern ein besonders günstiger Posttarif für offen lesbare, unverpackt versandte Nachrichten im standardisiertem Format 8,5 x 12,2 cm mit eingedruckter Briefmarke. Von ihren Erfindern ursprünglich für kurze Textmitteilungen gedacht, wurden diese Karten durch neue Vervielfältigungstechniken zum Massenmedium für wandernde Bilder – Fotografien von Gesichtern inbegriffen. Die standardisierten Karten auf Bromsilberpapier, die ab 1897 auf dem Markt waren, ermöglichten Berufsfotografen wie Amateuren, jedes beliebige Motiv fotografisch festzuhalten, zu vervielfältigen und zu versenden. Allein im Jahr 1895 waren im Deutschen Reich 443 Millionen Postkarten verschickt worden; 1900 waren es mehr als doppelt so viele, 950 Millionen. Mit der Kombination von Momentaufnahme und Kurztext konnte man schnelle persönliche Signale versenden. Die Zeitgenossen sprachen vom »illustrated post-card craze« – vielleicht das prägendste massenmediale Phänomen der Jahrhundertwende.[49]

Immer mehr, immer billigere Bilder: Der juristische Freiraum für die legale Reproduktion von Fotografien auf Gegenständen galt auch für Postkarten. Die Reproduktion einer Fotografie war sogar billiger als der Erstdruck, weil die Kosten für die Aufnahme entfielen. Es nützte den Fotografen nur bedingt, ihre eigenen Aufnahmen als Postkarten zu vertreiben. Auch Fotos mit dem Aufdruck »gesetzlich geschützt« konnten problemlos und legal nachgedruckt werden.[50] Die Begeisterung für die preisgünstigen Fotopostkarten machte aus fotografischen Porträts der Gesichter von Schauspielern, Politikern und berühmten Zeitgenossen in hohen Auflagen produzierte und verbreitete Sammelobjekte.

Gleichzeitig dienten diese Bilder als Vorbild für das eigene Porträt: Billigere Kameras und kostengünstigere (und schnellere) Entwicklungsverfahren machten binnen einer Generation aus dem exklusiven Privileg der Jahrhundertmitte, ein vervielfältigtes fotografisches Porträt von sich herstellen zu lassen, ein Massenphänomen. Ab den 1880er Jahren war es breiten Bevölkerungsschichten möglich, nicht nur zu wichtigen Anlässen, sondern auch zum Vergnügen ein Foto von sich anfertigen zu lassen. 1888 hatte George Eastman die Rollfilmkamera erfunden, die das Drücken des Auslösers in die Hand der Kunden gab. Nach der Jahrhundertwende wurde auch das Porträt, die letzte Domäne der Atelierfotografen, von der neuen Vervielfältigungstechnik erfasst. Ein einziges fotografisches Bild im Kabinettformat kostete im Deutschen Reich 1911 zwischen fünf und zwölf Reichsmark; ein Dutzend Porträtpostkarten dagegen zwischen zwei und vier Reichsmark.[51] Die unkontrolliert vervielfältigten Porträts wanderten auf Ansichtskartenständer, in Kioske und Andenkenläden. Wer die Einwilligung zur Fotografie gegeben und auf den juristischen Schutz des Rechts auf das eigene Bild verzichtet hatte, konnte an der Wende vom 19. zum 20. Jahrhundert erstaunliche Überraschungen erleben – zumal existierende Fotografien von Dritten legal vervielfältigt und verkauft werden konnten. Ein Berliner Leutnant hatte sich 1901 mit seiner Begleiterin auf einem Radausflug fotografieren lassen. Ein Berliner Warenhaus vervielfältigte diese Aufnahme ohne sein Wissen und ließ sie in einer Auflage von 10000 Stück drucken. Ein Pressburger Fabrikbesitzer entdeckte im selben Jahr bei einem Besuch in Wien, dass dort Postkarten mit einem Porträt seiner Frau unter der Bezeichnung »Schönheitsgalerie« verkauft wurden. (Sie hatte sich fünf Jahre früher auf einem Kostümfest fotografieren lassen, aber nie die Erlaubnis zur Vervielfältigung gegeben.) Private Aufnahmen einer jungen Frau in verschiedenen Posen, ohne deren Wissen auf Ansichtskarten reproduziert und verkauft, hatten 1903 in Italien dazu geführt, dass deren Bräutigam die Verlobung wieder auflöste. Es waren solche in der Presse breit diskutierten Fälle, die in einer Reihe von europäischen Ländern in den ersten Jahren des 20. Jahrhunderts zu strengeren gesetzlichen Bestimmungen in Bezug auf die Reproduktion fotografischer Aufnahmen führten. Im Deutschen Reich traten diese restriktiveren Bestimmungen, die erstmals auch für Ansichtskarten galten, 1907 in Kraft.[52]

Auch Bilder, die in ungemütlicheren Kontexten produziert worden waren, fanden ihren Weg in die Öffentlichkeit. Ein Besucher der Weltausstellung in Paris 1900 fand sein eigenes Porträt in einer dort ausgestellten Polizeiakte, obwohl er nie rechtskräftig verurteilt worden war – die Zeitschrift »L'Aurore« widmete dem Fall unter dem Titel »L'Infamie« am 28. Juni 1900 ihre Titelgeschichte. Aber zumindest war es sein eigenes Gesicht. Häufiger waren Fälle von ahnungslosen Unbescholtenen, in deren Gesichtern Polizisten oder Passanten Kriminelle wiederzuerkennen meinten, die qua Fahndungsfoto gesucht wurden. »Wie viele Personen«, klagte der Polizeijurist Otto Klatt in einem Buch 1902, »werden nicht irrtümlich angehalten, auf Grund eines Bildes des Gesuchten!«[53]

Bilder beschützen Körper

Bilder von Gesichtern sind eben nicht Bilder wie andere auch – oder doch? Die rapide Vervielfältigung fotografischer Bilder von Gesichtern im letzten Drittel des 19. Jahrhunderts hatte Fragen nach der Ähnlichkeit dieser Abbildungen, nach ihrer kriminalistischen Belastbarkeit und nach ihren legitimen und illegitimen Gebrauchsweisen aufgeworfen. Wie ließ sich das Verhältnis zwischen dem Bild eines Gesichts – ein kleines viereckiges schwarzweißes Stück Karton oder Papier, flach, zweidimensional – und dem Körper, den es *pars pro toto* zeigt – ein ziemlich großes Stück belebte Materie, redend, handelnd, dreidimensional – beschreiben?

Auf die Quasi-Körperlichkeit der neuen Technik hatten viele Texte des späten 19. Jahrhunderts verwiesen. Die Fotografie, so der schon mehrfach zitierte amerikanische Schriftsteller und Mediziner Oliver Wendell Holmes, ziehe vom Gesicht eine feine Haut ab und halte sie fest. Der französische Arzt Albert de Rochas publizierte 1895 ein aufsehenerregendes Buch darüber, dass zwischen einem Menschen und seiner Fotografie eine psycho-physische Verbindung bestehe. Sein Kollege Hippolyte Baraduc fotografierte die Seelen Verstorbener; in Experimenten in den 1880er und 1890er Jahren wurden Nadeln in Fotos von Person gestochen, um zu testen, ob die darauf Abgebildeten etwas davon spürten. Einen richtiggehenden Boom erlangte zur selben Zeit – und erneut während und nach dem Ersten Weltkrieg – überall in Europa die Geister- und Verstorbenenfotografie.[54]

Das bringt uns zurück an einen Bilder-Ort, dem wir bei der Frage nach Abbild und Vervielfältigung schon begegnet sind, in das Innerschweizer Benediktinerkloster Einsiedeln. Das wunderwirkende Bild »Unserer Lieben Frau von Einsiedeln« war 1466 mit drei kolorierten Kupferstichen des Meisters E. S. beworben worden, wirkmächtige und in großen Stückzahlen reproduzierte Bilder vom Bild. Die Madonna von Einsiedeln war nach krisenhaften Perioden in den Jahrhunderten nach der Reformation in der zweiten Hälfte des 19. Jahrhunderts erneut das Ziel großer Wallfahrten geworden, erleichtert durch einen Eisenbahnanschluss, der hunderttausende Pilger aus Süddeutschland, Frankreich und Österreich in den Kanton Schwyz brachte.[55] Bei der Neuordnung des Einsiedler Archivs nach 2005 kamen dicke Stapel von Briefen zum Vorschein, die während des Ersten Weltkriegs an das Kloster geschickt worden waren. Oder genauer, an das Gnadenbild: Sie enthielten Fotos von Soldaten, versehen mit der ausdrücklichen Bitte, sie direkt neben oder vor das wunderwirkende Bild unserer Lieben Frau von Einsiedeln zu platzieren. Denn diese Nähe zum Gnadenbild bewirke, so die Briefschreiber, dass der auf dem Foto abgebildete Kämpfer unter dem Schutz der Muttergottes unversehrt aus dem Krieg zurückkehren werde.[56]

Die ersten dieser Fotos erreichten schon wenige Wochen nach Kriegsausbruch das Kloster. »Gnadenmutter von Maria Einsiedeln schütze mich vor dem jähen Tod im Feld», schrieb der Absender auf die Rückseite seines Bildes; gestempelt ist der Brief in Freiburg im Breisgau, am 11. Oktober 1914.[57] Eineinhalb Jahre später war das Verfahren bereits fest eingespielt. »Habe leider erst in den letzten Tagen vernommen, dass man die Männer zum Schutz mit Bild einschreiben lassen kann«, so ein

Brief vom Januar 1916.[58] Bei Kriegsende befanden sich zwischen 3000 und 3500 solcher Fotos in Einsiedeln. Umschläge und Beibriefe sind nur bei etwa zwei Dritteln erhalten; beim Rest ist man auf die Informationen angewiesen, die sich auf den Bildern selbst befinden; der Name des Porträtierten, manchmal auch Dienstgrad und militärische Einheit wurden häufig auf der Rückseite notiert.

So erstaunlich die Fotos in den Einsiedler Schachteln auf den ersten Blick erscheinen, so durchschnittlich sind sie. Sie bieten eine Momentaufnahme, wer in den Jahren vor dem Ersten Weltkrieg in katholischen Milieus über welche Fotos von sich verfügte. Die Posen, die sie zeigen, sind typisch. Etwa die Hälfte der Bilder sind offizielle Porträtfotos in Uniform, stark standardisiert; sie wurden häufig von Fotografen in oder bei der Kaserne hergestellt. Um jemanden in einen Soldaten zu verwandeln, musste man ihn auch als Soldaten fotografieren – und genau dazu

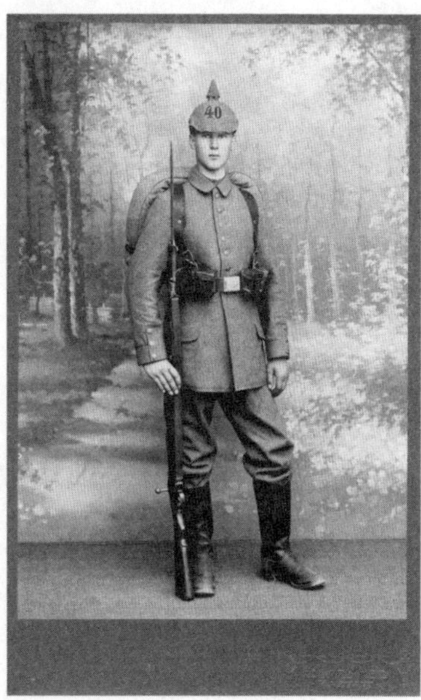

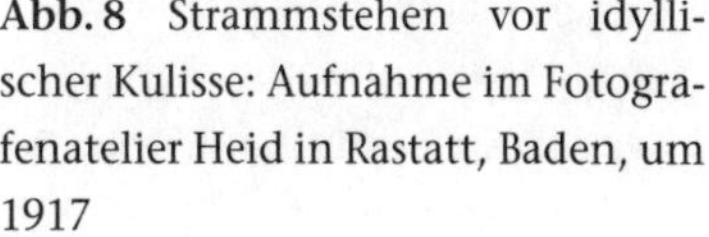

Abb. 8 Strammstehen vor idyllischer Kulisse: Aufnahme im Fotografenatelier Heid in Rastatt, Baden, um 1917

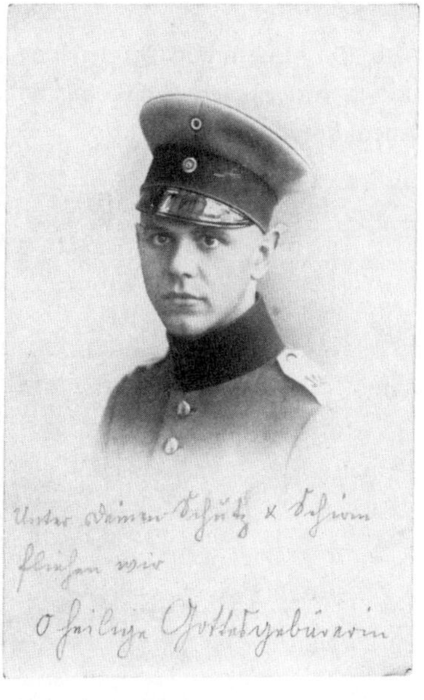

Abb. 9 »Unter deinen Schutz und Schirm fliehen wir, o heilige Gottesgebärerin«: Porträtfoto aus dem Klosterarchiv Einsiedeln, 1915

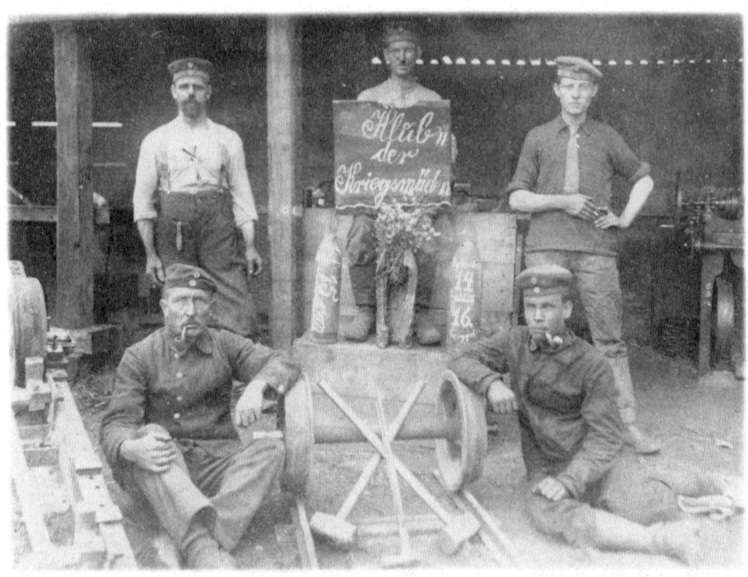

Abb. 10 Kriegsmüde Artilleristen 1916: Private Fotopostkarte. Die Madonna wird gebeten, den Bärtigen oben links zu beschützen, identifiziert mit einem Kreuz auf der Brust.

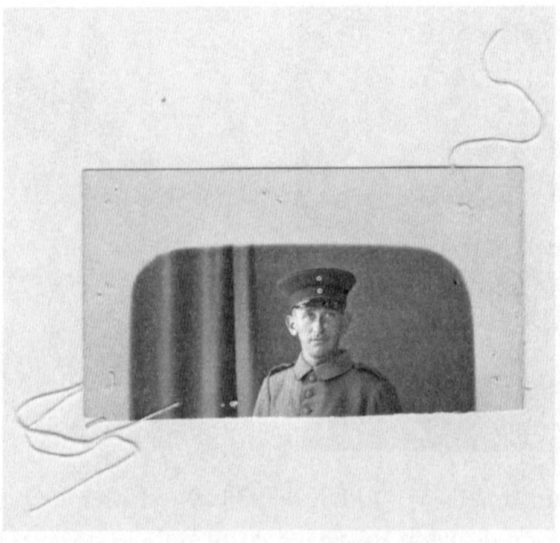

Abb. 11 Lose Fäden: Soldatenfoto aus dem Klosterarchiv Einsiedeln, beschnitten und mit Löchern

dienten die Fotoateliers in und neben den Kasernen: Das Anfertigen eines solchen Porträts war Teil eines Passageritus, der aus einem Zivilisten einen Angehörigen des Militärs machte.[59]

Daneben gibt es in den Einsiedler Archivschachteln private Porträts in Zivil, von teuren *carte de visite*-Formaten bis zu billigen Fotopostkarten. Die deutsche Fotoindustrie hatte schon im zweiten Kriegsjahr begonnen, handliche Fotoapparate für den Gebrauch an der Front herzustellen, und das günstige Bromsilberverfahren ermöglichte Amateuren, selbstgemachte Aufnahmen in gewünschter Auflage an Freunde und Verwandte zu verschicken.[60] Solche Bilder zeigen neben martialischen Posen und Verwundeten mit Krankenschwestern in Lazaretten auch ironische Aufnahmen: Fünf Artilleristen in ihrem Unterstand, die mit einer Tafel als »Club der Kriegsmüden« für die Kamera Aufstellung nehmen.[61] Von den Porträtierten wurden sie per Feldpost gratis nach Hause gesandt; einer ihrer Angehörigen hat sie dann weiter nach Einsiedeln geschickt.

Die allermeisten der mehreren tausend Bilder in Einsiedeln sind also nicht für die Madonna gemacht worden, sondern zu anderen Zwecken. Das Spektrum reicht von teuren großformatigen Atelierporträts von Fotografen, die in Wien, Berlin und London für hochadelige Kreise

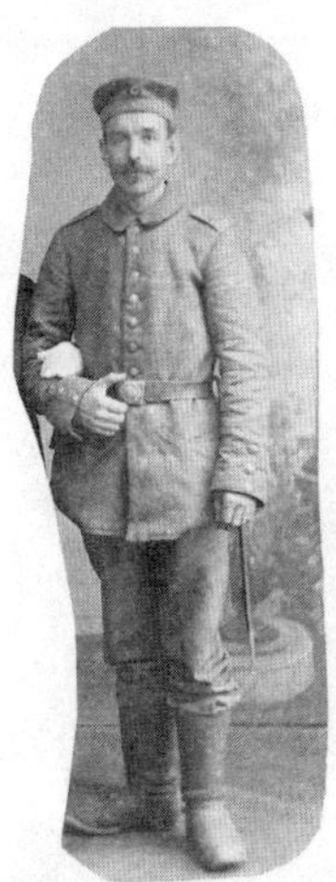

Abb. 12 Fehlende Hälfte vor Atelierhintergrund: Soldatenfoto aus Einsiedeln, undatiert

arbeiteten, bis zu Bauern und Fabrikarbeitern, von denen kein individuelles Porträt existierte (oder für die Angehörigen nicht greifbar war) und die deswegen nur als daumennagelgroße Schnipsel zur Muttergottes geschickt werden konnten.[62] Andere fertigten sorgfältig komponierte Gruppenbilder als Collagen an und schickten unterschiedliche Fotos, die miteinander vernäht waren – Verbindungen zwischen Menschen, die eben nicht getrennt werden sollten.[63]

Andere Fotos mussten dagegen erst auf den einzelnen Soldaten zugeschnitten werden. Was für die Versendung an die Einsiedler Madonna nicht passte – falsche Freunde? Damenbegleitung von früher? – kam unter die Schere.[64] Die Fotografie wurde dabei zu einer Technik, die eine Person verdoppeln konnte und ihre echte Kopie in engen physischen Kontakt mit dem Einsiedler Marienbild brachte. In den Briefen zu den Fotos und auf den Fotos vermischten sich direkte Anrufungen – »Otto Schäubli von Winterthur kämpft jetzt in Palästina O Maria beschütze ihn du bring ihn der Mutter wieder heim« – mit Bitten an ihre irdischen Untergebenen. Die besorgte Mutter eines Alfonso sandte dessen aufwändiges Foto in Galauniform, versehen mit der Widmung *alla mia buona e cara mamma* (gewissermaßen an beide Mütter gleichzeitig).[65] Explizit wird in den Briefen das Konzept eines Tauschs: Man gab das Bild

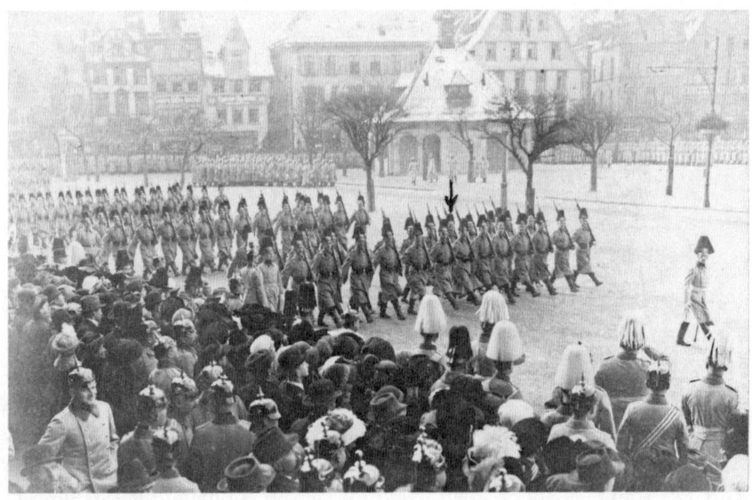

Abb. 13 Beschütze den Richtigen: Gruppenfoto mit Pfeil

eines Gesichts, um einen lebendigen Körper wiederzubekommen. Die begleitenden Texte hoben dabei die Sorge um die Fotos als kostbare materielle Objekte hervor. Manche wurden in fertig adressierte Briefumschläge für die Rücksendung gesteckt; andere trugen groß geschriebene Eigentumsvermerke auf der Rückseite. »Dieses Couvert ist mitsamt Inhalt unverzüglich nach amtlich bestätigtem Kriegsende und Friedensschluss an Frl. Gertrude von Mutach Obere Dufourstr. 9 Bern zu senden.«[66]

Diesen Wünschen sind die Patres nicht nachgekommen. Bei ihnen stapelten sich tausende Bilder; von Rücksendung konnte keine Rede sein. Davon konnten die Bittsteller während des Krieges nichts wissen. Das Einsenden der Porträts der bedrohten Soldaten, um diese zu beschützen, dokumentierte nicht nur den festen Glauben an das Medium Fotografie, sondern den an eine himmlische Bürokratie, der – wie ihren irdischen Gegenstücken bei Bittbriefen und Eingaben – möglichst sorgfältig mitgeteilt werden musste, um welche Person es denn gehe.[67] Manche der Briefschreiber waren in Bezug auf die Fähigkeit der Muttergot-

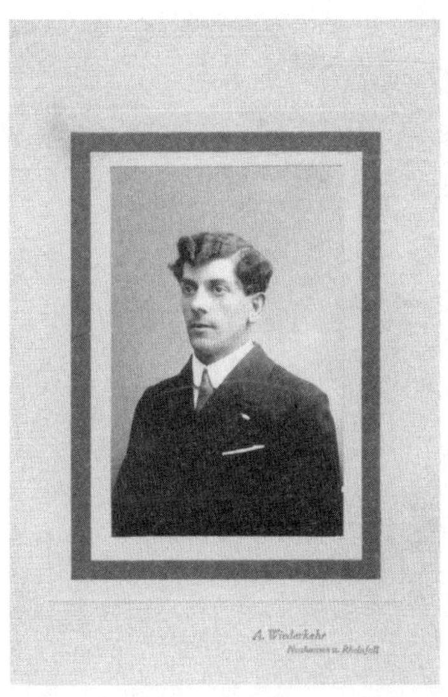

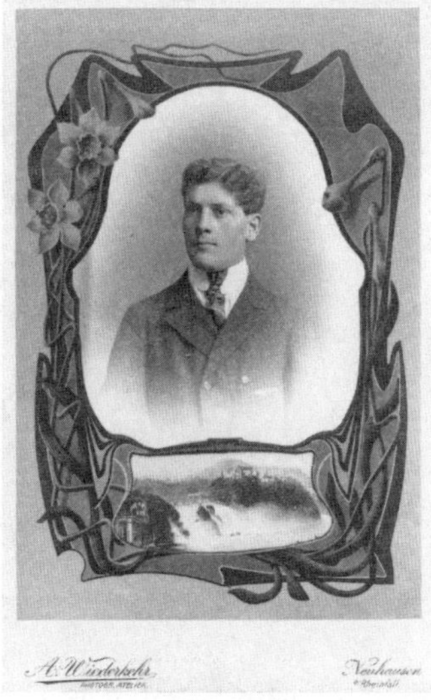

Abb. 14 und 15 Nicht verwechseln: Karl und Josef Binder, geboren 1893 und 1895 in Altenburg, Thüringen. Atelieraufnahmen aus Neuhausen (Schweiz), undatiert

tes, den bzw. die richtigen zu erkennen, sehr zuversichtlich. Ein Foto zeigt eine vorbeimarschierende Einheit, versehen mit einem Pfeil, der auf einen millimetergroßen (und großteils verdeckten) Kopf weist.[68] Die meisten waren skeptischer – oder zumindest der Meinung, man müsse beim Erkennen nachhelfen. Sie versahen das Gesicht des Betreffenden auf einer Gruppenaufnahme mit einer Markierung oder seinem Vornamen. Die eingesandten Fotos der Brüder Karl und Josef Binder etwa waren zuerst auf der Rückseite irrtümlich falsch beschriftet worden, aber dann durchgestrichen, sorgfältig korrigiert und zusätzlich mit den jeweiligen Geburtsdaten versehen.

Es gab noch andere große, strikt organisierte und hoch arbeitsteilige Glaubensgemeinschaften, die überall in Europa in den ersten Monaten nach Ausbruch des Ersten Weltkriegs davon überzeugt waren, mit Hilfe einer Fotografie eines Menschen könne man seine Bewegungen kontrollieren. Es waren die staatlichen Verwaltungen, die den Reisepass, das mit Kriegsausbruch 1914 wieder obligatorisch gemachte Identitätsdokument, in denselben Monaten zum ersten Mal mit einer Fotografie ausstatteten. Dieselben europäischen Staaten, deren Fachbeamte in den

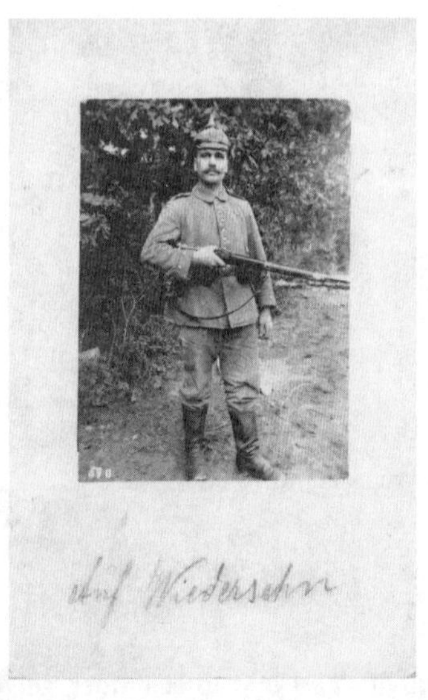

Abb. 16 »Auf Wiedersehen«: Soldatenfoto aus dem Klosterarchiv Einsiedeln, undatiert

zwei Jahrzehnten zuvor in Bezug auf die Brauchbarkeit von Porträts zur Identifikation von Missetätern so skeptisch geworden waren, beschlossen Ende 1914, fest an die Wiedererkennbarkeit einer Person qua fotografischem Porträt zu glauben.[69]

Unsichtbare Beziehungen zwischen weit entfernten Körpern, hergestellt und aufrechterhalten durch Medienmagie: Auch Propagandapostkarten wie jene, die das Bild des Frontsoldaten kombinierten mit dem seines betenden Kindes (»Gott beschütze den Vater«), wurden an die Madonna geschickt, ebenso wie Fotos von Wilhelm II.[70] Auf den Rückseiten vieler Porträts in den Einsiedler Archivschachteln finden sich Aufschriften, die Sicherheit, Beständigkeit und Wiederholbarkeit qua Abbild suggerieren. Sie stammen aber nicht von den frommen Angehörigen der Soldaten, sondern von den kommerziellen Produzenten dieser Bilder. »Diese Platte bleibt für Nachbestellungen aufbewahrt«, versprach der Inhaber des Fotoateliers Ranzenberger aus Mainz seinen Kunden. »Nachbestellungen bis Lebensgröße«, versicherte dessen Münchner Kollege. Der Fotograf, der die Bilder der beiden verwechselten Brüder Binder aus Neuhausen am Rheinfall gemacht hat, hieß selbst »Wiederkehr« – auch das eine Verheißung der Fotografie.[71]

Die bezieht sich nicht nur auf die Stillstellung der Zeit, sondern auf Wiederholbarkeit fragiler lebendiger Körper – fragil und vergänglich, weil lebendig – durch ihre Fixierung mit lichtempfindlichen Silbersalzen auf kleinen viereckigen Stückchen Karton oder Papier. Fotografien wären dementsprechend Abbilder, die etwas festhalten, was eigentlich schon in der Zeit verschwunden ist. Darauf beruhen die starken Wirkungen, die sie auslösen können. Es sieht zumindest so aus, als bewahrten die Bewohner der Moderne – und wir selber auch – vorzugsweise Fotos von Dingen und Personen auf, die ihnen auf Dauer unverfügbar sind.

3.

Volksgesichter

»Es liegt an uns, den Wirklichkeitsgrad der Erscheinungen zu bestimmen.«

(Helmut Lethen, 2014)

Die fotografierten Gesichter aus den Schachteln im Kloster Einsiedeln sind ein typisches Produkt ihrer Zeit: Fotopostkarten erlebten während des Ersten Weltkriegs ihre größte Verbreitung. Die vielen Aufnahmen vor pittoresk gemalten Atelierhintergründen, die sich in dem Bestand finden, sind die letzten ihrer Art. Für die klassische Atelierfotografie bedeutete die Durchsetzung billiger Amateurkameras nach 1916 den endgültigen Niedergang.[1] Das Atelier, seit Nadar und Disderi der Produktionsort sozial wirksamer vervielfältigter Gesichter schlechthin, begann zu schrumpfen und zu verschwinden.

Lieblingsfeinde

Im Ersten Weltkrieg trat ein neuer Typus von fotografierten Gesichtern auf. Er wollte im Medium der Fotografie nicht in einem einzelnen Gesicht die Eigenschaften der jeweiligen Person abbilden, sichtbar und lesbar machen, sondern die Physiognomie großer Kollektive. 1917 erschien im Verlag Julius Hoffmann in Stuttgart das Buch »Unsere Feinde. Charakterköpfe aus deutschen Kriegsgefangenenlagern«. Sein Autor war Otto Stiehl, auf dem Vorsatzblatt des Buchs vorgestellt als Oberleutnant bei der Kommandatur eines Gefangenlagers. Es präsentiert 96 fotografische Porträts in Großaufnahmen: »die seltene Möglichkeit, Beispiele und Belegstücke des Menschentums aus den verschiedensten Völkern, Ländern und Klimaten kennen zu lernen«. Im Vorwort betonte er, er habe keine Reihe möglichst abschreckender Beispiele zur Verunglimpfung des Gegners zusammenstellen wollen. »Es erscheint uns im Gegenteil rühmlicher, tüchtige und leistungsfähige Feinde besiegt zu haben.«

Niemand sei zur Aufnahme gezwungen worden. Die Gefangenen hätten es vielmehr als eine Bevorzugung empfunden, von einem deutschen Offizier fotografiert zu werden. Es sei ein eigenartiges Gefühl gewesen, mit einer Kamera vor einer größeren Schar von Gefangenen zu stehen und in ihren Augen »die freudige Spannung zu lesen: Wird er mich wohl wählen?« Die »Freude an der schmeichelhaften Bevorzugung« habe »insbesondere bei den erregbaren Südländern die Gesichtszüge oft liebenswürdig verschönt, ihre Härten wesentlich gemildert«.[2]

Es muss offen bleiben, wie begeistert die Gefangenen von Stiehls Unternehmen waren, er jedoch war von ihren Gesichtern fasziniert. Ein besonderes Anliegen war ihm zudem ordentliche Identifikation. In den Bildlegenden werden alle Porträtierten mit ihrem vollen Namen und ihrer Herkunft (»Bretone«, »Algerier«, »Gurkha«) aufgeführt. Denn es geht um kollektive Eigenschaften. Den Franzosen bescheinigt Stiehl neben »Trieb zu fröhlichen Geselligkeiten« und »krankhafter Verleumdungssucht« auch »sorgsame Aufmachung« mit »oft sehr intelligenten, klaren Zügen«. Ein Provençale sei »ein klassisch schöner Kopf, dessen reine Formen vielleicht auf das Einströmen griechischen zu römischen Bluts« zurückzuführen seien. Iren erscheinen bei ihm als »beweglicher, heißblütiger Menschenschlag«, und er weist ausführlich auf deren mittelalterliche Kulturleistungen hin.[3] Die in britischen Diensten kämpfenden Afghanen dagegen sind für Stiehl freiheitsliebende Bergvölker, »ähnlich wie die Schweizer und die deutschen Landsknechte früherer Zeiten«; eine »hochbegabte, zukunftsreiche Edelrasse«. Eine deutlich weniger gute Meinung hat er von den Russen, die er als passiv und teilnahmslos beschreibt. Reger und unternehmender seien dagegen die Ukrainer, und besonders angetan ist er von den Georgiern. »Kein anderer Stamm zeigte in der Gefangenschaft eine solche Haltung freien, starken Selbstbewusstseins.« Sie seien »prächtige Figuren«, die ihn an Tiroler Alpenbewohner erinnerten. An ihren schönen Nasen meint Stiehl ablesen zu können, dass sich »im Schutz der grusinischen Bergwelt echte Reste des Griechentums erhalten haben«.[4]

Wenn ein Autor über Gesichter schreibt, gibt er dabei mindestens so ausführlich über sich selbst Auskunft wie über die vermeintlichen Charakterzüge derjenigen, die er beschreibt. Otto Stiehl ist keine Ausnahme. Auch wenn er bemüht gewesen sei, »den guten Seiten der Wilden und Halbwilden gerecht zu werden«, sei der Gesamteindruck, so schließt er, doch »Roheit und Barbarei«. Von den Gesichtern dieser Feinde ist er aber unübersehbar angetan – er bildet sie in Großaufnahme ab, die meisten sind mit Sympathie inszeniert.

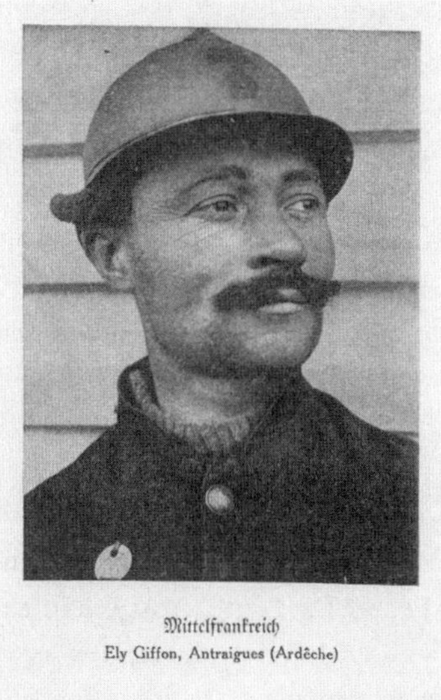

Mittelfrankreich
Ely Giffon, Antraigues (Ardèche)

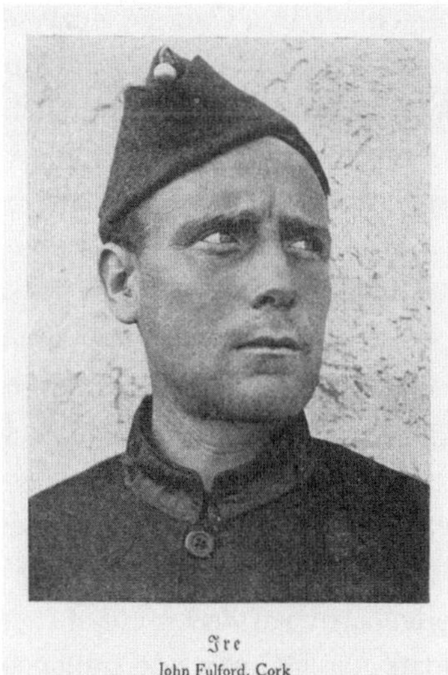

Ire
John Fulford, Cork

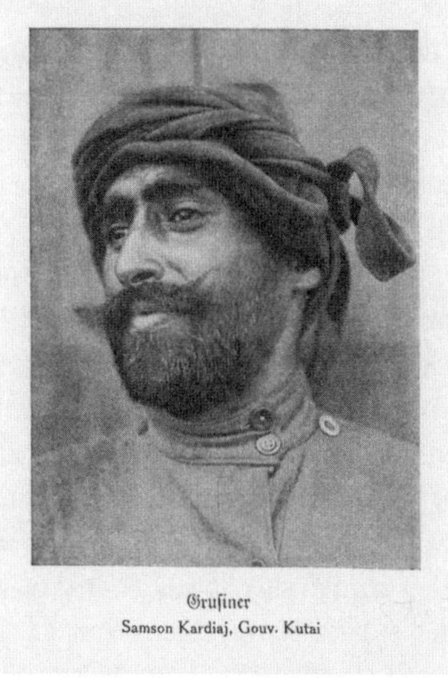

Grusiner
Samson Kardiaj, Gouv. Kutai

Abb. 17–19 »Liebenswürdig verschönt«: Gesichter aus deutschen Kriegsgefangenenlagern

Otto Stiehls Expertise hat mit den mittlerweile gut dokumentierten Forschungen deutscher Anthropologen und Ethnologen an Kriegsgefangenen während des Ersten Weltkriegs allerdings nur bedingt zu tun. Er war Kunsthistoriker und Architekt. 1860 geboren, ab 1905 Professor an der Technischen Hochschule Charlottenburg, arbeitete Stiehl als einflussreicher Spezialist für mittelalterliche Baukunst, ihre Restaurierung und Rekonstruktion; eine ganze Reihe neugotischer Gebäude in Berlin, Tangermünde und Frankfurt an der Oder stammt vom ihm.[5] Aus den Gesichtern der ihm unterstellten Kriegsgefangenen las er kollektive Vergangenheiten: Geschichte als ein Ensemble von Zeichen, das sich in einem Gesicht eingeschrieben habe und durch dieses Gesicht wieder sichtbar werde.[6]

Geschichtsgesichter

War diese kollektive Geschichte wirklich die der jahrtausendealten Vergangenheit anderer Leute? Dass ein Einzelgesicht zum Speichermedium der Vergangenheit werden konnte, die dementsprechend auch wieder aus ihm herauslesbar sein solle, war 1916 für den Professor der Architekturgeschichte ausgemacht. Diese Vergangenheit ging über die einzelne Lebensgeschichte weit hinaus. Die alte Faszination von der vermeintlich ins Gesicht eingeschriebenen Markierung persönlicher Eigenschaften als »Charakter« (das griechische Wort bedeutet ursprünglich Prägestempel)[7] könne auf das Kollektiv und die Gruppe erweitert werden: so das Versprechen seines Buchs.

Am Ende des 19. Jahrhunderts war die alte Verheißung der Physiognomik, aus den Gesichtszügen einer Person auf ihre unsichtbaren inneren Eigenschaften zu schließen, energisch neu belebt worden – direkt verknüpft mit den neuen Möglichkeiten der Fotografie und Systemen zur immer genaueren Beschreibung, Erfassung und Systematisierung physischer Eigenschaften. Eng verbunden waren diese Bemühungen mit der Geschichte der *classes dangereuses* und ihrer Erfassung und Vermessung.[8] Sie konnten sich aber auch in ganz anderen Bereichen wissenschaftlicher Selbstdarstellung zeigen. Zum 80. Geburtstag des Biologen und Zoologen Ernst Haeckel 1914 hatte sein Sohn Walter dem Vater – oder eigentlich genauer: dem Gesicht seines Vaters – einen ganzen Bildband gewidmet: »Ernst Haeckel im Bild. Eine physiognomische Studie«. Aus den Fotos von Haeckels Gesicht, dieser »formschönen, geistes- und gemütsverklärten Edelgestalt«, so Haeckels Schüler Wilhelm Boelsche im selben Jahr, sei alles ablesbar, was man über ihn als Forscher wissen müsse.[9]

Haeckels Gesicht als Ur-Form seiner selbst: Da sind sie wieder, die Gesichter von früher. 1922 brachte Richard Hamann, Professor für Kunstgeschichte in Marburg, sein »Deutsche Köpfe des Mittelalters« heraus – Fotografien der Gesichter steinerner und hölzerner Skulpturen aus dem Mittelalter. Für Hamann war das Buch nicht nur Pilotprojekt für die systematische Sammlung und Nutzung von Fotografien durch die Kunstgeschichte (Hamann war der Gründer des späteren Bildarchivs Foto Marburg), sondern auch Illustration des Enthusiasmus für eine nationale Vergangenheit.[10]

Dem steinernen Gesicht eines Minnesängers aus dem Naumburger Dom bescheinigte Hamann etwa, es sei »mit Spannung und Energie geladen, aber diese wendet sich nach innen und tritt als träumerisches Schmachten wieder zutage«. Der ebenfalls dort dargestellte Eckard von Meissen sei dagegen »das Urbild eines ostelbischen Junkers«; der Graf Dietrich »erste Verwirklichung des Typus eines preußischen Hauptmanns, cholerisch und leicht zu Zornausbrüchen geneigt«. Sehr ähnlich liest sich das in den von Hubert Wilm publizierten »Gotischen Charakterköpfen« von 1925 oder in dem im selben Jahr erschienenen Fotoband »Der Naumburger Dom und seine Bildwerke«, auf dessen Abbildungen der Fotograf Walter Hege die Skulpturen des 13. Jahrhunderts in dramatisches Licht getaucht hatte. Wie in dem zwei Jahre später erschienenen Folgeband über den Bamberger Dom waren es losgelöste Gesichter, in Großaufnahme inszeniert.[11]

»Das Gesicht will reden«, schrieb Wilhelm Pinder, Professor für Kunstgeschichte in Leipzig, in seinem Begleittext 1927 zu Heges Fotos. Durch diese Bilder könne man nicht nur Auge in Auge in das Gesicht einer fernen vergangenen Epoche blicken. Gleichzeitig könne man durch sie auch in die Zukunft sehen, und mit entsprechend intensiven Empfindungen aufgeladen werden diese Gesichter in Pinders Texten. Aus den Zügen des Bamberger Reiters liest er »eine gewisse Weichheit«, »innere Jugendlichkeit, die unpolitisch-deutsche, harmlose Stimmung, das rein Seelische«. Die Gesichtszüge des Königs Philippe-Auguste in Reims seien dagegen mit ihren »schmalen, bösen Lippen und der Voltaireschen Hintergründigkeit das Zeugnis eines wahrhaft raffinierten politischen Volkes«. Die Elisabeth des Bamberger Meisters wiederum sei »aus uralten Erinnerungen, aus Zeiten des Mutterrechts hochgetaucht«. Elisabeths Gesicht sei »von eherner Nacktheit, eisig und ewig«; ihr Blick wie der einer Wildkatze, der dem des Betrachters niemals begegne; und wenn er das täte, würde er, »nun übermenschlich, den unseren durchbohren wie der Pfeil das Papier: wir können ihn nicht auffangen«, vielmehr »erobert er grenzenlose Ferne. Ferne aber heißt hier etwas: Zukunft.«[12]

Dürer als Führer

Für 700 Jahre alte Gesichter ist das ziemlich viel Gefühl. In denselben Jahren nach dem Ersten Weltkrieg, in denen diese Fotobände erschienen, erlebten Gesichter als fotografische Porträts in Großaufnahme auch ihren ersten Auftritt im öffentlichen Raum, auf Plakatwänden und auf den Titelseiten der Zeitungen, ermöglicht durch preisgünstigere Techniken der Reproduktion von Fotografien im Druck. Sie trafen dort auf andere Gesichter aus einem anderen neuen Massenmedium, auch sie in extremer Nahaufnahme vergrößert und vervielfältigt, um mit maximalen Emotionen aufgeladen zu werden: Filmstars.

Ein Gesicht, hat der Regisseur und Filmtheoretiker Jean Epstein 1921 formuliert, sei für sich genommen niemals fotogen. Erst sein Gefühlsausdruck mache es dazu, festgehalten im Film. Das neue Medium der bewegten Filmbilder, so Béla Balazs 1924 in »Der sichtbare Mensch oder die Kultur des Films«, habe das »unsichtbare Antlitz« hervortreten lassen, das die Leinwand im körperlichen Gesicht offenbare. Da ist sie wieder, die Unterscheidung zwischen *vultus* und *facies* aus dem 15. Jahrhundert, jetzt aber in einem neuen Medium mobilisiert. »Das Filmgesicht« hieß dementsprechend eine Serie von Broschüren, die ein Münchner Verlag in den 1920er Jahren einzelnen Schauspielern widmete.[13]

Die etwas irre Intensität, mit der Pinder und seine Kollegen ihre Mittelaltergesichter als Gefühlsbehälter inszenierten, lässt sich besser einordnen, wenn man sie mit ihren Gegenstücken in den Unterhaltungsmedien derselben Jahre vergleicht. Filmplakate trugen die Gesichter von Schauspielern auf die Straße und auf die Titelblätter der Illustrierten in den Zeitungskiosken; dort trafen sie auf die Gesichter von Politikern. Von 1919 an wurden Wahlkämpfe mit Plakaten, Zeitungsbildern, Postkarten und Großaufnahmen in den Wochenschauen im Kino geführt.

Der physiognomischen Analyse dieser Gesichter und ihrer Charakteristika widmete sich nach dem Ersten Weltkrieg eine ausufernde politische Prosa. Sie fasste die Gesichter als hochverdichtete visuelle Botschaften auf. Das wöchentlich erscheinende amerikanische Nachrichtenmagazin »Time« zeigte ab 1923 in jeder Ausgabe ein Gesicht auf dem Titelbild – zuerst gezeichnet, dann fotografiert.[14]

Diese Formel war so erfolgreich, dass sie in Europa rasch nachgeahmt wurde. Als im Sommer 1928 der sozialdemokratische Politiker Hermann Müller-Franken mit der Bildung eines Regierungskabinetts beauftragt wurde, widmete ihm die illustrierte Wochenzeitung »Volk und Zeit« ihre Titelseite. Auf ihr war unter dem in Großbuchstaben gesetzten Zeitschriftentitel nichts anderes als das Gesicht des neuen Regierungschefs selbst zu sehen, der in korrektem Anzug, mit Einstecktuch, Fliege und Brille, den Leser ernst und ruhig fixierte; darunter, deutlich kleiner ge-

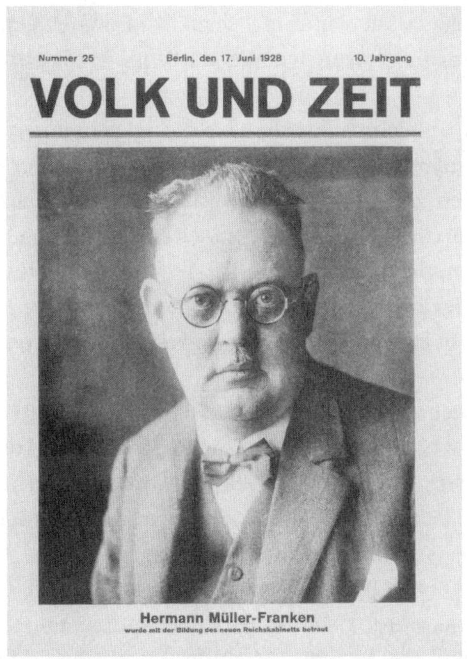
Nummer 25 Berlin, den 17. Juni 1928 10. Jahrgang

VOLK UND ZEIT

Hermann Müller-Franken

wurde mit der Bildung des neuen Reichskabinetts betraut

Abb. 20 Das Gesicht des neuen Regierungschefs als Verkörperung von »Volk und Zeit«: Titelseite 1928

druckt, sein Name.[15] Nimmt man die Botschaft wörtlich, dann erscheint Müller-Frankens Gesicht als Ausdruck und Resultat der beiden großen Substantive aus dem Titel, die es überschreiben.[16]

Ein 1925 erschienener Band mit fotografischen Porträts aus Politik, Kunst, Wissenschaft und Sport verstand sich ausdrücklich als eine solche Gegenwartsdiagnose: »Unsere Zeit in 77 Frauenbildnissen«. Das Porträt, das den 1928 von der Kosmetikfirma Elida ausgeschriebenen Preis für das »schönste deutsche Frauenporträt« gewann, gebe »den Geist unserer Zeit am besten wieder«, versicherten die Preisrichter. »Antlitz der Zeit« heißt auch der heute bekannteste der vielen Fotobände, in denen sich die zeitgenössische Faszination für das Gesicht als Ausdruck des Kollektivs spiegelt. August Sander hat ihn mit dem Untertitel »Sechzig Aufnahmen deutscher Menschen des 20. Jahrhunderts« 1929 in München herausgebracht; Alfred Döblin schrieb dazu das Vorwort. »Im Mittelalter«, lautet sein erster Satz, »gab es einen berühmten Gelehrtenstreit.« Er dauere bis heute an: Zwischen denen, für die nur die Einzeldinge wirklich und real seien, und denjenigen, die nur das Allgemeingültige – »sagen wir die Gattung« – für wirklich existent hielten.[17]

Von dieser »gleichmachenden oder angleichenden Anonymität« handelten Sanders Bilder, so Döblin. »Wir begegnen der Kollektivkraft der menschlichen Gesellschaft, der Klasse, der Kulturstufe.« Obwohl einzelne Originale noch vorhanden seien, sei Sander einer der wenigen Fotografen, die die mittelalterlichen Universalien für wirksam und real halten – der einzige, der ihm unter die Augen gekommen sei. »Wer blickt«, schließt er, werde rasch belehrt werden und »von anderen und sich erfahren«.[18]

Waren die echtesten und ausdrucksstärksten Gesichter also Spiegel, über die der Betrachter etwas über sich selbst lernen konnte? Auf der Suche nach dem wahren deutschen Gesicht hatten viele Autoren der ausgehenden 1920er auf ältere Vorbilder zurückgegriffen. Das zuerst 1890 anonym erschienene Traktat von Julius Langbehn, »Rembrandt als Erzieher«, das eine völkische Wiedergeburt der Kunst im Geist der alten Meister forderte, wurde 1928 von seinem Privatsekretär, dem Maler (und Dominikanermönch) Benedikt Momme Nissen, neu und in erweiterter Form herausgegeben. In dem ebenfalls neuen Titel vermischten sich Vergangenheit und Zukunft in besonderer Form: »Dürer als Führer«.[19]

Gleichzeitig mit den sich rapide vervielfältigenden Gesichtern in Großaufnahme an öffentlichen Orten, auf und über den Straßen, wurden die ersten Stimmen hörbar, die von ihrer Abnutzung sprachen. Der Kulturphilosoph Rudolf Kassner gebrauchte in seinen »Grundlagen der Physiognomik« von 1922 und ihren späteren Fortsetzungen den Begriff des »Zeitgesichts«, das er dominiert sah von den unendlich wandelbaren, aber leeren vervielfältigten Porträts von Schauspielern und Sportlern. Döblin schrieb von der »Abflachung« der modernen Gesichter, und Max Picard beklagte 1929 in »Das Menschengesicht« ihre »Geheimnislosigkeit«. Theodor Lessing wusste es im selben Jahr noch genauer: »Alle Männergesichter nähern sich dem Typus: Chauffeur. Alle Frauengesichter wandeln sich hin auf den Typus: Gepflegte Raubkatze.«[20]

Wer wissen möchte, was diese melancholischen Kritiker dabei vor Augen hatten, kann in den illustrierten Zeitschriften der späten 1920er Jahre blättern, etwa in dem vom Ullstein-Verlag herausgebrachten »UHU«, »Das neue Monats-Magazin«. Für diese Illustrierte schrieben auch Walter Benjamin, Bertolt Brecht und Kurt Tucholsky. Die Gesichter von Prominenten, Politikern und Filmschauspielern trafen auf ihren Seiten auf Werbeanzeigen, die sich zum Verwechseln ähnlicher Gesich-

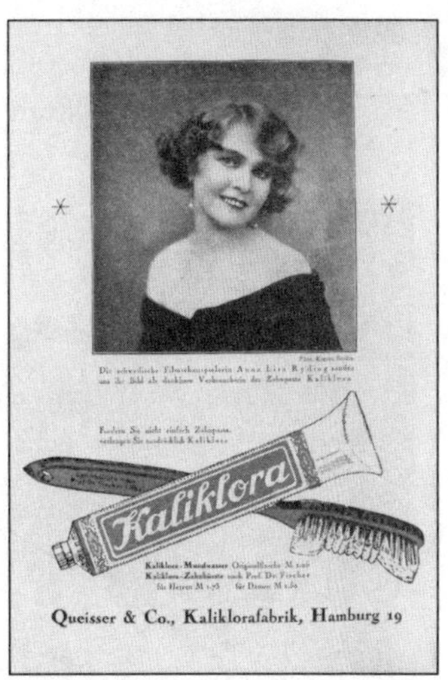

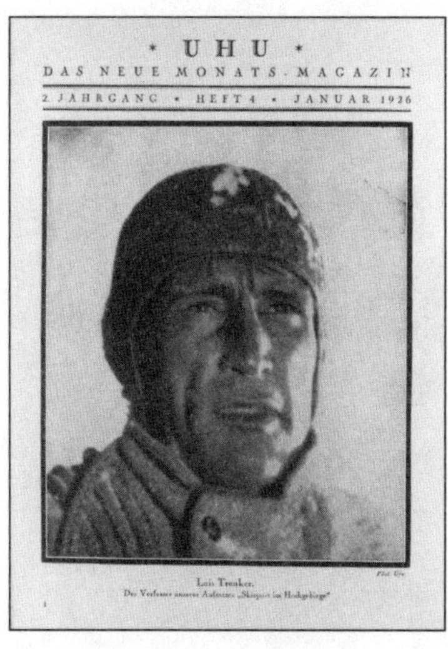

Abb. 21 und 22 Gepflegte Raubkatze und Chauffeur? Mediengesichter in der Illustrierten UHU, Januar 1926

ter bedienten. Im Januar 1926 zeigte die erste Umschlagseite von UHU das lächelnde Gesicht einer gutfrisierten Dame im schulterfreien Abendkleid. Darunter: »Die schwedische Filmschauspielerin Anna Lisa Ryding sandte uns ihr Bild als dankbare Verbraucherin der Zahnpasta Kaliklora. Fordern Sie nicht einfach Zahnpasta, verlangen Sie ausdrücklich Kaliklora.« Nach einer weiteren ganzseitigen Anzeige für Toilettenseife – »Erasmic Peerless, die Unvergleichliche; Wochen-Umsatz 1¼ Million Stück« – folgt das Gesicht von Luis Trenker in Großaufnahme. Unterschrift: »Der Verfasser unseres Aufsatzes ›Skisport im Hochgebirge‹«.[21]

Gesichter und das große Ganze

Die Spezialisten, die sich am Ende der 1920er Jahre in die Gesichter vertieften, glaubten wie Alfred Döblin emphatisch an die technisch erzeugte Wahrheit der Fotografie, im Gesicht alles zeigen zu können, Vergangenheit und Zukunft gleichzeitig. Der Bildband »Menschen der Zeit. Hundert und ein Lichtbildnis aus deutscher Gegenwart und jüngster Vergangenheit«, 1930 von Karl Robert Langewiesche herausgegeben, war ein großer kommerzieller Erfolg, schon im Jahr darauf wurden über 42000 Stück verkauft.[22] Erich Retzlaff brachte 1931 seine zweibändige

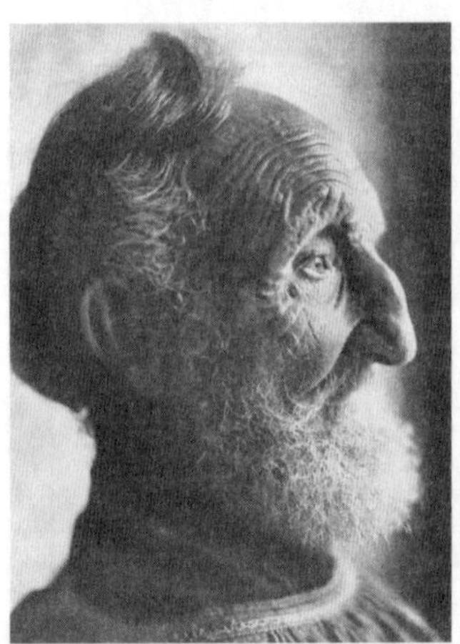

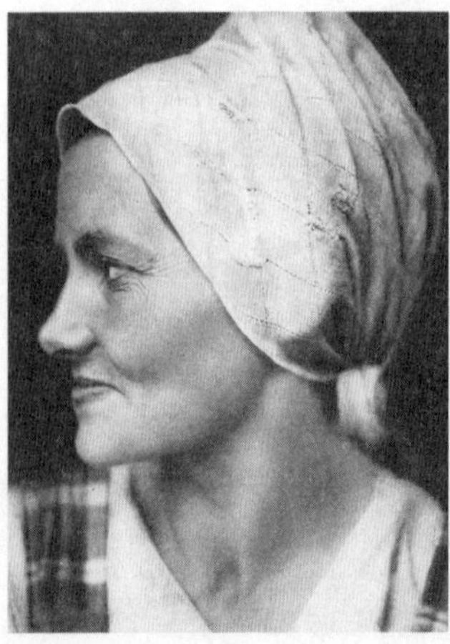

Abb. 23 und 24 Gesichter als Zeitmaschinen zurück in die kollektive Vergangenheit: aus Erna Lendvai-Dircksens »Das deutsche Volksgesicht«, 1932

Porträtsammlung »Deutsche Menschen« heraus. Die Fotografin Erna Lendvai-Dircksen, die 1925 zu dem Sammelband »Unsere Zeit in 77 Frauenbildern« zwanzig Aufnahmen unter anderem von Schriftstellerinnen, Künstlerinnen und Aktivistivinnen der Frauenbewegung beigesteuert hatte, publizierte 1932 ein weiteres solches Fotobuch, aufwändig mit 140 Kupfertiefdrucktafeln ausgestattet. Sein Titel war Programm: »Das deutsche Volksgesicht«.

Lendvai-Dircksen stellte den Gesichtern ein programmatisches Hölderlin-Zitat voran. »Ich wünschte um alles nicht, dass es originell wäre! Denn Originalität ist uns ja Neuheit; und mir ist nichts lieber als dass es so alt ist wie die Welt.« Mit den fotografischen Porträts wolle sie nicht ihre eigene Zeit abbilden, schrieb sie, sondern das jahrhundertelang bestehende Ur-Alte, das nur in den unverfälschten, ausdrucksstarken Zügen der Landbevölkerung sichtbar werde. Diese wahren Gesichter seien durch den industrialisierten und städtischen Alltag gefährdet. »Bildnisse von Dürer und Holbein«, erklärte Lendvai-Dircksen, seien in diesen Fotos noch durchaus sichtbar. »Unberührt vom Heutigen«, kommentiert sie eines der Gesichter, »als ob das Mittelalter eines seiner Gesichter hätte als Denkmal stehen lassen.« Zu einem anderen: »Ein Frauengesicht, wie Dürer und Holbein es sahen. Eine Ewigkeit des Frauenwesens.«[23]

Die suggestive Präsentation der einzelnen Gesichter als Porträts in Serien hob diesen Effekt historischer Geschlossenheit noch stärker hervor. Buchumschlag und Text waren in gotisierender Groteskschrift gesetzt, die Fotos mit raffinierter indirekter Beleuchtung, extremer Nahsicht und betonter Diagonale aufgenommen. Um die Ursprünglichkeit und die echten Überreste der Vergangenheit sichtbar zu machen, mussten die neuesten technischen Mittel eingesetzt werden.[24]

»Zieh Dich aus, und Du bist Grieche«, wusste ein groß aufgemachter Artikel in der Zeitschrift »UHU« im Frühjahr 1930 – gemeint war nicht die Zurschaustellung nackter Körper, sondern die angebliche Übereinstimmung zwischen moderner weiblicher Kurzhaarfrisur und einem Ideal der klassischen antiken Kunst. Mit »Alter« als Distanz in der Zeit war damit aber etwas völlig anderes gemeint als das, worauf die Journalistin Herta von Gebhardt 1931 in derselben Illustrierten anspielte. »Eine Frau darf nicht abgespannt aussehen, sonst ›wird sie alt‹. Die Kosmetik verdient an jedem ihrer Fältchen.« In der Frauenzeitschrift »Die Dame« war im selben Jahr zwischen den Fotos von Film- und Theaterstars in Großaufnahme ein ganz anderes, drohendes Vor-Bild (oder Spiegelbild?) abgedruckt: Eine junge Frau weicht entsetzt vor dem Gesicht ihres eigenen gealterten Selbst zurück, das ihr vor dunklem Hintergrund erscheint.[25]

Ebenfalls 1931 hatte Fritz Lang in seinem Film »M – Eine Stadt sucht einen Mörder« die verzweifelte Selbsterforschung von Peter Lorres Gesicht im Spiegel in Szene gesetzt: ein Gesicht, das sich in lauter Fahndungsbildern, Zeitungsbildern und Filmplakaten vervielfältigt. Im selben Jahr hatte der Fotograf Helmar Lerski seine »Köpfe des Alltags« publiziert, unterschrieben »Unbekannte Menschen«. Lerski zeigte 80 Gesichter aus der Berliner Unterschicht: Putzfrauen, Arbeitslose, Tagelöhner, aber dramatisch inszeniert wie Filmschauspieler und eben nicht, wie bei Sander, als Ausdruck der Kollektiv-Physiognomie ihrer Klasse und ihrer Berufsgruppe. Im selben Jahr waren Lerski und seine Frau, beide jüdischer Herkunft, nach Palästina gereist, um mit der Kamera jüdische »Urtypen« aufzuspüren, wie Lerski an seinen Verleger schrieb. Ihre Gesichter, bemerkte Anneliese Lerski zur Publikation von zwei dieser Porträts in der Schweiz ein Jahr später, trügen »alle Merkmale reiner, edler Rasse«.[26]

Konnte das fotografische Porträt eines Gesichts das Echte aus der Geschichte zeigen, als Denkmal von Zugehörigkeit und kollektiver Vergangenheit? In ihrem 1935 erschienenen Bildband »Das Gesicht des deutschen Mittelalters« hatte die Fotografin Ilse Schneider-Lengyel im letzten Absatz ihrer Einleitung programmatisch erklärt: »Gerade heute darf weniger als je vergessen werden, dass es das Mittelalter war, das die Gesichter eines deutschen Volkes formte.« Im Jahr zuvor hatte sie den Bildband »Die Welt der Maske« publiziert. Die Fotografie, erklärte sie darin, sei keine bloße Reproduktionstechnik, sondern diene dazu, dem jeweiligen Objekt »spürbares Leben einzuhauchen«.[27]

Das Verhältnis zwischen uralter historischer Herkunft und Maske war offenbar nicht so einfach auf den Punkt zu bringen. »In jedem Gesicht ist alles«, hat Lerski bemerkt, »die Frage ist nur, worauf das Licht fällt.« 1936 wird er auf einem Dach in Tel Aviv seine Fotoserie »Verwandlungen durch Licht« anfertigen. Die 140 Aufnahmen zeigen den Bauingenieur Leo Uschatz, wie Lerski selbst aus der Schweiz nach Israel eingewandert. Durch verschiedene Aufnahmewinkel und wechselndes Licht sieht Uschatz jedesmal anders aus. Auf dem Dach in Tel Aviv verwandelt sich sein Gesicht in das eines soldatischen Helden, eines Gelehrten, eines Mönchs, gehetzten Verbrechers – und noch vieles mehr. Publiziert wurden diese Bilder allerdings erst mehr als vierzig Jahre später, nach Lerskis Tod.[28]

Volksgenossen vor dem Spiegel

Was haben eigentlich die Inhaber der Gesichter, die da jeweils als Ausdruck kollektiver Eigenschaften und gemeinsamer Vergangenheit inszeniert wurden, dazu gemeint? Das ist schwer zu rekonstruieren. Aber Bilder davon, wie gewöhnliche Deutsche, Männer und Frauen auf der Straße, ihre eigenen Gesichter am Ende der 1920er und 1930er Jahre sahen und sehen wollten, die gibt es. Im selben Jahr, in dem August Sander sein »Antlitz der Zeit« publizierte, war auf dem Potsdamer Platz das erste Berliner Studio der Photomaton Aktiengesellschaft eröffnet worden. »Das neue künstlerische Porträt« war ihr Werbeslogan, und er war erfolgreich: Zum Jahresende 1929 verkündete die Firma stolz, dass bereits in 80 deutschen Städten solche Kabinen aufgestellt worden seien, in denen sich täglich 8000 Menschen selbst fotografierten. Trotz Weltwirtschaftskrise waren vier Jahre später, 1933, alleine in Deutsch-

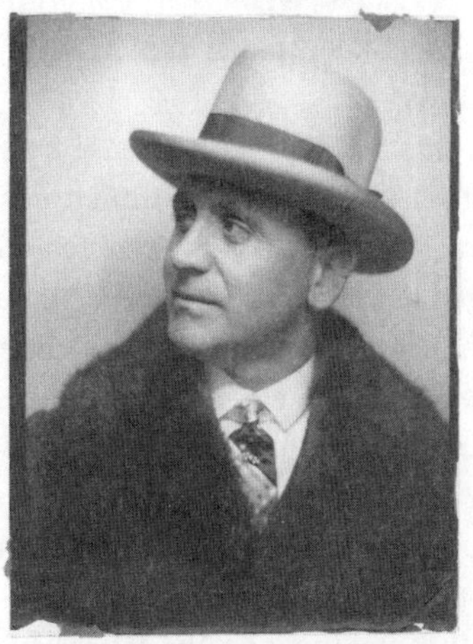

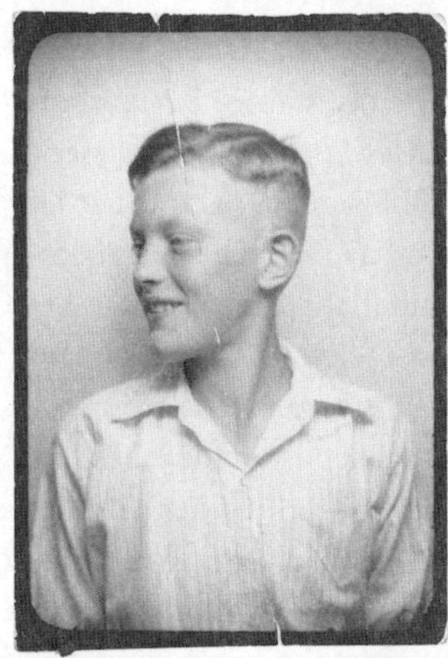

Abb. 25 und 26 Auge in Auge mit dem Volksgenossen: Automatenfotos aus den späten 1930er Jahren

land 180 solcher Fotoautomaten in Betrieb. »The greatest money-maker of the age«, wie sie die amerikanische Mutterfirma bewarb.[29]

Die Photomaton-Kabinen waren auf zwei Seiten offen; einen Vorhang, wie später üblich, gab es nicht. Man setzte sich auf einen höhenverstellbaren Hocker und fixierte die schräge, spiegelnde Glasplatte, hinter der sich die Kamera verbarg. Der Einwurf einer Reichsmark löste den Mechanismus aus: Die Kamera fertigte acht Aufnahmen an, und nach wenigen Minuten spuckte der Automat den fertigen Bildstreifen aus. Die Photomaton-Bilder waren nicht nur preisgünstig (Atelierfotos kosteten etwa das Achtfache), sondern auch qualitativ hochwertige Papierabzüge, im Gegensatz zu ihren Vorläufern, den deutschen Bosco-Automaten der Jahrhundertwende und den »Fotografiere Dich selbst«-Automaten der tschechischen Firma Birnbaum von 1907. Die ersten Photomaton-Bilder waren spiegelverkehrt und deswegen als Passbild nicht zugelassen. Der Firma gelang es aber rasch, die Automaten für seitenrichtige Porträts nachzurüsten. Ab der Mitte der 1930er Jahre wurden die Bildstreifen mit der Aufschrift »amtlich zugelassenes Lichtbild« oder »das vorschriftsmäßige Pass- und Ausweisbild« versehen. Die letzte Aufnahme von Walter Benjamin vom Frühjahr 1940 aus Marseille stammt ebenso aus einer solchen Maschine wie die Aufnahme im Studentenausweis von Hedwig Potthast, der Sekretärin und Lebensgefährtin von Heinrich Himmler. Noch im Frühjahr 1945 gab es, wenn man Datierungen auf den Rückseiten mancher erhaltenen Bilder trauen darf, in Berlin funktionsfähige Fotoautomaten dieses Typs.

Das Buch mit 500 dieser Automatenfotos, das Günter Karl Bose 2011 publiziert hat, vermittelt eine erstaunliche Erfahrung. Die Aufnahmen sind nach Frauen, Männern und Kindern geordnet. Sie zeigen Gesichter, und nichts als Gesichter. Keinem einzigen der Bilder lässt sich ein Name oder eine Lebensgeschichte zuordnen. Das Spektrum der Gesichter reicht vom soignierten Herrn mit steifem Hut und einem übermütigen Wassersportler mit nacktem Oberkörper über adrette Hausfrauen, Schüler und Luftwaffenhelferinnen bis zu erotisch aufgeladenen Blicken über die Schulter und der Inszenierung militärischer Strenge unter Uniformkappen. An manchen Stellen kippt das für moderne Betrachter ins unfreiwillig Komische. Alle diese Gesichter stammen unübersehbar aus den mittleren und späten 1930er und aus den frühen 1940er Jahren. Sichtbar wird das nicht nur in den sichtbaren Details der Kostüme, Frisuren und Uniformteile mit ihren Hakenkreuzabzeichen, sondern auch dadurch, welchen anderen Bildern sie ähneln wollen.

Das Allgemeine und Kollektive im einzelnen fotografierten Gesicht sichtbar zu machen war nach der Machtergreifung der Nationalsozialisten einem Teil der Fotografen explizites Anliegen. »Deutsche Fotografie wollen wir schaffen«, verlangte ein Artikel in der Zeitschrift »Photofreund« 1933 und hob deswegen das nationale Adjektiv stets kursiv hervor: »Das Herz muss da sprechen, das *deutsche* Herz, der Geist muss da gestalten, der *deutsche* Geist, das Gefühl muss da erleben können, das *deutsche* Gefühl, und daraus wird das neue *deutsche* Photo erst geboren werden.« Erna Lendvai-Dircksen wollte allerdings in einem Interview 1940 den »primitiven Zufall der Massenknipserei« scharf unterschieden wissen von der »Physiognomik, die in lebendigem Ausdruck der körperlichen Erscheinung das Menschlich-Schicksalhafte in jenen wenigen Grundmotiven zu veranschaulichen trachtet«, aus denen »das Leben« bestehe.[30]

Brauchte es für die Herstellung eines solchen lebendigen Ausdrucks – und erst recht für das »Menschlich-Schicksalhafte« – den Spezialisten am Auslöser, wie Lendvai-Dircksen behauptete? Die Gesichter aus dem Photomaton haben nur sich selbst gegenübergesessen, als die Aufnahmen entstanden sind. Diese Fotos zeigen das Streben nach dem Wunsch-Gesicht: die allein vor einem Spiegel eingenommene Pose. In ihrer Haltung, Mimik und Aufmachung imitieren die meisten dieser Fotografierten die Gesichter der Schauspielerinnen, soldatischen Helden und verdienten Parteigenossen, die in Großaufnahme am Ende der Weimarer Republik und in den ersten Jahren nach der nationalsozialistischen Machtergreifung die Titelseiten der Illustrierten, die Glaskästen der Kinos, die Wochenschauen und die Plakatwände erobert hatten.

Das Photomaton-Haus war bei seiner Eröffnung 1929 mit solchen Gesichtern in Großaufnahme dekoriert – neben Marlene Dietrich war darunter auch Peter Richter, der Darsteller des Siegfried in Fritz Langs »Nibelungen«-Verfilmung. Die Werbung war ohnehin schon vor Ort präsent. »Sei schön durch Elida« war in meterhohen Buchstaben auf der Schmalseite der Fassade des Photomaton-Hauses zu lesen – die Leipziger Firma für Seifen und Hautcremes, die im Jahr zuvor den Preis für das schönste deutsche Frauenporträt ausgelobt hatte. Die »Bundesgenossen der natürlichen Schönheit«, so verkündeten ihre ganzseitigen Zeitungsanzeigen mit lächelnden, großformatigen Gesichtern, holten »in wenigen Minuten aus dem Teint das Schönste heraus«.[31]

Die Vorbilder waren also ganz nahe, und die Gesichter aus dem Photomaton zeigen jenen beschwörenden Blick, der sich ganz sicher sein möchte: So werde ich sein. Kann man wirklich unterscheiden, ob ein Porträt in einem Automaten oder von einem Berufsfotografen gemacht worden ist? Die Selbstporträts, die die Künstlerin Gertrud Arndt 1930 am Bauhaus in Dessau von sich angefertigt hat, sehen den Aufnahmen aus dem Automaten zum Verwechseln ähnlich. »Da brauchen Sie nur die Augen aufreißen« hat sie dazu notiert, »oder machen sie den Mund weit auf oder ähnliches: schon sind sie jemand anders.«[32] In ihrem Fall stimmt das wörtlich. Auf einer ganzen Reihe von Fotos, die sie in durchsichtiger Bluse und mit einem bestickten Schleier über dem Gesicht zeigen, hat Gertrud Arndt nichts weniger versucht als sich in ein Foto zu verwandeln, nämlich in jene berühmte Aufnahme, die Edward Steichen 1924 von der Schauspielerin Gloria Swanson gemacht hat.[33]

Das selbstgemachte Foto des eigenen Gesichts war aber auch unter sehr viel weniger freiwilligen Umständen ein Mittel, um sich in jemand anderen zu verwandeln. Automaten boten nach 1940 untergetauchten

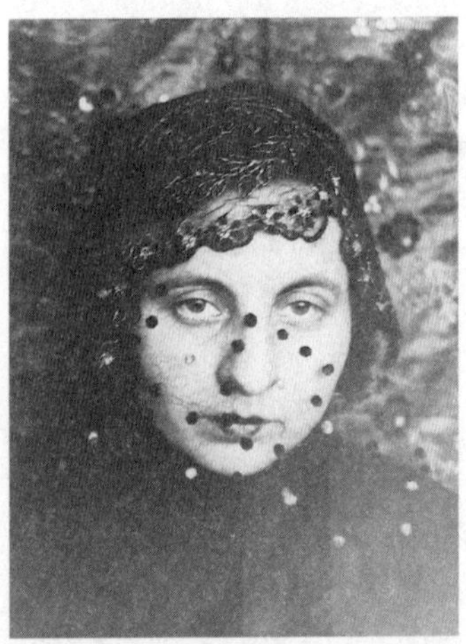

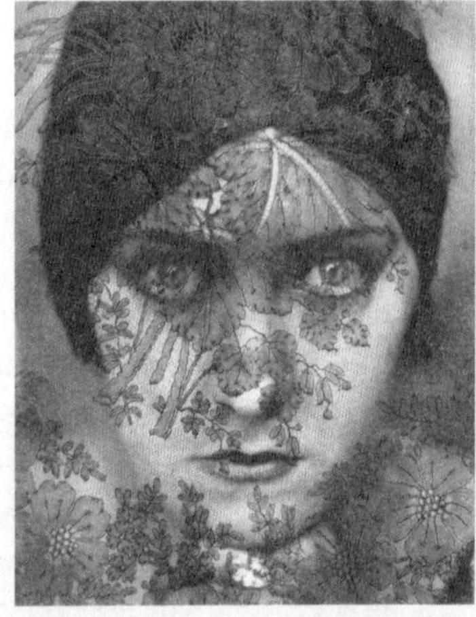

Abb. 27 und 28 Bauhaus nach Hollywood: Gertrud Arndt posiert als Gloria Swanson, 1930

Juden die Möglichkeit, Passfotos anzufertigen, ohne ein Fotoatelier betreten zu müssen, und sie in gefälschten Ausweisen zu verwenden. Der Passfälscher Cioma Schönhaus hat von dieser Möglichkeit ebenso Gebrauch gemacht wie andere jüdische Illegale wie Marie Jalowicz Simon.[34] Können heutige Betrachter auf den Photomaton-Bildern *Nazi selfies* von den Gesichtern von Illegalen und Regimegegnern unterscheiden?

Erna Lendvai-Dircksen hat ihre »Deutschen Volksgesichter« am Ende der 1930er Jahre mit neuen Folgebänden (1939 zu Schleswig-Holstein, 1941 zu Tirol und Vorarlberg, 1942 zu Niedersachsen) und Varianten als »Germanisches Volksgesicht« (»Flandern« und »Norwegen«, 1942) fortgesetzt. Die physiognomische Faszination vom Gesicht als vermeintlichem Spiegel und Generalschlüssel für die kollektive Vergangenheit hatte zu diesem Zeitpunkt aber bereits nachgelassen. »Reist einer offenen Auges durch unser Vaterland«, konstatierte der Mediziner Willy Hellpach in seiner 1942 erschienenen »Deutschen Physiognomik« nüchtern, »so kann ihm nicht entgehen, dass deutsche Menschen sehr verschieden aussehen.« Die Individualität oder Diversität stecke im Betrachter, meinte Hellpach, und formulierte eine »Typenschau-Regel« – je fremder, desto typischer; je vertrauter, desto individueller. In Hellpachs Physiognomik löst sich das Gesicht der Deutschen dann in regionalen Besonderheiten auf. Das fränkische Gesicht ist bei ihm vom schwäbischen, saxothüringischen, bayrischen und »saxonordischen« grundsätzlich unterschieden. Der Erfassungstechnik Fotografie stand Hellpach skeptisch gegenüber. Die meisten Passbilder, konstatierte er lakonisch, seien unähnlich. Diese Unähnlichkeit, immer schon vorhanden, habe wegen des Massenbetriebs, in dem sie derzeit hergestellt würden, und durch die »modischen Übergrellungen der Lichtquellen« noch zugenommen.[35]

Aber welches Gesicht zeigen dann die Bilder aus den Fotoautomaten? Die heutigen Bewohner Deutschlands und Österreichs sind im Durchschnitt etwas größer als ihre Großeltern, und deutlich dicker. Aber beides betrifft Kleidergrößen und nicht Gesichtszüge. Wenn jemand im Jahr 1936 auf dem Potsdamer Platz in eine Zeitmaschine geraten wäre, die ihn oder sie unverändert ins Jahr 2014 transportierte: Würde uns diese Person auf der Straße auffallen, wenn sie noch schnell zum Friseur gegangen wäre und sich neu eingekleidet hätte?

Es sind nicht die Gesichter, sondern die Posen und Uniformen, mit denen die im Automaten festgehaltenen achtzig Jahre alten Gesichter stillgestellte Zeit vermitteln. Der Photomaton produzierte keine Einzelbilder, sondern jeweils eine Serie von acht unterschiedlichen Aufnahmen auf einem Streifen. Unzerschnittene, vollständig erhaltene solche Streifen sind sehr selten. Das hat damit zu tun, dass man nur ein Einzelbild für behördliche Ausweise benutzen konnte, aber auch mit der Zensur durch die jeweils abgebildete Person und ihre nächsten Angehörigen.[36] Missglückte Bilder, auf denen der oder die Porträtierte das eigene Gesicht nicht wiedererkennen wollte, hatten nur eine geringe Chance, erhalten zu bleiben. Daran hat der Preis für diese Aufnahmen nichts geändert – eine Reichsmark, viel günstiger als ein Atelierfoto, aber auch nicht ganz billig, in den 1930er Jahren der Stundenlohn eines ungelernten Arbeiters.[37]

Das Foto des eigenen Gesichts als in einen Gegenstand verwandelter Augenblick aus der Vergangenheit ist deswegen ein besonderes Stück Vergangenheit, weil es das Aussortieren und Wegschmeißen der unpassenden Varianten ermöglicht. Jede solche Fotografie dokumentiert deswegen ein Sich-erinnern-wollen. Was wir heute in den Automatenbildern der Jahre vor 1945 sehen, sind nicht einfach nur zufällig erhalten gebliebene anonyme Gesichter, sondern die Auswahl aus einer Auswahl. Auf den erhaltenen Bildern hat sich jemand gefallen und emphatisch positiv wiedererkannt: »Das bin ich.« Sonst wären sie nicht mehr da.

Dazu kommt – bei mir wenigstens – ein etwas unheimliches Gefühl von Nähe. Ironischerweise erscheinen mir Fotos umso intimer und berührender, je kleiner ihre Formate sind. Obwohl ich keine der Personen kennen kann, die auf Boses Automatenbildern abgebildet sind, kommt es mir vor, als seien diese Bilder mit meinen eigenen Erinnerungen oder mit meinen Erinnerungen an die Erinnerungen anderer Leute verbunden. Das können Bilder aus den Schubladen und Fotoalben der eigenen Eltern, Großeltern oder Verwandten sein, oder aus Dokumentationen über die Jahre nach 1933 und den Krieg. Die intensive historische Aufarbeitung des Nationalsozialismus hat in den letzten 30 Jahren lauter Gesichter auf den Titelseiten von Büchern erscheinen lassen. Biographien über die NS-Zeit tragen in den meisten Fällen ein Gesicht in den Sepiafarben von alten Schwarzweißfotos auf ihrem Titel, von einem

Passbild oder als vergrößertes Detail einer anderen alten Aufnahme, ob sie nun vom Chef des Reichssicherheitshauptamts handeln oder von einer jungen jüdischen Frau, die versteckt in Berlin überlebt. Auf der Ebene der Erscheinungen ist das Foto vom Gesicht von früher die Chiffre für die kollektive Geschichte geworden – ganz so, als ob Erna Lendvai-Dircksen recht behalten hätte.

Gesichterkollektive: Können Deutsche wie Schweizer aussehen?

Keine Fotografie zeige, was und wie es »da« in der Vergangenheit gewesen sei, hat der italienische Philosoph Massimo Cacciari etwas streng formuliert. Vielmehr zeige sie etwas, was es in Wirklichkeit nicht gäbe; nämlich dadurch, *dass* sie die Zeit stillzustellen scheine.[38] Photomaton, so erzählt mir eine spanische Freundin, hätten in Spanien in den 1970er Jahren alle Passbildautomaten geheißen. Sie sei als Kind überzeugt gewesen, dass diese Maschinen auf geheimnisvolle, bedrohliche Weise die Macht besäßen, jemanden durch ein Bild zu töten: *matòn* ist auf Spanisch der Killer.

Wird auf Fotos von Gesichtern wirklich ein Stück Lebensgeschichte sichtbar, eingefroren auf lichtempfindlichem Papier? 1985 entdeckte der Schweizer Historiker Albert Vogt auf dem Dachboden alte Filmrollen. Sie stammten aus dem Besitz seines Vaters und zeigten die Gesichter der Einwohner von drei Dörfern im Kanton Solothurn im Sommer 1940. Und zwar fast vollzählig: Ende April 1940 hatte der Schweizer Bundesrat die Einführung obligatorischer Personalausweise beschlossen. Jede Einwohnerin und jeder Einwohner musste zum Stichtag 30. September einen amtlichen Ausweis besitzen, versehen mit einer zwingend vorgeschriebenen »Fotografie neueren Datums« im Format drei mal vier Zentimeter. Ein Bild des eigenen Gesichts, das diesen Vorschriften genügte, besaßen nur wenige. Im Kanton Solothurn gab es keinen Photomaton. Der Werkzeugschlosser und Amateurfotograf Georg Vogt bot an, die amtlich vorgeschriebenen Passfotos anzufertigen und fotografierte im Juni 1940 binnen weniger Tage alle Einwohner von Matzendorf, Aedermannsdorf und Herbetswil. Für Physiognomik hat sich Vogt ohnehin interessiert; jedenfalls besaß er ein Buch über die Kunst, den wahren Charakter eines Menschen aus seinem Gesicht zu lesen.[39]

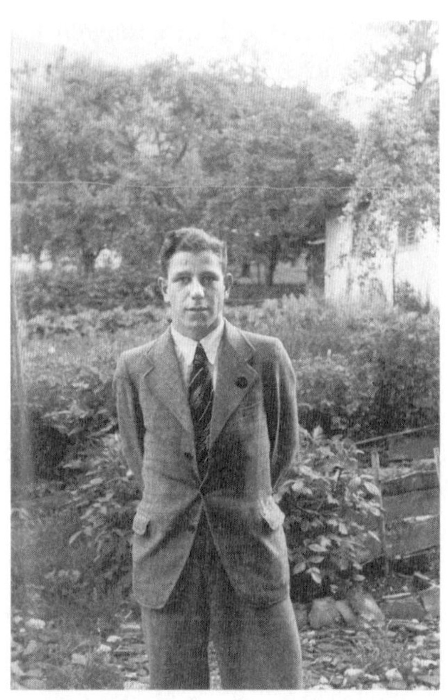

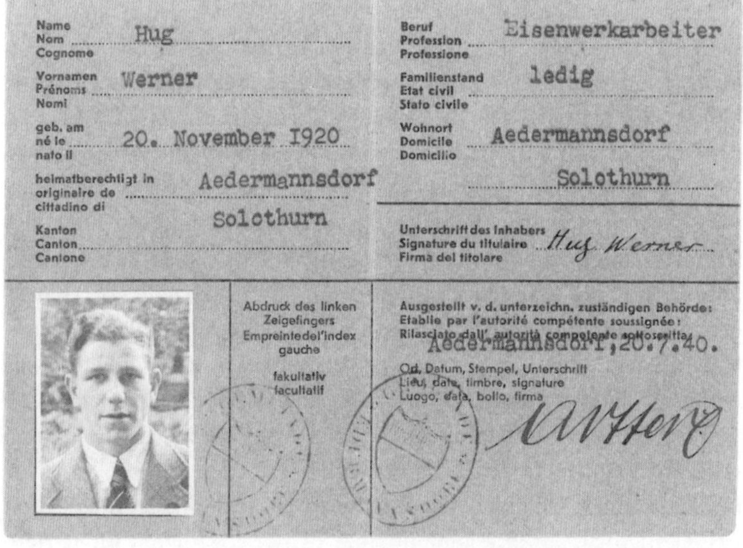

Name / Nom / Cognome: Hug
Vornamen / Prénoms / Nomi: Werner
geb. am / né le / nato il: 20. November 1920
heimatberechtigt in / originaire de / cittadino di: Aedermannsdorf
Kanton / Canton / Cantone: Solothurn

Beruf / Profession / Professione: Eisenwerkarbeiter
Familienstand / Etat civil / Stato civile: ledig
Wohnort / Domicile / Domicilio: Aedermannsdorf
Solothurn

Unterschrift des Inhabers / Signature du titulaire / Firma del titolare: Hug Werner

Abdruck des linken Zeigefingers / Empreinte de l'index gauche
fakultativ / facultatif

Ausgestellt v. d. unterzeichn. zuständigen Behörde: / Etablie par l'autorité compétente soussignée: / Rilasciato dall' autorità competente sottoscritta:
Aedermannsdorf, 20.7.40.
Ort, Datum, Stempel, Unterschrift / Lieu, date, timbre, signature / Luogo, data, bollo, firma

Abb. 29 und 30 Georg Vogts Arbeitskollege Werner Hug im Juni 1940, Originalaufnahme und Ausschnitt im vorgeschriebenen Passbildformat

Vogts Apparat, eine Kodak Retina 2, war für Passfotos nicht geeignet. Vogt behalf sich damit, dass er von jedem Dorfbewohner ein größeres Porträt anfertigte, aus dem sich dann das Gesicht im vorgeschriebenen Format herausschneiden ließ. Deswegen ist auf diesen Bildern so viel zu sehen: Details der Kleider; die eiserne Prothese eines Metzgers als Ersatz für seine amputierte rechte Hand; Gärten, Landschaften, Inneneinrichtungen, ein aus dem Busch heraus lachender Bub, der für den Fotografen eine Grimasse schneidet. Alle diese Bilder, das wird plötzlich deutlich, sind in der Gesellschaft von Zuschauern entstanden, die den Fotografen und sein Modell umstanden und ihnen zugeschaut haben. Auf diese Zuschauer bezieht sich der Ausdruck der fotografierten Gesichter – herausfordernd, kokett, demütig, verlegen. Nicht einfach die Gesichter selbst, sondern auch diejenigen, die auf die Gesichter geschaut haben, spiegeln sich in deren Ausdruck. Sie sollten eigentlich nicht sichtbar werden. Aber wie so häufig ist das, was nicht festgehalten werden sollte, für den Historiker sieben Jahrzehnte später am interessantesten.

Es ist verlockend, Vogts Gesichter mit den Fotografien zu vergleichen, die unmittelbar nach Kriegsende im Frühjahr und Sommer 1946 von der Fotografin Waldberta Huth im schwäbischen Esslingen aufgenommen worden sind. Gemäß der »Verordnung über die allgemeine Registrierung« der alliierten Behörden mussten alle Einwohner von Baden und Württemberg, die über 18 Jahre alt waren, zum Stichtag 1. April 1946 in Besitz einer Kennkarte sein, ausgerüstet mit einer Fotografie neueren Datums.[40] Walde Huths Fotografien sind 2005 in einer großen Ausstellung über Porträtfotografie im 20. Jahrhundert im Berliner Deutschen Historischen Museum gezeigt worden. Wer etwas über den mentalen Zustand des in Trümmern liegenden Deutschlands erfahren wolle, müsse nur einen Blick auf diese Bilder werfen, hat ein Zeitungsbericht über diese Porträtfotos geschrieben. Sie zeigten »das Gesicht der Stunde Null: hohlwangig, aber schon wieder verhalten lächelnd«.[41] Ich bin mir nicht sicher, ob ich das aus diesen Aufnahmen herauslesen kann. Sehen die Gesichter aus Esslingen wirklich anders aus als die aus den drei Fabrikdörfern im Kanton Solothurn fünf Jahre früher? Hat sich tatsächlich der Krieg in sie eingeschrieben? Würden Sie es merken, wenn ich die Bildunterschriften vertauscht hätte?

1928, ein Jahr, bevor die ersten Photomaton-Automaten in Berlin aufgestellt wurden, hat ein russischer Filmemacher den nach ihm benannten Kuleschow-Effekt beschrieben. Ein und dieselbe Großaufnahme eines Gesichtes erzeugte bei den Zuschauern, je nach dem Kontext, in dem ihnen das Gesicht aus großer Nähe gezeigt wurde – komplett unterschiedliche Wirkungen. Je nach präsentierter Vorgeschichte fassten die Zuschauer ein und dasselbe unveränderte Bild als Ausdruck der Trauer, als Ausdruck des Triumphs oder als zärtlich verliebten Blick auf.[42] Innerhalb eines relativ weitgespannten Rahmens ist der Ausdruck eines Gesichts in Großaufnahme etwas, das durch Montage und suggestiven Kontext erzeugt wird. Genauso verhält es sich mit dem Unterschied zwischen Schweizer Gesichtern vor und deutschen Gesichtern nach dem Zweiten Weltkrieg und den Erfahrungen, die deren Ausdruck vermeintlich wiedergibt. Am zuverlässigsten Auskunft geben sie über die Wünsche ihrer jeweiligen Betrachter. Ganz wie beim Volksgesicht, dem vermeintlichen Ur-Antlitz, aus dessen Ausdruck man kollektive Vergangenheit, Erfahrungen und, wie Erna Lendvai-Dircksen so schön gesagt hat, das »Menschlich-Schicksalhafte« herauslesen können soll. Aber nur dann, wenn es die richtige Bildunterschrift hat.

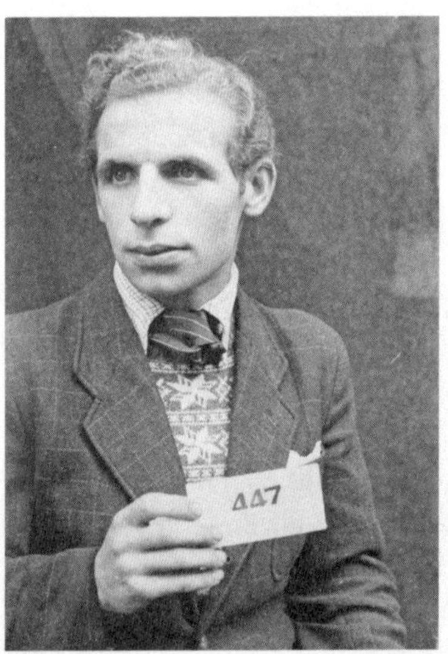

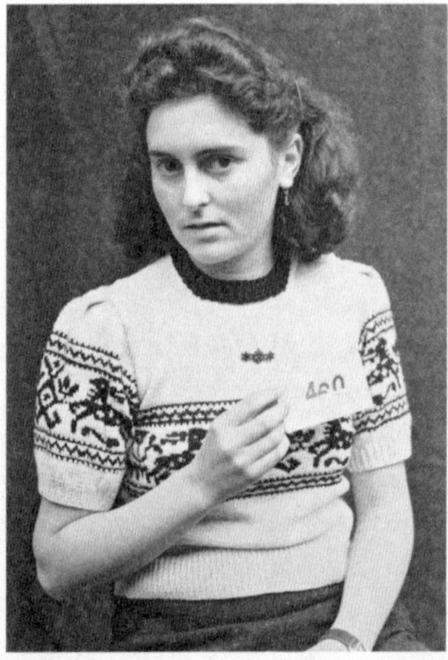

Abb. 31 und 32 Gesichter mit Nummern, modisch angezogen: Porträtaufnahmen von Walde Huth aus Esslingen, Frühjahr 1946

4.

Wunderbare Verwandlungen

»Photography involves obligations.«

(John Urry und Jonas Larsen, 2011)

»Der heute wesenhafteste, der merkantile Blick ins Herz der Dinge heißt Reklame.«

(Walter Benjamin: Einbahnstraße, 1928)

Sommer 1945, Lager Feldafing: In dem amerikanischen Lager für »Displaced Persons« hatte ein Fotograf ein improvisiertes Atelier eröffnet. Er bot an, Porträts der Lagerinsassen – überlebende Flüchtlinge vor ihrer Auswanderung in die USA und nach Kanada – anzufertigen. Dafür stattete er sie mit sorgfältig ausgesuchten Requisiten aus: seidene Halstücher und einen Pelzmantel für Frauen, dunkle Anzugsjacketts und elegante Krawatten für die Männer, die über die eigenen zerschlissenen Kleider gezogen werden konnten; dazu amerikanische Zigaretten und (leere) Whisky- und Scotchflaschen. Nach dem erlebten Massentod und der Rettung aus dem mörderischen Krieg habe er sich wie neu geboren gefühlt, hat ein Lagerinsasse später geschrieben – »and so we must start recording the events of life anew«.[1]

Um neu zu sein, braucht das eigene Gesicht – ist es wirklich noch das Gesicht von früher? – neue Accessoires, neue Waren. Das großformatige Foto des eigenen Gesichts ist nicht nur Chiffre für die Zugehörigkeit zu einem Kollektiv, sondern auch ein Versprechen, und zwar eines auf zukünftige Verwandlungen. Jede solche Metamorphose ist ein nach vorne offener und immer etwas beunruhigender Vorgang. Deswegen muss sie mit dem Vorzeigen von Modellen und Vor-Bildern abgesichert werden. »So wirst du aussehen können.«

Zeitmaschinen und Gefühlserzeuger

Wie passt das zu den Erzählungen vom Gesichtsbild als Verdoppelung der wahren, eigentlichen Person, die uns in den vorangegangenen Kapiteln so ausführlich beschäftigt haben? Wenn es eine Lieblingstechnologie der Magie in der Moderne gibt, dann ist es die Fotografie. Jedenfalls wird sie seit ihrer Erfindung am Ende der 1830er Jahre beharrlich so beschrieben. »A kind of natural magick«, so ihr Erfinder Henry Fox Talbot stolz: »ein Bild, das sich selber macht«. (Mit ziemlich viel technischer Unterstützung durch den Fotografen.) Eineinhalb Jahrhunderte später klingt das bei Roland Barthes sehr ähnlich. Einmal fotografiert, werde das Gesicht dadurch »eine Art kleines Götzenbild (...) mit dem etwas unheimlichen Beigeschmack, der jeder Fotografie eigen ist, der Wiederkehr der Toten.« Daher die besonderen Empfindungen der Betrachter. Für sie hat Barthes in »Die helle Kammer« eindringliche Formulierungen gefunden. »Wie man es auch dreht und wendet, Fotografie hat etwas mit Auferstehung zu tun.«[2]

Aus historischer Sicht liegt er damit richtig. Griechisch »fotografein« – wörtlich: mit Licht schreiben – ist ein Wort, das sehr viel älter ist als die Technik des Fixierens von Bildern mit lichtempfindlichen Silbersalzen. Es taucht zum ersten Mal in einem mystischen Text auf, der im 11. oder 12. Jahrhundert im St. Katharinenkloster auf dem Sinai verfasst worden ist und in dem es um die *visio Dei*, das Sehen Gottes geht.[3] Fotografierte Gesichter lassen sich noch in einem anderen Sinn als die Andachtsbilder der Moderne beschreiben. Gesichter von lebendigen Menschen können wir nur unter besonderen intimen Umständen so lange, so intensiv und aus so großer Nähe betrachten wie deren Fotos. Ein Bild, das gleichzeitig verheißt, die Zeit stillzustellen und maximale Nähe zu erzeugen, eignet sich besonders dafür, mit den Gefühlen der Betrachter aufgeladen zu werden. Für die Stop-Maschine Fotografie gilt das ebenso wie für ihre Vorläufer.

Gesichter festhalten und vorzeigen ist Manövrieren in der Zeit – fiktives, imaginiertes Manövrieren, aber deswegen nicht weniger wirkungsvoll. Der Verweis auf verehrungswürdige ältere Vor-Gesichter, denen man sich angleichen könne (oder angleichen soll), hat dabei eine lange Vorgeschichte, wie wir gesehen haben. Sie reicht vom Florentiner Humanisten Leonardo Bruni, der behauptete, sich Petrarcas Porträt anverwandelt zu haben, über Fred Holland Days Selbstinszenierung als nackter Christus bis zu Erna Lendvai-Dircksen, die vorgibt, sich auf der Suche nach dem ursprünglichen Volksgesicht mit Hilfe ihrer Kamera via Hölderlin zu Holbein und Dürer zurückbewegen zu können. Die Herstellung stillgestellter Gesichter in Großaufnahme als Versprechen auf die Wiederholbarkeit von Empfindungen hat auch den Produzenten dieser Bilder Emphase in der ersten Person Singular erlaubt. »I am the moment«, hat der amerikanische Fotograf Alfred Stieglitz über seine Porträts gesagt, »I am the moment with all of me and anyone is free to be the moment with me.«[4]

Bilder von Gesichtern spiegeln Gefühle und sollen selbst Gefühle erzeugen: Diese Motive sind uns in den Erzählungen aus dem Mittelalter und der Renaissance (und ihren indischen Gegenstücken) schon begegnet. Sie bleiben auch im 18. und 19. Jahrhundert bestimmend. Das Porträt eines abwesenden Geliebten, Verwandten oder Freundes helfe uns, jene Gefühle in uns aufrechtzuerhalten, die oft in der Abwesenheit verblassten, meinte Jonathan Richardson in seiner »Theory of Painting« von 1715, und seien »unerlässlich dafür, Freundschaft und familiäre Zuneigung, Liebe und Pflichtgefühl aufrechtzuerhalten und zu mehren«. Fühlen und Fühlen-Sollen sind in der Formulierung ununterscheidbar ineinandergerührt. Noch stärker macht das Elizabeth Browning in einem Brief 1843 über die Daguerreotypie, in der sie die physische Verbindung zwischen Bild und abgebildetem Gesicht hervorhebt. Sie ziehe ein solches »memorial« des Geliebten dem edelsten je hergestellten Kunstwerk vor. Nicht die bloße Ähnlichkeit sei es, die der Daguerreotypie ihren Wert verleihe, sondern das »Gefühl der Nähe«, die sie als Gegenstand verkörpere.[5] Diese »Schatten« des abgebildeten Freundes, schrieb Oliver Wendel Holmes 1863 – und damit meinte er die fotografischen *cartes de visite* –, ließen ihn »mit seinem äußeren und inneren Leben zu einer Realität für Sie werden«.[6]

Wenn diese fotografierten Gesichter vom Leben handelten, dann aber von einem Leben anderer Leute, deren Körper dem Betrachter unverfügbar und unzugänglich geworden war. Holmes' Zeitgenossen stellten rasch fest, dass die neue Technik nicht einfach die Erinnerung beförderte. So intensiv die mit ihnen verbundenen Gefühle auch gewesen sein mochten, fotografierte Gesichter reproduzierten Erinnerung als ein Nicht-Genug, einen Mangel. Sie mussten deswegen mit Gebrauchsanweisungen – »Forget me not!« – und anderen, möglichst körperlich-physischen Spuren – Haarlocken und Berührungsreliquien – verstärkt werden.[7] Nicht der Glaube an die Fotografie als eine Technik, die die Wirklichkeit abbilde, sondern der Glaube daran, dass Fotografien bei ihren wirklichen Betrachtern wirklich starke emotionale Wirkungen haben, prägt die Geschichte des fotografierten Gesichts in der Moderne.[8] Balzac hat gegenüber seinem Fotografenfreund Nadar angeblich die Befürchtung geäußert, ihm werde mit jedem Porträt eine dünne Haut von seinem eigenen Gesicht abgezogen, so dass davon letztlich nichts mehr übrigzubleiben drohe. Ganz unabhängig davon, wie gut eine solche private Empfindung dokumentiert werden kann: Machte ein solcher Glaube an Balzacs Glauben nicht jedes Porträt von ihm noch eindringlicher, wirkungsvoller und kostbarer?

1851 war Friedrich Theodor Vischer noch überzeugt davon, dass die neue Technik nur falsche, irreführende mechanische Bilder herstellen könne. Vischers Sohn Robert hat zwanzig Jahre später in seiner Doktorarbeit eine Theorie der Einfühlung vor und mit Bildern formuliert. Die unmittelbare, starke Empfindung, die der Betrachter aus einem Porträt herauslese, sei dessen eigene, mit der er das betrachtete Bild auflade.[9] Der spätere Professor für Kunstgeschichte hat diese Kraft der Gefühle »Seele« genannt. Diese Vokabel ist in den vorangegangenen Kapiteln mehrfach aufgetaucht. Jetzt wissen wir endlich, was damit gemeint ist. Wenn im Zusammenhang mit Gesichtern von der Seele die Rede ist, geht es nicht um das, was auf den Bildern dieser Gesichter zu sehen ist, sondern um abwesende ältere Kollegen.

Seit etwas mehr als eineinhalb Jahrhunderten ist das fotografierte Gesicht mit dem Versprechen verbunden, die Wahrnehmung als Retro-Vergangenheit zu größter Intensität zu verlangsamen und dann wieder zu beschleunigen, hin auf eine ideale Zukunft. Gesichterbilder funktionieren deswegen so gut als Gefühlserzeuger, weil sie kleine private Zeitmaschinen sind. Von den zehntausenden Soldaten im amerikanischen Sezessionskrieg der 1860er Jahre, die deswegen Fotos von sich machen ließen, weil sie in den Krieg zogen, reicht diese Geschichte über die Ein-

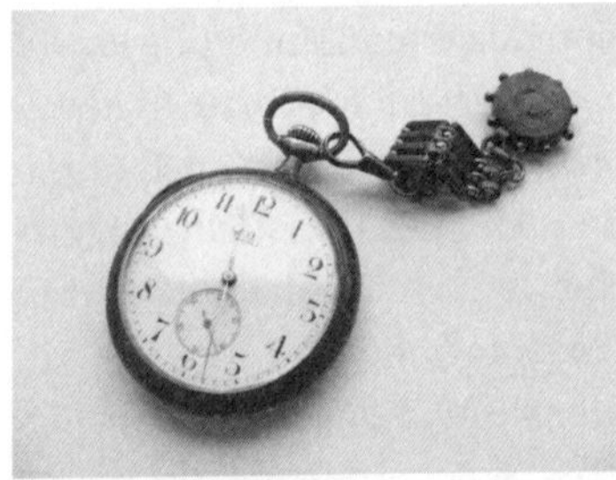

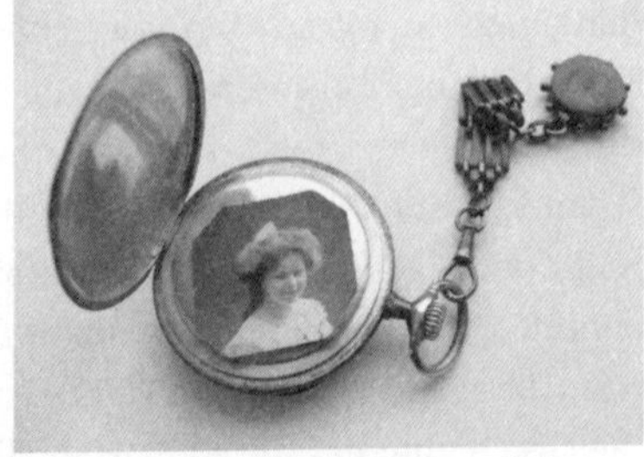

Abb. 33 und 34 Familiengeschichte ohne Fortsetzung: Taschenuhr mit Foto einer unbekannten jungen Frau

siedler Soldatenbilder und das sorgfältig ausgeschnittene Gesicht einer jungen blonden Frau, versteckt im hinteren Deckel der Taschenuhr meines Großonkels, der 1917 mit 19 Jahren in Skutari an der Malaria gestorben ist, bis zu Millionen von Wohnzimmern im 20. und 21. Jahrhundert, in denen die fotografierten Gesichter von Verwandten hängen, die gleichzeitig verstorben und lebendig sind.[10]

Ihre Betrachter, seit den 1920er Jahren selbst von den Bildern großformatiger Gesichter im öffentlichen Raum umgeben, trugen und tragen bis heute in sehr viel kleineren Formaten Gegenstücke zu diesen Gesichtern auf und mit sich herum: in ihren Hand- und Brieftaschen. Sie praktizieren das, nicht ganz freiwillig, in Form eigener Ausweisfotos; und freiwillig und enthusiastisch mit den Bildern der Gesichter anderer, ihrer Kinder, Partner, Verwandten, Geliebten, hinter Zellophan und hinter Glas, auf Kommoden, Nachttischchen, Armaturenbrettern und Smartphones. Jedes dieser Bilder ist ein *immutable mobile* besonderer Art. Es ist dort, wo die abgebildete Person nicht ist, und funktioniert als beschwörende Versicherung, dass der oder die Abgebildete dem Betrachter ihres Gesichts verbunden bleibt und irgendwann wieder zu ihm zurückkehren wird.

Diese Gesichter-Artefakte können sowohl persönliches Amulett wie kollektives Totem sein. Und obwohl sie nur Papier, Folie, Karton sind, sind sie mit den Eigenschaften der abgebildeten Person aufgeladen und besonderen Regeln unterworfen. Wir wissen im Alltag recht genau, was es bedeutet, wenn jemand Bilder, die das Gesicht einer nahestehenden Person zeigen, zerreißt und wegwirft.[11] Umgekehrt können Bilder von Verstorbenen deren Verschwundensein kompensieren, nicht nur im Privaten, sondern auch bei manchen öffentlichen Anlässen. Als im September 2006 beim Bau des neuen Schweizer Bahntunnels NEAT der erste Teildurchstich zwischen zwei Bauabschnitten gelang, war das erste, was die Arbeiter den Kollegen auf der anderen Seite durch das Loch hinüberreichten, Fotografien der Kollegen, die auf der Baustelle tödlich verunfallt waren. Ihre vervielfältigten Gesichter wurden qua Bild zu Zeugen der erfolgreichen Fertigstellung.[12]

Auf der Vorstellung, mit Hilfe von Bildern ein mit- und nachfühlendes Publikum an den eigenen Empfindungen teilhaben lassen zu können, beruhen seit den *cartes de visite* alle sozialen Gebrauchsweisen der Fotografie, von persönlichen Lebenserinnerungen unter Glas an der

Wand bis zu Familienalben und mittlerweile untergegangen Ritualen des späteren 20. Jahrhunderts wie dem Dia-Abend. Auf der Überzeugung, mit Bildern ließen sich sehr persönliche innere Zustände teilen – »Share!« –, basieren mittlerweile erfolgreiche smarte Dienstleistungsimperien. Das derzeit größte von ihnen trägt einen sprechenden Namen, der aus dem 19. Jahrhundert stammen könnte: Facebook.

Auch der Wunsch nach dem »wirklichen Gesicht« einer Person aus der Vergangenheit ist im 21. Jahrhundert offenbar ebenso ungebrochen wirksam wie in früheren Epochen. 2012 wurde bei einer Grabung auf einem Parkplatz in der englischen Stadt Leicester ein Skelett aus dem 15. Jahrhundert gefunden. Es wies schwere Verletzungen auf und wurde mit dem englischen König Richard III. identifiziert, der 1485 in der Schlacht von Bosworth getötet und in Leicester begraben worden war. Im Februar 2013 wurde auf einer Pressekonferenz ein dreidimensionales Modell des Gesichts präsentiert, das ein Team von Wissenschaftlern auf der Basis des gefundenen Schädels rekonstruiert hatte. Finanziert wurden Recherche und Rekonstruktion von der »Society Richard III«, die sich dem Andenken des Monarchen widmet. Es sei ein warmes, junges und ernsthaftes Gesicht, sagte ihr Sprecher zuversichtlich. »I think people will like it.«[13]

Verlustgeschichten

Mit dem Aufstieg des Mediums Fotografie wurden die Bilder von Gesichtern ebenso dauerhaft wie massenhaft an die Aufbewahrung und Verwaltung privater Gefühle gekoppelt. Ebenso beharrlich haben ganz unterschiedliche Betrachter seither andere Empfindungen beschrieben, nämlich die von Verlust. Wilhelm Humboldt wollte 1799 in den Gesichtern der mittelalterlichen Grabmäler im Pariser Museum echte Personen erkennen; verglichen mit den französischen Charakterköpfen kamen ihm die Gesichter der lebendigen Deutschen um ihn herum sehr viel weniger ausdruckstark vor. Damit stand er nicht allein. In Hans Beltings »Faces« kann man nachlesen, wie lange schon von Verfall, Verlust und Verflachung die Rede ist, wenn es um Gesichter geht – nicht des eigenen, bitteschön, sondern der anderen. 1835 beklagte der Statistiker Adolphe Quetelet, in der Bevölkerung der Großstadt würden »alle individuellen Züge schwinden, seien sie physischer oder charakterlicher

Art«. Rainer Maria Rilke legte 1910 seinem Helden Malte Laurids Brigge in den Mund, er sähe um sich nur noch verbrauchte Ersatzgesichter.[14]

Béla Balazs war 1924 überzeugt, die Erfindung der Buchdruckerkunst und die vervielfältigten Fotos in den Printmedien hätten »das Gesicht des Menschen unleserlich gemacht«.[15] Siegfried Kracauer pflichtete ihm drei Jahre später in seinem »Ornament der Masse« bei. Es seien die vielen Gesichter der Illustrierten, die das Wahrnehmen individueller Züge unmöglich machten.[16] Max Picard formulierte 1929 in seinem Buch »Das Menschengesicht« eindringlich: »Sieht man Gesichter noch von 1860, 1870 neben den Gesichtern von heute, so erschrickt man (...) als seien die früheren Gesichter überfallen worden und weggeraubt.« Jetzt würden die Menschen einander immer ähnlicher.[17]

Picard macht dafür die modernen Lebensverhältnisse und die von ihnen erzwungene »Bewegtheit« verantwortlich. Die Fotografin Erna Lendvai-Dircksen hat diese Ansicht geteilt, wie wir gesehen haben. Sie war aber 1933 überzeugt, dass Rettung nahe. »Der heutige Mensch«, schrieb sie in der Zeitschrift »Druck und Reproduktion«, sei »dezentralisiert und bei allem großen Wissen von der Welt außer sich, weiß er wenig von der Welt in sich. Er hat keine Herrschaft über sich, was sich in tragikomischer Weise bei jedem von uns vor dem Objektiv zeigt, das für den bewussten Menschen den bösen Blick hat.« Dagegen helfe nur Rückbesinnung auf das Gemeinsame. »Das große ES regiert dieses Gesicht, zu dem wir als einzelner Mensch und als Volk wieder zurückfinden müssen. (...) Jeder, dem das Schicksal unseres Volkes, diese letzte Rettung in hartem klaren Bewusstsein steht, trägt die unausweichliche Verpflichtung zur Mitarbeit an der inneren und äußeren Neuformung der deutschen Physiognomie. Wir haben den Glauben und die Hoffnung, daß sie wieder ersteht in ihrer alten natürlichen Schönheit.«[18] Woraus die Arbeit an dieser Rückkehr zum eigentlichen Gemeinschaftsgesicht bestehen konnte, bleibt in dieser wolkig-martialischen Prosa offen. Wahrscheinlich wollte die Fotografin vor allem ihren eigenen Pflichtgefühlen für das neue nationalsozialistische Regime Ausdruck verleihen, vor Publikum.

Reden über vervielfältigte Gesichter ist erstaunlich häufig Hebel und selbstgegebene Erlaubnis, über die angeblichen Empfindungen anderer Leute zu schreiben. Das obsessive öffentliche Reden über Volksgesichter und Nationalphysiognomien hat allerdings nach dem Zweiten

Weltkrieg fast vollständig aufgehört. Oder ist es gar nicht verschwunden, sondern nur in andere, privatere Zonen gewandert? Der unscharfe Pessimismus, die Bilder von Gesichtern der eigenen Zeitgenossen als ungenügend, steril und uniform zu empfinden, hat sich ziemlich gut gehalten. Die Gesichter seiner eigenen Zeit, war Günter Anders sich 1956 sicher, seien durch die »Iconomania«, die unstillbare Sucht nach Fotografien, verflacht und zu bloßen austauschbaren Serienprodukten geschrumpft. Und Susan Sontag war 1977 überzeugt, dass die Fotografie als Massenmedium der Reproduktion nur neue Entzugsgefühle erzeuge.[19]

Hans Belting, der in seinem wunderbar materialreichen Buch viele dieser Klagen zitiert, gerät wenige Seiten später in denselben Tonfall. Im »Reproduktionswahn« der »facialen Gesellschaft« sei das fotografierte Gesicht im 21. Jahrhundert durch Überproduktion inflationär geworden. Das Gesicht erfahre durch seine Überproduktion eine schablonenhafte Entleerung und Verflachung.« »Natürliche Gesichter«, so sein Fazit, hätten gegen die Macht medienverstärkter Masken »keine Chance«.[20]

Ist das so? Der 1968 verstorbene italienische Kapuzinermönch Francesco Forgione alias Padre Pio hatte seit den 1920er Jahren gezielt von Porträtfotos seiner Person Gebrauch gemacht, stilisiert in direkter Anlehnung an die Bilder des stigmatisierten Hl. Franziskus aus dem 13. Jahrhundert.[21] Analog zum Turiner Grabtuch existierte auch von Padre Pio ein *sindone*, das ein postumes Abbild seiner Gesichtszüge zeigte. Sie hatten sich wunderbarerweise auf dem Taschentuch eines Gläubigen manifestiert, nachdem ihm der Pater im Traum erschienen war und er das Tuch, mit dem er sein eigenes Gesicht im Schlaf bedeckt hatte, in den Brunnen vor Padre Pios Wallfahrtskirche tauchte – ins Entwicklerbad.

Fotos des Gesichts von Padre Pio entwickelten aber noch viel weiter reichende Wirkungen. Bilder des Heiligen, die in Illustrierten abgebildet waren, konnten durch fromme Gebete zur Heilung von Augenleiden und sogar von völliger Blindheit führen. Sie verströmten einen süßen Geruch, vergossen hinter ihrem Glasrahmen Tränen und konnten kranke Kinder aus dem Koma erwecken. Padre Pio, so seine offizielle Biographie, habe nämlich die Macht besessen, die fotografische Fixierung seines Abbilds dem Fotoapparat aktiv zu verweigern – wenn er nicht fotografiert werden wollte, dann blieb der Film desjenigen, der glaubte, unbemerkt einen Schnappschuss von ihm gemacht zu haben, leer. Die Geschichte authentifiziert das Darstellungsmedium: Jedes Bild von Padre Pio ist demnach ein echtes Bild, *weil* es ihn zeigt.

2002 wurde er heiliggesprochen. 48 Prozent aller Heiligenbilder, die die Italiener im November 2006 besaßen, so eine Umfrage der Zeitschrift *Famiglia Cristiana*, zeigten Francesco Forgiones Gesicht. Er selbst hat es jetzt auch wieder. Der exhumierte Leichnam, 2010 in einem Glaskasten in San Giovanni Rotondo als Ganzkörperreliquie ausgestellt, trägt heute eine Silikonmaske, die sein Gesicht vollständig bedeckt. Hergestellt wurde sie, naheliegenderweise, nach den Fotografien, die von ihm zu Lebzeiten aufgenommen worden waren.[22]

In den vorangegangenen Kapiteln ist sie immer wieder aufgetaucht, die flotte ironische Formulierung von Pietro Bembo aus dem 16. Jahrhundert vom Porträt, das dem Abgebildeten ähnlicher sei als er selbst. In Georg Wilhelm Friedrich Hegels Vorlesungen hatte sie sich in eine ernste Forderung verwandelt. Noch am Beginn des 20. Jahrhunderts hatte sie eifrige Benutzer, häufig mit beunruhigten Untertönen.[23] Bei Francesco Forgione ist sie endlich praktisch umgesetzt. Wenn Sie mir nicht glauben, schauen Sie sich auf einer beliebigen italienischen Autobahnraststätte um.

Auge um Auge

Es gibt noch explizitere Versuche, das Gemachtsein der wirkungsstarken Bilder von den Gesichtern hervorzuheben. Sie bringen uns zu jenen besonderen Bildern im öffentlichen Raum zurück, die am Anfang dieser Recherche standen – Werbefotos. Der deutsche Graphiker und Designer Hans Weishäupl, unter anderen Creative Director für die Werbeagentur Jung & von Matt, hat 2008 ein großformatiges Buch publiziert, das »Faces of Evil« heißt. Es zeigt nichts anderes als dreizehn Gesichter in Großaufnahme, Diktatoren von Adolf Hitler und Josef Stalin bis zu Franco, Mao und Robert Mugabe. Jede der Aufnahmen ist neu hergestellt, zusammengesetzt aus den Details mehrerer Dutzend Gesichter des jeweiligen Landes. Adolf Hitlers Nase, erläutert Weishäupl, gehöre einem Immobilienmakler aus Berlin, die Oberlippe stamme von einem Schlosser in Dresden, die Augen von einem Bankberater in Frankfurt, die Tränensäcke von einem Feinmechaniker in Bautzen, der Hals von einem Wiener Bankangestellten. Den Bart habe ein Koch aus Wuppertal beigesteuert. »Jede Falte, jede Augenbraue, jeder Leberfleck wurde originalgetreu nachgebaut.«[24]

Weishäupl legt im Vorwort zu seinem Buch Wert auf die Feststellung, dass er mit den Aufnahmen auf die vielen unsichtbaren Mittäter, Helfer und Helfershelfer aufmerksam machen wolle, die hinter den Gesichtern des Bösen stünden. Gleichzeitig zeigten die Bilder, schreibt er, dass die grausamen Täter auch nur »gewöhnliche Menschen aus Fleisch und Blut« gewesen seien.[25] Sein Buch erzeugt allerdings einen zwiespältigen Eindruck. Die dreizehn großformatigen Gesichter sind ergänzt mit Angaben zur Lebensgeschichte und Karriere der Diktatoren. In denen ist aber nur von ihnen selbst die Rede, nicht von ihren Mittätern. Von den 350 Männern, deren Gesichter als Rohmaterial für das Projekt fotografiert wurden, erfährt man nichts. Den Wuppertaler Koch zum Beispiel hätte ich gerne gesehen.

Vor allem bleibt offen, welches Bild jeweils als Vorlage für die digitalen Montagen ausgewählt wurde. Saddam Hussein ist nicht mit dem dunklen Schnauzbart zu sehen, den er auf dem Höhepunkt seiner Macht in den 1980er und 1990er Jahren getragen hat, sondern mit dem grauen Vollbart, den er nach seiner Verhaftung 2003 trug. Mao Zedongs Porträt soll mit den stark betonten Bartstoppeln, Pigmentflecken und Poren (sein Doppelgänger hat bei Weishäupl auch einen kleinen roten Pickel auf der Nase) unübersehbar die geglätteten zeitlosen Bilder vom Gesicht des Großen Vorsitzenden kontrastieren, die seit den 1950er Jahren in der politischen Propaganda der Volksrepublik eine zentrale Rolle gespielt hatten.[26]

Was ist das »Originalgetreue« an Weishäupls Gesichtern? Sie versprechen, beides gleichzeitig zu sein: echtes Bild, authentifiziert und autorisiert durch ein Kollektiv namenloser Landsleute, die kleine Teile ihrer Gesichter beigesteuert haben, und wirklicher Körper – in diesem Fall: die vergänglichen Leiber von alten Männern. Das Buch über Hitlers Gesicht, das Claudia Schmölder acht Jahre zuvor herausgebracht hat, hat Weishäupl offenbar nie in der Hand gehabt. Er hätte dort nachlesen können, dass am Beginn wie am Ende von Hitlers Laufbahn das Gesicht des Führers ein Rätsel war. »Wie sieht Hitler aus?«, fragte die Münchner Satirezeitschrift »Kladderadatsch« 1920, kombiniert mit einer Serie von Karikaturen. Im Frühjahr 1945 veröffentlichte die amerikanische Armeezeitung »Stars & Stripes« Fotomontagen, die verschiedene Varianten eines getarnten Hitler auf der Flucht zeigten, unter anderem mit Vollbart, dicker Hornbrille und Glatze. In den Jahren dazwischen wurde dessen Gesicht zwar in zahllosen Plakaten, Postkarten und Bildbänden und extrem vergrößert reproduziert, 1937 auf der von Egon Eiermann gestalteten Ausstellung »Gebt mir vier Jahre Zeit« als achtzehn Meter hohes Monumentalporträt; die Darstellungen waren aber strikter Kontrolle unterworfen. Veröffentlicht werden durften ausschließlich Aufnahmen von Hitlers Fotograf Heinrich Hoffmann, und auch die nur nach vorheriger Genehmigung.[27]

Hitler, dem die Zeitgenossen auffällig große, hellblaue Augen zugeschrieben haben, hat bei Hans Weishäupl im Jahr 2008 braune Augen. Vielleicht ist sein anheimelnder Hundeblick die Rache jenes namenlosen Frankfurter Bankberaters, der dafür fotografiert wurde. Eigentlich schaust du mich an, flüstert der. Aber du weißt es nicht.

Das Eröffnungsbild auf der Website, die Weishäupl für sein Buch eingerichtet hat – www.faces-of-evil.com –, lässt Hitler übrigens zwinkern. So ernst ist das alles also nicht gemeint. Könnte es sein, dass es sich mit den Gesichtern auf den Werbeplakaten ähnlich verhält? Guten Tag, lieber Betrachter. Ich bin auch ein Volksgesicht, aber eine Simulation.

Golden Girls

Südindien, Bundesstaat Kerala, Januar 2009, unterwegs auf dem National Highway 17. Man kommt an Hindu-Tempeln mit großen Krishna- und Lakshmi-Bildern vorbei, an diskreten Moscheen und an christlichen Kirchen mit überlebensgroßen, bunt bemalten und eindrucksvoll beleuchteten Statuen von Maria und dem heiligen Antonius. Bilder des Gekreuzigten habe ich keine gesehen. Die absolut unübersehbaren Bilder zeigen ohnehin andere Gesichter. Sie sind wirklich groß, von handgemalten verzierten Hausmauern und Ladenfronten bis zu sechs, acht Meter hohen und noch breiteren Superplakaten auf Hausdächern und am Straßenrand. »Jewellery« steht darauf, oder, noch etwas deutlicher, »Gold Hyper Market«. Sie werben für massiven, 22-karätigen Goldschmuck, und dazu strahlen von den Bildern indische Schönheiten auf den Betrachter herunter. Sie sind relativ knapp bekleidet, aber ihre Lippen, Wangen und Dekolletés sind behängt mit Ohrringen und Halsketten aus Gold – viel Gold, und auf den Plakaten verschmelzen der schöne Schmuck und die schöne Frau buchstäblich in eins.

In Indien wird die Mitgift traditionell in Gold überreicht; das Land ist der weltgrößte Konsument von Schmuckgold. Die Botschaft der Bilder ist so deutlich wie möglich: ohne Gold keine Heirat.[28] Wie wirken solche Plakate eigentlich auf schüchterne und ernsthafte Junggesellenmänner, die von einer Ehefrau träumen, oder auf Eltern, die ihre Tochter verheiraten wollen und sie mit einem kostspieligen Brautschatz ausstatten müssen? Die Göttinnen auf den Plakaten sind übrigens nicht alleine. Ihnen sind auf vielen Plakaten Männer an die Seite gestellt, kleiner und in deutlich bescheidenerer Aufmachung, gesetzte Herren mit Schnurrbart. Kann es sein, dass sie die älteren Verwandten darstellen, an die sich die Werbung auch richtet?

Im Kapitel über die mittelalterlichen Porträts habe ich einen kleinen Ausflug zu den Geschichten unternommen, die in der indischen Literatur zwischen dem 8. und dem 15. Jahrhundert über Bilder von Gesichtern und ihre erstaunlichen Eigenschaften und Wirkungen erzählt worden sind. Diese Geschichten haben ihre Fortsetzungen in der Moderne. Die Fotografie ist 1840 auf dem indischen Subkontinent angekommen, nur wenige Monate nach den ersten Veröffentlichungen in Europa. 25 Jahre später gab es in Indien mehrere tausend Fotografen, Amateure wie Professionelle, die mit großem Erfolg *cartes de visite* produzierten: Viele von ihnen bezogen sich in den Dekorationen ihrer Studios auf das alte literarische Motiv von der indischen Prinzessin, der ihr Bräutigam im Traum erscheint, wonach sie ihn mit Hilfe eines Bildes unter vielen verschiedenen Prinzen auswählt.[29]

Ein von Menschen hergestelltes Bild kann in der hinduistischen Tradition durch einen Prozess namens *pranpratishta* (wörtlich: atmen machen) zum Behälter der Gottheit gemacht und buchstäblich belebt werden. Am Ende des Rituals bekommt das Bild dann Augen eingesetzt. Das ist ein Vorgang, der als heikel und unter Umständen gefährlich aufgefasst wird, denn der Blick in die Augen ist nichts Harmloses. Ein besonderer Begriff – *darshan* – bezeichnet diese intensive visuelle Interaktion, den Moment, in dem man einer Person – einer religiösen Autorität, einer Gottheit, einem Lehrer – ins Gesicht schaut und selbst ihren Blick auf und in sich fühlt.[30]

Neben solchen besonders aktivierten religiösen Bildern gibt es auch die überall in Indien verkauften preisgünstigen Chromolithografien von Göttern. Sie werden am Ende des 20. Jahrhunderts verwirrenderweise *photos* genannt. Das Hindi-Wort für Fotografie lautet *chhayachitra*, Schattenbild. Fotos von Gesichtern wurden auch in Indien mobilisiert, mit *cartes de visite* ebenso wie mit Fotopostkarten. Sie wurden auf dem Subkontinent erstmals 1899 produziert, zwei Jahre nach ihrer Erfindung in Europa, und sie waren sofort sehr erfolgreich. Viele beliebte Chromolithografien von Göttern – etwa des Götterpaares Shiva und Parvati mit ihren Kindern Ganesh und Kumar – sind von der Machart populärer Fotografien beeinflusst: Das Götterpaar nimmt exakt dieselbe Pose ein wie Familien beim Fotografen.[31] Die hinduistische Kultur, schreibt der Psychoanalytiker Sudhir Kakar, sei Illusionen gegenüber aufgeschlossen. Sie tendiere dazu, sie mit einer gewissen Verspieltheit zu assoziieren und eher als hilfreiche denn als bösartige Täuschung zu betrachten. Hindu-Gottheiten können sich problemlos ineinander verwandeln und eine Fülle von Formen annehmen, die vom kriegerischen Zerstörer über den Asketen und unermüdlichen Liebhaber bis zum androgynen Ardhanarishvara reicht, Mann und Frau gleichzeitig.[32]

Fotografie ist im indischen Selbstverständnis weder eine moderne noch eine westliche Technologie, sondern wird als genuin indisch aufgefasst, als selbstverständlicher Teil des eigenen Lebens – wobei die Inder schon sehr genau wissen, dass die besten Kameras aus Japan kommen, wie der Ethnologe Christopher Pinney notiert. Porträts dienen dabei dem Herstellen eines wunschgemäß intensivierten Selbstbilds, als Metamorphosen, die sich genießen lassen. »Besser herauskommen«, nennen das die indischen Fotografen, die Pinney interviewt hat. «Jeder Kunde sagt: So bin ich eben. Aber auf dem Foto möchte er besser herauskommen. Also versuchen wir das.«[33] Wer sich von professionellen Fotografen abbilden lasse, schreibt der Ethnologe, wolle keine realistischen Porträts von sich selbst. Sondern solche, die seine Wünsche erfüllen, bestimmten eigenen, als hochindividuell wahrgenommenen Vorbildern so gut wie möglich zu entsprechen.

Neue Technologien erzeugten nicht automatisch den Wunsch nach realistischeren Abbildungen, bemerkt Pinney. Das Gegenteil sei der Fall. In dem nordindischem Dorf, das er untersucht hat, wird Fotografie dafür geschätzt, die Spuren vergänglicher Personen dauerhaft zu machen und die Welt in perfekteren Formen darzustellen und festzuhalten, als das im hektischen Durcheinander des Alltags möglich wäre. Fotografie bezieht sich auf diesen Alltag, indem sie ihn nicht abbildet. Sie verspricht, ihn in ausgewählten Momenten und mit besonderen Posen zum Verschwinden zu bringen, und erlaubt so die Produktion neuer, intimer Vergangenheiten.[34]

Ist das in Europa wirklich anders, wo Brautpaare in traditionellen Kostümen, die sie sonst nie tragen würden, vor extra gemieteten Schlössern, herrschaftlichen Parks und pittoresken Kulissen posieren, die mit ihren wirklichen Wohnungen nichts zu tun haben, und sich dabei filmen und fotografieren lassen? Ein Werbeslogan auf einem Fotostudio in der südindischen Stadt Thripayar, den ich 2009 gesehen habe, hat das noch kürzer ausgedrückt: »You can be more beautiful than you.« Das klingt fast schon wie der Schweizer Molkereikonzern, der 2013 seinen Kaffee Latte mit dem Slogan »So fresh, so you« angepriesen hat. Könnte es sein, dass Indien überall ist?

Metamorphosen

Egal, ob man Werbung interessant, aufdringlich oder ärgerlich findet, sie ist nie nur banal gewesen. Seit dem Beginn des letzten Jahrhunderts hat sie dauerhaft Anregungen dafür geliefert, über die Funktionen und Wirkungen von Zeichen und Bildern im öffentlichen Raum nachzudenken. Ihre Geschichte läuft parallel zu derjenigen der vervielfältigten Gesichter und der Fotografie. Das erste Handbuch für die Gestaltung von Werbeanzeigen – William Smiths »Advertise: How? When?« – erschien 1863, gefolgt von den ersten spezialisierten Fachzeitschriften zu Beginn des 20. Jahrhunderts, von »La Publicité«, gegründet 1903 in Paris, über die Monatszeitschrift »Gebrauchsgrafik«, zuerst herausgegeben in München 1924, bis zu »Advertising Age«, das sechs Jahre später in Chicago erscheint. Historisch erforscht wird Reklame ebenfalls schon länger – die erste Geschichte des Plakats in Deutschland erschien 1897, die erste zu Werbung als Kunstform 1903.[35]

Ausdrückliche Menschenähnlichkeit schließlich wollen die dafür zuständigen Praktiker den von ihnen angepriesenen Produkten seit den 1930er Jahren verleihen. 1937 prägte der Londoner Werber William Crawford die Formel von der »product personality«, der die Werbung »a face«, ein Gesicht geben müsse. »Man tut gut daran, Waren als beseelte Wesen anzusehen«, hat der deutsche Reklamespezialist Hans Domizlaff zwei Jahre später selbstbewusst formuliert. Firmenmarken und Markenartikel seien »Kristallisationspunkt der Gläubigkeit«. Mehr noch: »Eine Marke hat ein Gesicht wie ein Mensch«, und das müsse imstande sein, im Verbraucher Vertrauen zu wecken.[36]

Die verführerischen öffentlichen Slogans, Embleme und Gesichter haben nicht nur Studien wie die des amerikanischen Psychologen Henry Foster Adams zu den Regeln der Wahrnehmung von 1916 inspiriert, sondern sind selbst Teil der modernen Wissenschaftsgeschichte. Von der halb ironischen, halb bewundernden Materialsammlung in Walter Benjamins »Einbahnstraße« und im »Passagenwerk« reichen ihre Wirkungen über Marshall McLuhans »Mechanical Bride«, Roland Barthes' Semiologie und Stuart Halls Cultural Studies bis zu solchen bitterbösen Reaktionen wie der »Théorie de la Jeune-Fille» des radikalen französischen Autorenkollektivs Tiqqun von 2006. Die will so scharf und moralisch wie möglich mit der Künstlichkeit dieser Bildinszenierungen abrechnen. »Das junge Mädchen ist eine Lüge, deren Glanzpunkt das Gesicht ist.« »Eine List der Vernunft will es, dass gerade das den Wert des Jungen-Mädchens bestimmt, was es an Nicht-Marktmäßigem, an ›Echtheit‹, an ›Gutem‹ enthält.« – »Wie hätte es dem Kapitalismus gelingen können, die Affekte zu mobilisieren und seine Macht bis zur Kolonisierung unserer Gefühle und Emotionen zu molekularisieren, wenn das Junge-Mädchen sich nicht als Relais angeboten hätte?«[37]

Wer die Fähigkeiten der Werbebilder zur Lüge und Manipulation beklagt, setzt aber voraus, dass es wahre, richtige Bilder gibt, wenn es um vervielfältigte Gesichter geht. Gibt es die im öffentlichen Raum? Werbung ist seit etwas mehr als eineinhalb Jahrhunderten jenes Medium, das Dienstleistungen für das Übernatürliche anbietet – auch am Beginn des 21. Jahrhunderts. »In 15 Sekunden Sonne.« (Ein Cabrio von Audi.) »Ihr Tag hat 30 Stunden.« (Eine schweizerische Luxushotelkette.) In solchen Anzeigen werden alle möglichen Wunder – Verjüngung, Verschönerung, Reichtum und eine Menge weiterer Verwandlungen – als problemlos machbar visualisiert, wenn man erst die richtige Entscheidung zum Kauf getroffen habe. Sie erinnern an die Tatsache, so Marshall McLuhan 1951 lakonisch, »dass unsere angeblich hellwache technologische Welt voll ist von kindischem Nippes«. »The Magic System« hat Raymond Williams 1961 die Welt der Reklame genannt. Ihre Bilder vermittelten ihrem Konsumenten das Gefühl, an etwas Größerem teilzuhaben, hat McLuhan vermutet; gerade weil die Behauptungen der Werbung irrational seien, verstärkten sie bei den Konsumenten die Empfindung einer »mystic communion«.[38]

Ist Werbung wirksam, weil sie an ihre Betrachter als ein kleines bisschen wundergläubige Immer-noch-ein-wenig-Vormoderne appelliert? Ihre Bilder suchen die Betrachter, auf die sie wirken, gleichzeitig mitzuerzeugen. Sie sind deshalb voller Anspielungen auf andere, ältere Bilder: von Bildern aus Filmen und Nachrichten zurück bis zu Gemälden, Bildern von Heiligen, Jesuskindern und Madonnen.[39] Ein Bild ist deswegen eines, weil es dem, was es abbildet, »substanziell fremd« ist: Das, so hat es die eingangs schon erwähnte Marie-José Mondzain formuliert, Spezialistin für byzantinische Kunstgeschichte, sei der spezifisch christliche Beitrag zur Bildkultur. Ein solches Bild täusche nicht vor, das Abgebildete zu sein. Es verkünde ganz explizit, dass es irreal sei; darin liege seine Kraft. »Das Bild verleiht einer Abwesenheit Fleisch, das heißt Sichtbarkeit«, in unüberwindlichem Abstand zu dem, was da gezeigt wird.[40]

Die Bilder der Körper in der Werbung lassen sich erstaunlich gut mit den Kriterien beschreiben, die von den mittelalterlichen Theologen für die Beschreibung jenes *corpus gloriosus* entwickelt worden sind, über den die Wiederauferstandenen im Paradies verfügen würden. *Impassibilitas, agilitas, subtilitas, claritas,* so beschreibt Thomas von Aquin die Eigenschaften dieser Körper. Allen physischen Schmerzen entzogen, sind sie unendlich beweglich, dabei zart; und sie leuchten strahlend. Glorreiche, utopische Leiber, die im Wortsinn aus der Zukunft, nämlich dem Paradies kommen.[41] Die Gestalter und Produzenten von Werbung sind insofern katholisch, als sie, wie die strengen Geistlichen der Bettelorden im 14. und 15. Jahrhundert und ihre pragmatischen Nachfolger in der Gegenreformation der Frühen Neuzeit, an den Glauben der Betrachter an die Bilder glauben. Was auf den Bildern sichtbar gemacht wird, soll sich mit den Wünschen in den Köpfen der Zuschauer kurzschließen.

Manchmal sind sie sogar ein wenig mehr. Der selbsternannte »Markentechniker« Hans Domizlaff hatte in den 1920er Jahren spektakulären Erfolg mit neugestalteten Zigarettenanzeigen. Im folgenden Jahrzehnt stieg er zum erfolgreichen Buchautor und Marketingberater auf; in den 1960ern zum vielzitierten *grand seigneur* der deutschen Reklame. Sein 1939 publiziertes Handbuch über die »Gewinnung des öffentlichen Vertrauens« ist (leicht verändert) seither mehrfach neu aufgelegt worden, zuletzt 2005.

Marken haben eine Seele, kann man darin lesen, die sich in ihnen spiegle wie im Gesicht eines Menschen. »Markengesetze sind Naturgesetze.«[42] Wie beim Kunsterlebnis würde die Wirkung von Werbeanzeigen vom Beschauer geschaffen, weiß Domizlaff. Dabei bleibe unergründbar, was die »Lebenserweckung echter Kunstwerke« ermögliche. Er vermutet, dass es Schwingungsübertragung sei. Wer an seinem Finger ein Pendel über den Reproduktionen von Bildern der alten Meister kreisen lasse, werde selbst merken, wie die Bewegungen des Pendels bei Giorgione anders ausfallen würden als bei Tizian. »Auf die gleiche Weise gelingt es mühelos, auf dem berühmten Bild der Taufe von Andrea del Verrochio die Engelsfigur herauszufinden, die von Leonardo da Vinci gemalt ist.«[43] Hier spricht der Techniker: Alles eine Frage der persönlichen Schwingung.

Gefühlsingenieure

Wenn die Werbung in der Moderne die Nachfolge älterer Darstellungsformen des Wunderbaren, des Übernatürlichen angetreten hat, dann ist sie jenes verheißungsvolle und ein wenig perverse Territorium, in dem jeder der eigenen Wünsche in Erfüllung gehen wird, wenn man die magische Formel dafür akzeptiert. Werbung verkündet mit großer Ernsthaftigkeit, dass Dinge, richtig gebraucht, ihre Eigenschaften auf ihre Benutzer übertragen können. Deswegen heißen sie ja so, wie sie heißen, von »Edel« und »Sport« über »Professional« bis zu »Royal« und »Ultra«. Ihre Namen enthalten das Versprechen von Verwandlung.[44] Die Produzenten und Auftraggeber der Werbeplakate sind also nicht nur gute Katholiken, sondern auch eifrige Hindus, die an *darshan* glauben, den verwandelnden Blick, und an *avatara*, die Metamorphose eines überirdischen Prinzips, das in vielen unterschiedlichen Körpern erscheinen kann; ganz zu schweigen vom kühlen Markentechniker, der sein Pendel über Renaissancegemälden kreisen lässt. Von wegen Entzauberung der Welt.

Die lächelnden Münder und funkelnden Augen auf den Plakaten, die einer Ware ein Gesicht geben sollen, sind hilfreiche Täuschungen, Angebote zur Metamorphose. Denn diese simulierte Fähigkeit zur Antwort auf den Blick des Betrachters ist es, was ihre Gesichtigkeit ausmacht, könnte man sagen. Am Beginn dieses Buchs habe ich Charles Darwins

Überlegungen zum Gefühlsausdruck im Gesicht als universeller menschlicher Sprache beschrieben, und die heroischen Anstrengungen seines modernen Herausgebers und Fortsetzers Paul Ekman, der Darwins System der Gesichtsausdrücke zu einem experimentell nachprüfbaren System der Beschreibung von Gefühlen durch Analyse von Gesichtsausdrücken ausbauen will, um es in der Praxis einzusetzen.

Paul Ekmans »Facial Action Coding System« ist in den letzten Jahrzehnten die Grundlage verschiedener Modelle geworden, mit Bildern von Gesichtern die Gefühle der Betrachter zu wecken und zu kontrollieren. Eine amerikanische Firma namens Emotionomics Matrix™ zum Beispiel verspricht ihren Kunden, die Effizienz ihrer Werbeanstrengung durch exakte Messungen ihrer emotionalen Wirkung zu steigern. Denn gelungene Werbung, so wissen die zuständigen Spezialisten, zeichne sich dadurch aus, dass sie den Intellekt entwaffne und direkt das Herz anspreche. Die Anbieter können dabei richtig visionär klingen: »Wenn sie richtig gemacht wird, erzeugt die Werbung Bilder, die die Verbraucher tief in sich aufnehmen und auch sehen.« Das kommt allerdings auch mit einer Ermahnung an die Manager daher: »Unterschätzen Sie niemals, wie wichtig Ihr Gesichtsausdruck sein kann.« Ehrlichkeit sei dabei die entscheidende Botschaft. Letzter Satz: »Schließlich sind die ›Fakten‹ formbar, aber unsere instinktiven Gefühle sind unnachgiebig.«[45]

Man kann dem Angebot der Firma Emotionomics Matrix™ skeptisch gegenüberstehen, aber die intensive Verbindung zwischen der visuellen Botschaft der Werbung und den Gefühlen ihrer Betrachter gehört fest in das Selbstverständnis der Branche. »Wenn sie richtig gemacht wird, erzeugt die Werbung Bilder, die die Verbraucher tief in sich aufnehmen und auch sehen.« Der O-Ton der Firma wiederholt den alten Topos von den Bildern, die nicht nur glauben, sondern sehen machen. Die Wahrnehmungsrichtung – Emotion als Ausdruck, von innen heraus – könne dabei umgekehrt werden, so das Versprechen: Emotion als Ausdruck in den Kopf des Betrachters hinein, zur Erzeugung und Synchronisierung von Gefühlen.

Auf einem Werbeplakat für Bezahlfernsehen in Berlin im Frühjahr 2014 heißt das mit schöner Offenheit (und sexistischem Unterton): »Du willst es doch auch«. Wollen sollen, könnte man diesen Imperativ nennen: eine Pflicht zum Wünschen. In den einschlägigen Handbüchern für Marketing sind die betreffenden Abschnitte »Emotionale Positionierung« überschrieben. Wer mit den Praktikern spricht, bekommt dazu prägnante Sätze ins Notizbuch diktiert. »Was kein Gefühl auslöst, ist keine Marke.« – »Nur was der Verbraucher emotional akzeptiert, lässt er in seinen Kopf.« – »Man muss der Werbung nicht glauben. Man muss ihr glauben wollen.« Die Werber des 21. Jahrhunderts verstehen sich als Gefühlsingenieure, die sich auf die Herstellung übertragbarer Emotionen spezialisiert haben. »Die Werbung erzeugt nichts«, hat mir der Chef einer erfolgreichen Werbeagentur in einem Gespräch gesagt. Sie greife Vorbilder, Imaginationen und Klischees auf, die in den Köpfen der Betrachter schon vorhanden seien, und versuche, sie in die gewünschte Richtung – auf das angebotene Produkt hin – auszurichten.[46]

Werber arbeiten im Dazwischen, wie sie selbst nicht aufhören zu sagen, als Vermittler. Erinnerte in aktuelle Bilder übersetzen, altes Material in neue Formen anverwandeln, an neue Inhalte koppeln und in diejenigen Formate übertragen, die für die anvisierte Zielgruppe am passendsten sind. Alle diese Vermittlungen sollen schließlich sogar die Grenze zwischen den Dingen, die angeboten werden, und den Menschen, die sie sich wünschen sollen, durchlässig machen und auflösen: »Das Produkt als Spur der Konsumenten, der Konsument als Spur der Produkte«.[47] Erinnerte in aktuelle Bilder übersetzen, an neue Inhalte knüpfen und für die richtige Zielgruppe formatieren, um die Grenze zwischen Dingen und Menschen durchlässig machen – alles mit Gesichtern. Was sonst könnte die Angleichung der angebotenen Waren und Dienstleistungen an ihre menschlichen Konsumentinnen und Konsumenten sichtbar machen?

Volksgesichter digital

Die Recherche nach den großformatigen Gesichtern auf der Straße, die »Ich« sagen, hat von den Porträts im Mittelalter und in der Renaissance zu ihren fotografischen Fortsetzungen im 19. und 20. Jahrhundert geführt, die sie auf vielfache Weise zitieren, spiegeln und verwandeln, samt den dazugehörigen Geschichten und Formeln. Was auf den Plakaten sichtbar wird, sind deren eigene Vorbilder – erfolgreiche ältere Kampagnen, die das Schema der Aussage in der ersten Person Singular plus Charakterkopf einsetzten. 1973 entwickelte die Schweizer Agentur GGK die Anzeigenkampagne »Ich trinke Jägermeister, weil« – ein jeweils neuer Slogan für ein neues Gesicht. Sie wurde mit insgesamt 5500 Motiven die langlebigste Plakatserie in der Geschichte der deutschen Nachkriegswerbung und, wenn man so will, die individuellste: Jede Anzeige erschien nur einmal, jeder Darsteller wurde nur einmal berücksichtigt. Eine fortlaufende Nummer oben rechts (»Der 1. von allen«) machte das auch auf der Anzeige sichtbar. Schließlich ging es um den Charakter des individuellen Unikats: jemand Besonderes sein, in Serie.[48]

Der Hauch von Volksgesicht, der auch diese Kampagne umweht, ist vielleicht nicht ganz zufällig. »Jägermeister« wurde als offizieller Titel mit dem Reichsjagdgesetz 1934 eingeführt. Der Likör kam als Produkt der Firma Mast in Wolfenbüttel ein Jahr später auf den Markt.[49] 1986, als die Jägermeisterkampagne nach 13 Jahren und 3162 Gesichtern zunächst endete (sie wurde zehn Jahre später wieder aufgenommen), machte der Zigarettenkonzern Philipp Morris unter dem Eindruck der ersten Nichtraucherkampagnen für seine Leichtmarken R1 und R6 auf die gleiche Weise Reklame.[50] »Ich rauche gern«, hieß der Slogan, wie beim Vorbild zwischen Anführungszeichen gesetzt. Der starke Bezug auf die persönlichen Eigenheiten fehlte allerdings, die Serie wurde mit professionellen Fotomodellen realisiert. Die Gesichter der Jägermeister-Serie sehen heute ziemlich nach 1970er Jahren aus – der zeittypische Index von Frisuren, Schnauzbärten und Details der Kostüme ist sehr stark. Viele von ihnen zeigen übrigens Bürger des südlichen Nachbarlandes, unter anderem den Erfinder der Kampagne und mehrere seiner Angestellten. Es ist eben gar nicht so einfach, Schweizer und Deutsche zu unterscheiden.

Aus diesen Plakatkampagnen lassen sich die Regeln ableiten, denen bis heute alle oder fast alle Ich-Gesichter auf Werbeanzeigen unterliegen. Wenn ein einzelnes Gesicht das imaginäre Kollektiv repräsentieren soll, dem sich der Betrachter oder die Betrachterin zurechnen kann, dann muss es ganz bestimmten Kriterien genügen.

Erstens muss es Teil einer Serie sein – von mindestens fünf Gesichtern, besser mehr, alle auf dieselbe Weise präsentiert. Zweitens muss das Gesicht mit Angaben zu sozialer und regionaler Herkunft kombiniert werden. Die können »Chemikerin« lauten oder »Allgäuer« oder »Großvater«; Angaben zum Alter und zu Vor- und Nachnamen sind möglich, aber nicht notwendig. Entscheidend ist dabei, dass das Gesicht aus dem präsentierten Kontext herauslösbar und spielerisch übertragbar bleibt.

Es soll offene Wiedererkennungs- und Zuordnungseffekte ermöglichen. Der Betrachter wird eingeladen, das Gesicht mit anderen, typus-ähnlichen zu verknüpfen, die er kennt oder zu kennen meint. Dafür ist drittens ein unspezifischer Bildhintergrund wichtig, der keine exakte Verortung erzwingt – also keine Alpwiesen und keine Autowerkstätten, auch wenn in den Bildlegenden von der Bergführerin oder vom Mechaniker die Rede ist.

Viertens ist die Betonung von Alltäglichkeit und Nähe unerlässlich. Im Gegensatz zu Aufnahmen aus Mode und Kosmetik, die gerade das kunstvolle Make-up herausstellen, darf das Gesicht keine Hinweise darauf geben, dass es für die fotografische Aufnahme besonders zugerichtet worden ist. Die letzte, fünfte Regel ist simpel und führt direkt zurück zu den älteren Konventionen des Porträts und der physiognomischen Darstellungen seit der Renaissance, die uns schon beschäftigt haben. Ein solches Bild darf keine starke pathognomische Aktivität zeigen. Die Gesichter können lächeln, aber nicht lachen. Sie dürfen entschlossen oder schlechtgelaunt gucken, aber keine Grimassen ziehen. Sie können Melancholie zeigen, aber keine Tränenspuren. Stattdessen sollen sie dem Betrachter möglichst direkt in die Augen blicken. Schließlich haben sie einen Sprechakt, ein Zitat in Anführungszeichen, zu verstärken.

»Individuell« ist kein Begriff, der die besondere Eigenschaft einer spezifischen Person beschreibt. Er bezeichnet eine Anschlussmöglichkeit, und die kann nur als Leerstelle realisiert werden. Obwohl Ich-Gesichter pittoreske Zeichen von Gruppenzugehörigkeit zeigen dürfen (Halsschmuck, Kleiderdetails, seit den späten 1990er Jahren auch Tattoos an Hals, Schultern oder Oberarmen, wenn sie nicht zu groß sind), müssen Augenbrauen, Augen, Nase und Mund frei von störenden visuellen Signalen sein. Alle derartigen Zeichen – seien es Muttermale, Narben, Piercings oder Verletzungen – gefährden den Status des Gesichts als Spiegel, in dem der Betrachter sein eigenes Aussehen wiedererkennen soll. (Sommersprossen oder leichte Akne sind deswegen unproblematisch.) Ich-Gesichter sollen gefühlte Nähe durch potentielle Ähnlichkeit ermöglichen.

»Ich bin wie du«, sagt das Bild, ich bin dein besseres Spiegelbild – oder doch fast. Diese Nähe aber ist fragil. Sie kann bereits durch kleine Details unwirksam gemacht werden. Oder haben Sie je auf einem solchen im Großformat fotografierten Gesicht Schweißtropfen auf Stirn oder Oberlippe oder sichtbaren Schmutz auf dem Hemdkragen gesehen? Auf der Überzeugung, dass andere Betrachter an diese schönen Bilder glauben, beruhen auch die gezielten Attacken auf die großformatigen Gesichtsbilder im öffentlichen Raum. Solche verunstalteten Augen und hinzugemalten Schnurrbärte und Zahnlücken sind ein ebenso alltägliches Phänomen wie die Plakat-Gesichter selbst. Auf ihnen meldet sich der Betrachter – mit Sprechblasen, in denen Dinge stehen, die möglichst starke Kontraste zum Bild und seiner beabsichtigten Wirkung erzeugen sollen.[51]

Die Ich-Gesichter auf den aktuellen Plakaten zeigen also tatsächlich Geschichte: Nicht nur die Geschichte der Werbung, sondern auch die der vervielfältigten Gesichterfiktionen des 15. und 16. Jahrhunderts, der frühen fotografischen Porträts und des »deutschen Volksgesichts« der frühen 1930er Jahre. Es ist nicht ohne amüsante und etwas beklemmende Pointen, wenn man die Bilder von Erna Lendvai-Dircksen mit ihrer mit hohem technischen Aufwand hergestellten Schlichtheit neben die Gesichter von Werbekampagnen aus dem 21. Jahrhundert legt. Um seine Wirkung erzielen zu können, muss das Gesicht anderen, von anderen Bildern bekannten Gesichtern ähneln; es darf aber nicht als eine bloße Kopie erscheinen. Es muss Körperlichkeit vermitteln, also wirkliche Haare haben, wirkliche Haut mit Poren und (kleinen) Falten, wirkliche Feuchtigkeit auf der Oberfläche der Augen, Lippen und, falls sichtbar, Zähne, signalisiert durch kleine Lichtreflexe; aber aus sicherer Distanz.

Diese Balance herzustellen zwischen dem Gesicht als Körperteil (damit zwangsläufig voller glitschiger Flüssigkeiten) und dem Gesicht als Oberfläche für Zeichen und Farbe (Schminke, Lippenstift, Teint) ist das Arbeitsfeld der Visagisten (vor der Aufnahme) und der Bildbearbeiter (danach). *L'aveno bene coloriti quisti frati*, ruft in der frommen Florentiner Legende die skeptische Betrachterin aus: Wie gut haben Sie ihn angemalt! Wie bei den Gesichtern der neuen Heiligen im 15. Jahrhundert, die in übernatürlicher Farbigkeit erstrahlten, ist ein wirksam sichtbar gemachtes Bild eines Gesichts im 21. Jahrhundert vor allem eines, nämlich unsichtbare Arbeit.

Wen will das Ich-Gesicht?

Berlin, Juni 2014: »Ich entscheide«, sagt der junge Mann im T-Shirt. »Mit Herz und Hirn.« (Daneben steht klein eingeblendet: »Ralf Schmitz, Komiker und Schauspieler«.) »Ich entscheide. Aus Verantwortung«, verkündet seine Kollegin von der Plakatwand gegenüber. (Elisabeth Lanz, Schauspielerin.) Auf dem kurzen Weg unter den Yorckbrücken hindurch zur U-Bahnstation komme ich an drei großen Plakaten vorbei. Noch ein Schauspieler, Brille und graue Haare. »Organspendeausweis: Das trägt man heute.«

Die Kampagne des deutschen Bundesministeriums für Gesundheit und der Bundeszentrale für gesundheitliche Aufklärung, im Sommer 2014 gestartet, war die letzte in einer ganzen Reihe von Vorläufern. »Du bekommst alles von mir«, verkündete von Mai 2010 an ein etwas strenger muskulöser Mann von einem großen Plakat. »Ich auch von Dir?« Auch er ein Schauspieler, Til Schweiger. (Die sagen ja immer die Wahrheit.) Neben einem weiteren Kollegen wurde auch mit einem Filmproduzenten, einem Boxer und einem Model geworben. Im Jahr zuvor, 2009, hatten gezeichnete Superhelden aus Comics das Publikum ermahnt, einen Ausweis als Organspender auszufüllen – »Das kannst Du auch!« Noch ältere Kampagnen hatten dagegen ebenfalls auf die erste Person Singular und fotografierte Gesichter in Großaufnahme gesetzt. Ein lächelnder älterer Herr: »Ich bin Organpate.« Auf den Plakaten und Werbespots des schweizerischen Bundesamts für Gesundheit klang das sehr ähnlich, bis hin zu den verwendeten Begriffen. »Die Entscheidung« (2013). »Ich weiss, was ich will« (2008). »Ich habe es in der Hand«, verkündeten 2010 ein gutaussehender junger Mann und eine gepflegte ältere Frau und hielten den Ausweis hoch – aber so, dass jeweils drei Viertel ihrer Gesichter frei blieben. Das Gesicht ist der Ausweis, und der Ausweis ist das Gesicht.[52]

Der Volkskörper braucht eben auch ein Gesicht – oder mehrere. Die Botschaft der Plakate ist in Deutschland und der Schweiz dieselbe. Sie handelt von Unentgeltlichkeit, Spende und dem Leben – einem Leben im Kollektiv – als Geschenk. Jedes einzelne der sprechenden Gesichter ist aber mit beträchtlichen Investitionen verbunden. Es kostet ziemlich viel Geld, diese Art von Sichtbarkeit im öffentlichen Raum herzustellen.

Dem deutschen Bundesamt für Gesundheit und der Bundeszentrale für gesundheitliche Aufklärung stehen für ihre Kampagnen jährlich etwa 2,5 Millionen Euro zur Verfügung. Das Schweizer Bundesamt für Gesundheit gibt für die Plakatwerbung (inklusive Fernsehspots und Broschüren zur Verteilung in Arztpraxen und Krankenhäusern) jährlich 1,5 Millionen Franken aus.[53] Diese Werbekampagnen existieren nur in Deutschland und der Schweiz. In den Nachbarländern, in Österreich, Polen, Frankreich und Italien, gilt die sogenannte Widerspruchslösung. Transplantationen sind dort grundsätzlich erlaubt, wenn der Spender nicht explizit dagegen Widerspruch eingelegt hat. In diesen Ländern gibt es keine Plakate mit Ich-Gesichtern, die von der Entscheidung zur Organspende künden, aus leicht nachvollziehbaren Gründen.

Die Werber sind ja nicht wirklich zu beneiden. Wie soll man vermitteln, dass in der Schweiz und in Deutschland für die stark gestiegene Anzahl von Transplantationen zu wenig Organe zu Verfügung stehen, und zwar ohne dass man auf den Plakaten Kranke zeigt, Blut oder geöffnete Körper? Die Plakate geben nicht vor, Wirklichkeit abzubilden. Alle Verweise auf reale Operationen, Therapien und Nebenwirkungen sind in ihnen zum Verschwinden gebracht. Das makellose Gesicht, das »Ich« sagt, möchte seinen Betrachtern ein Maximum an Selbstbestimmungsrecht suggerieren. Da ist er wieder, der Spiegel.

Aber wer soll sich darin wiedererkennen? Im Januar 2013 ermittelte ein Marktforschungsunternehmen, dass dreißig Prozent der Deutschen einen Organspenderausweis besäßen – tendenziell übrigens Jüngere. Dieselbe Umfrage meldete auch, dass nur 34 Prozent bekundeten, Vertrauen in das Deutsche Organspendensystem zu haben. Bei den in Deutschland 2013 tatsächlich durchgeführten Organentnahmen lag aber nur bei knapp zehn Prozent eine eindeutige Erklärung des Spenders in Form eines Organspendeausweises vor. In der weit überwiegenden Mehrzahl der Fälle waren es die Angehörigen, die erklärten, es sei der »mutmaßliche Wille« des Toten gewesen, seine Organe zu spenden (die Hälfte aller Fälle); oder sie erklärten, sie wüssten nichts über den Willen des Toten, wären aber selbst bereit, der Organentnahme zuzustimmen.[54]

Gespendet werden in der Praxis also nicht die eigenen Körperteile, sondern die der verstorbenen Verwandten. Die Plakate richten sich nicht an mich, oder an Sie, damit wir unsere eigenen Nieren, Lebern,

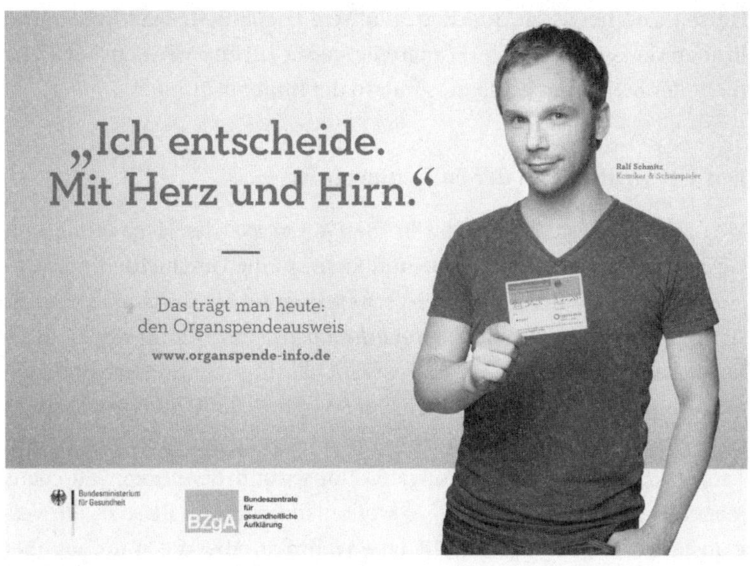

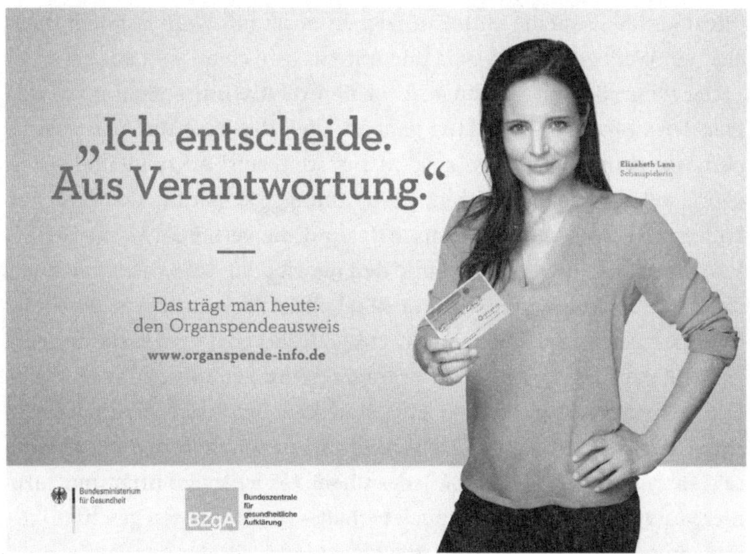

Abb. 35 und 36 Ausweis als Herzensangelegenheit: In der ersten Person Singular mit der Stimme des Publikums sprechen

Herzen usw. hergeben. Sondern an unsere Ehepartner, Geschwister und Kinder: Sie sollen unsere Körperteile verschenken. Mit dem »Ich« ist nicht der Betrachter gemeint, sondern der hinter ihm.

Das Überirdische in der Fußgängerzone

Was lehrt ein solcher Ausflug in die Geschichte der Herstellung von Gesichter-Bildern mittels Farbe und Licht, in die Geschichte ihrer Aufladung mit Gefühlen und ihrer Verwendung für Werbekampagnen? Es sieht ganz danach aus, als ob die *acheiropoeita* am Beginn des 21. Jahrhunderts weiterhin präsent sind, die nicht von menschlicher Hand gemalten Bilder. Auch der Renaissance-Mythos vom Bildermacher als smartem, manipulativem, aber wahrheitserzeugendem *artifex* ist auf den Plakatwänden in den Fußgängerzonen und Bahnhöfen durchaus lebendig. Denn die Werbung, so wollte ich bei dieser Reise in die Vergangenheit zeigen, sagt natürlich die Wahrheit. Aber die Wahrheit über die Werbung. Ob sie zuverlässig über die Produkte oder die Dienstleistungen Auskunft gibt, die sie unübersehbar machen möchte, muss jeder Betrachter selber herausfinden. Wovon jedes Werbeplakat aber ganz direkt kündet, sind die Mittel, mit denen es das tut. Werbung stellt ihren eigenen Werkzeugkasten stolz und mit großer Genauigkeit aus.

Die Identifikationsvorgänge, zu denen die Gefühlsgesichter auf den Plakaten einladen, sind fiktiv: Jemand, über den oder die man abgesehen von seinen Gesichtszügen nichts weiß und auch nichts wissen kann, soll Vertrauen erzeugen, Zustimmung, Sympathie. Das Gesichtsbild enthält eine doppelte Botschaft, und die verbindet es mit seinen Vorläufern, den alten Porträts und den neuen Film- und Volksgesichtern des 20. Jahrhunderts. Jedes solche Bild kündet von seiner *vivacità*, seiner Lebensechtheit und Genauigkeit, erreicht dies aber gerade durch seine Artifizialität und das darin diskret vorgezeigte Bildwissen seines Machers. Es ist selbstbewusstes Produkt jener Tugenden der Visualisierungsspezialisten, die in den Traktaten des 15. und 16. Jahrhunderts *ingegno, concetto* und *disegno* geheißen haben. Jedes dieser Gesichter ist nicht nur raffiniert ausgeleuchtet, sondern auch bemalt – von Visagisten geschminkt – und aufwendig digital nachbearbeitet.

Die Techniken, mit denen diese Gesichter hergestellt und in ihrer Wirkung auf die Betrachter optimiert werden, sind gleichzeitig Geheimsache – sie sind so etwas wie ihr unübersehbares Unaussprechliches. Ich habe bei der Recherche für dieses Buch offene und anregende Gespräche mit Gestaltern und Werbern geführt. Ihre Auftraggeber waren deutlich weniger mitteilungsfreudig. Weder das deutsche Bundesministerium für Gesundheit noch Caritas Schweiz, weder die Firma Amazon noch die deutsche Bundeszentrale für gesundheitliche Aufklärung mochten auf wiederholte schriftliche Anfragen zur Auswahl und Gestaltung der Gesichter auf ihren aktuellen Werbeanzeigen antworten. Aber vielleicht habe ich einfach Pech gehabt.

Die Werbeplakate der Ich-Gesichter sind, so scheint mir, Evidenz in einem ganz unmittelbaren Sinn: Evidenz für den Glauben ihrer Macher und Auftraggeber an die Wirkung von großformatigen Bildern unübersehbar verschönerter Gesichter. Eigentlich ist das Evidenz für ihren Glauben an den Glauben anderer Leute. Es ist der Glaube daran, dass die intendierten Betrachter – die zukünftigen Kunden – ein solches großes, flaches, zweidimensionales Bild, das nur das Gesicht (und gelegentlich auch noch die Hände) einer Person zeigt, als eine vollständige lebendige Person wahrnehmen, wie in den Bildbeschreibungen des 16. Jahrhunderts: *una cosa viva, non dipinta ma viva, piu viva che la vivacità.* Die Bildermacher der Werbeplakate sind gute Katholiken, fromme Hindus und vergnügte pragmatische Animisten: Latourwissenschaftler, könnte man sagen. Sie glauben an die synchronisierbaren Empfindungen derjenigen, für deren Augen sie die Gesichter mit ihren besonderen visuellen Effekten produzieren, und an die wunderbaren Transformationen, die sie in den Köpfen des Publikums bewirken können.

Das Gesicht auf dem Plakat spricht also tatsächlich, aber es sagt immer wieder denselben Satz: »So machen wir das«. Mit Selbstbewusstsein, denn schließlich kostet diese Form der temporären Visualisierung im öffentlichen Raum Geld. Die Plakate zeigen wirkungsoptimierte Gesichter, in deren Herstellung, Vervielfältigung und Platzierung sechsstellige Euro-Beträge investiert worden sind. Abgesehen von einigen spektakulären Verkäufen auf dem Kunstmarkt dürften Werbebilder diejenigen Bilder sein, für die im 21. Jahrhundert am meisten Geld ausgegeben wird.

6.

Ausblick: Jede Menge Evidenz

»Es ist selten erfreulich, nach der Lektüre eines Texts auf ein Bild der Autorin oder des Autors zu stoßen.«

(Charta der Anonymen Akademiker, Herbst 2014)

»Ich möchte ein Foto machen«, sagt die Tochter, vier Jahre alt, und kommt mit der Kamera an den Küchentisch.

»Und was für eines?«

»Ich möchte ein Foto von meinem Gesicht machen, als ich klein gewesen bin.«

Im Bildgebrauch der Gegenwart, hat die Kunsthistorikerin Marie-José Mondzain programmatisch formuliert, könne man den byzantinischen Bilderkult der Spätantike wiederentdecken. Der Übergang vom »offenbarenden Dunkel zum hellen Licht der Präsenz; die symmetrische spiegelbildliche Natur des Bildes im Verhältnis zum Modell; das Ergreifen und Festhalten des Augenblicks, das so perfekt an die Ewigkeit gemahnt; das Bild des gestern Verstorbenen aber heute Lebendigen … mit einem Wort, diese umgekehrte, der unseren jedoch so ähnliche, mimetische und schmerzlose Welt« – all das mache die Fotografie zu einer erlösenden Technik, die ununterbrochen Echtes erzeuge. »Nicht weil es wahr wäre, hat es Macht. Weil es Macht hat, muss es wahr sein.« Die Fotografie, sagt Mondzain schließlich, lade uns ein, »zu unserer eigenen, nicht von Menschenhand gemachten Ähnlichkeit zurückzugehen.«[1]

Grund zur Zuversicht also: Ein anständiges christliches Imperium mit mehr als tausend Jahren Laufzeit klingt für mich wie eine solide historische Basis. Aber Mondzains Buch, im französischen Original 1996 erschienen, endet in zutiefst beunruhigtem Ton bei den neuen digitalen Medien. »Was wird aus den Körpern der Menschen, aus ihrer Teilhabe an einem imaginären Ort der Ähnlichkeit? Was wird aus ihrem Wunsch zu sehen, und an welchem Ort können sie sich selbst ein Gesicht bilden, um ihren inneren und existenziellen Widerstand gegen die überwältigende Übereinstimmung zu zeigen?« Das Zeitalter der Simulakren, schreibt sie, habe das Zeitalter des Bildes, der Ikonen und des Worts ersetzt. Sie spricht von der Unterwerfung des kollektiven Unbewussten unter die »Ikonizität«; eine »imaginäre Vernichtung des Sichtbaren«.[2]

Mein Bildschirm betrachtet deinen

Die religiösen Metaphern, mit denen sich die Wirkungen der Bilder von Gesichtern so griffig haben beschreiben lassen, haben auch Nebenwirkungen. Unübersehbar wird das dort, wo es um ihre Vervielfältigung in den digitalen Medien geht – in der Sphäre der vernetzten Computer als dem neuen Versprechen auf Erlösung von Materialität, gedankenschneller universeller Kommunikation und Gemeinschaftsbildung. Seit etwas mehr als zehn Jahren gehört zur Standardausstattung von Computern die darin eingebaute Kamera, die ein Porträt ihres Benutzers am Bildschirm knipst; heute in Tablet und Smartphone integriert. Die damit hergestellten Bilder vom eigenen Gesicht mit ihrer besonderen Nah-Optik sind in den digitalen Kanälen allgegenwärtig. Das entsprechende Wort dafür, *selfie*, 2002 erstmals belegt, ist 2013 von der Redaktion des Oxford Dictionary zum Wort des Jahres gewählt worden. Aber das Phänomen ähnelt in vielerlei Hinsicht älteren Formen der medialen Vervielfältigung von Gesichtern. Unter den Bedingungen der neuen sozialen Medien ist das selbstgemachte digitale Bild vom eigenen Gesicht als *icon* zu einer Art Ego-Wappen geworden. Ein Autorenfoto für jeden, als universalisiertes »Ich-in-klein-aber-ganz-echt«-Logo, in flexiblen Zuordnungen vergemeinschaftbar, wie die *carte de visite* und die Porträtpostkarten vor hundertfünfzig Jahren, nur diesmal unendlich beschleunigt – und ähnlich oft in sehr unfreiwilligen Kontexten weiterverwendet.[3]

Gesichter überall, in unüberschaubar großer Menge (und gewöhnlich mit leichtem Blaustich): Sie können mit geringem technischen Aufwand beliebig oft hergestellt und von Benutzern wie Betrachtern verändert, vervielfältigt und weiterverbreitet werden. Jeder solche populäre Technikgebrauch erzeugt in der Retrospektive dementsprechend neue Vergangenheiten als dazu passende alte Vorgeschichten. Die Technologie der digitalen Datenübertragung und Vernetzung, weiß ein 2013 erschienenes Buch über Medientechnik und Medienkunst, habe sehr wohl direkte Vorläufer in der Renaissance. Die lägen aber nicht in der üblicherweise dafür aufgerufenen Kommunikationsrevolution Buchdruck, sondern in einem ganz anderen technischen Durchbruch des 15. Jahrhunderts – der Verbreitung von Spiegeln. »Für die Lichtmächte der

Gegenwart war das Äquivalent zum flachen metallisierten Glas das Verhältnis zwischen Datenspeicherkapazitäten und Datenübertragungsraten.«[4]

Man kann den personalisierten Computer als einen verkleinerten Photomaton beschreiben, in dem man nicht nur sich selbst sieht, sondern der das Spiegelbild des eigenen Gesichts nach außen wendet, für alle anderen sichtbar: Oliver Wendell Holmes' »Spiegel mit einem Gedächtnis« als digitale und via Glasfaser verschickte Postkarte. Computerprogramme zur Gesichtserkennung wurden seit dem Beginn des 21. Jahrhunderts zur Integration biometrischer Daten in Personalausweise und Reisepässe verwendet, um Ausweis und Ausweisfoto fälschungssicher miteinander zu verknüpfen. Seither werden sie mit dem Ziel weiterentwickelt, einzelne Personen durch einen automatisch generierten komprimierten Datensatz der geometrischen Merkmale ihres Gesichts auf möglichst vielen verschiedenen digitalen Bildern identifizierbar zu machen – von den Schnappschüssen auf sozialen Netzwerken bis zu den bewegten Bildern von Überwachungskameras und Amateurvideos: endlich ein allsehendes Auge, das sich jedes Gesicht merken kann. (Vermutlich das eines Polizisten oder einer neugierigen Firma, argwöhnen die Kritiker.)[5]

Programme zur Gesichtserkennung wie das von Facebook verwendete Deep Face erkennen aber niemanden. Sie können nur feststellen, ob zwei Bilder dasselbe Gesicht zeigen.[6] Einen Schritt weiter geht die Software NameTag. Unter dem Slogan »Your photo shares you« bietet die Firma ihren Kunden an, das eigene Gesicht mit einem einzigen Online-Auftritt zu verknüpfen, der Kontaktinformationen, Profile auf sozialen Medien, Hobbys, Leidenschaften und alles sonst enthalte, was der Nutzer präsentieren möchte. »Verbinden Sie Ihre Informationen und Interessen mit der Welt«, verkündet die Website des Unternehmens gutgelaunt, »einfach durch Ihr einzigartiges Erkennungsmerkmal – Ihr Gesicht.«[7] Die Firma Google hat in die Testversion der Datenbrille Google Glass, die sie ab Ende 2013 ausgewählten Personen zur Verfügung stellte, dieses Programm eingebaut. Der Träger brauchte nur das Gesicht einer Person zu fixieren, und das Programm lieferte automatisch den dazugehörigen Namen, Beruf und Daten aus deren Facebook-Profil.[8] Ein solches allwissendes digitales Auge als Prothese sagt allerdings nicht nur etwas über die großen Pläne des digitalen Monopolanbieters aus, sondern auch über die Alltagswirklichkeit seiner Kunden. Und über die Schwierigkeiten bei der zuverlässigen Zuordnung eines Gesichts zu einer – und eben nur einer – Person: Ein ziemlich altes Problem, wie wir gesehen haben. Wenn ich mir schon nicht alle diese Gesichter merken kann, die mir auf der Straße entgegenkommen, dann kann es wenigstens meine Brille.[9]

Die Sorgen von gestern

Haben allmächtige Simulakren und Algorithmen das Zeitalter des Bildes, der Ikonen und des Worts unwiderruflich beendet, wie Mondzain 1996 prophezeit hat? Vorhersagen über die Zukunft handeln ebenso intensiv von den Wünschen und Obsessionen der Vergangenheit wie von jenen kommenden Entwicklungen, die sie zu beschreiben versuchen. Blöderweise merkt man das immer erst hinterher. Die Hoffnungen und Bedrohungsszenarien, die an neue Medien und Technologien und ihre Auswirkungen geknüpft werden, sind mit Geschichte kontaminiert. Im Fall der Bilder vom Gesicht, die uns hier beschäftigt haben, ist es die Geschichte der religiösen Ideen und Denkformen, die sich um Ebenbildlichkeit und Verwandlung, um den Umgang mit Sterblichkeit und um Vervielfältigung drehen. Das ist kein exklusives Merkmal der digitalen Technologien. Bei der Einführung der neuen Technik des Bildermachens mit lichtempfindlichen Silbersalzen nach 1839 war das genauso.

Ebenfalls aus der Vergangenheit kommen die beharrlich wiederholten Besorgnisse, die vielen vervielfältigten neuen Gesichtsbilder würden den echten, lebendigen, unverwechselbaren Gesichtern Schaden zufügen – sei es, dass sie sie direkt gleichförmiger machten; sei es, dass sie die Fähigkeiten dritter Betrachter beeinträchtigten, ihren Reichtum und ihre Schönheit überhaupt wahrzunehmen. Wie beides genau vor sich gehen soll, bleibt dabei unklar. Experten gebrauchen häufig ihre eigenen Empfindungen als starke Argumente, wenn es um Bilder von Gesichtern geht, wie wir gesehen haben; ebenso wie die angebliche Wirkung dieser Simulationen auf vermeintliche Laien, Jugendliche, Ungebildete, die von ihren verführerischen Reizen getäuscht und verführt würden. Seit den Bettelordenspredigern des 14. Jahrhunderts ist das eine immer wieder neu gebrauchte Redefigur der besorgten Gelehrten, bis ins 21. Jahrhundert.[10]

In Wirklichkeit haben die künstlichen Gesichter auf den unterschiedlichen medialen Kanälen nirgendwo gewachsene menschliche Gesichter verdrängt – jedenfalls nicht in den letzten achthundert Jahren –, sondern nur variiert, adaptiert und vervielfältigt.

Stattdessen entstanden ständig neue Gesichtsbilder: In der Logik der Visualisierung wird eine Ware oder Dienstleistung dadurch lebendig, dass Bilder von ihrem Gesicht verbreitet werden. Das kann man aufdringlich finden. Wir Betrachter vertragen aber eine Menge aufwendig produzierter Gesichter im Großformat, ohne Schaden zu nehmen. Diejenigen, die wir uns nicht für unsere eigenen Zwecke aneignen können, vergessen wir einfach. Gegen die unbestreitbare Macht der Bilder und der künstlichen Gesichter gibt es ein einfaches Gegenmittel, und das ist weit verbreitet: Schulterzucken. »Bin leider nicht die Zielgruppe.« Zum Leidwesen der Spezialisten aus der Werbung und ihrer Auftraggeber. Deswegen müssen die sich ja dauernd neue Kampagnen ausdenken. Mit neuen Gesichtern, denn es sind ja genügend da – acht, demnächst neun Milliarden. Und ständig kommen neue Menschen auf die Welt mit Gesichtern, die wir noch nie gesehen haben. Wir können sie bezaubernd oder abstoßend finden (denn wir reagieren sofort auf sie), aber jedes einzelne von ihnen gibt es nur ein einziges Mal. Abgesehen von eineiigen Zwillingen. Aber auch die werden auf unterschiedliche Weise alt.[11]

Lass mich verschwinden

Was haben wir gelernt? Medienhistorisch ist die Sache ziemlich klar. Ein wirksames Ich-Gesicht ist eine Wiederholung. Nicht das Eindeutige und Authentische ist ehrwürdig alt, sondern das Nicht-Authentische, die Bildfiktion, inklusive der erbitterten oder ironischen Debatten um religiöse Wahrheitsansprüche, die um sie geführt werden.

Das Gesicht, das Ich sagt, führt deswegen zu keinem Original. Sondern in die Geschichte der Techniken, ein Bild möglichst optimal wirken zu lassen. Denn die sieht man, wenn man diese Plakatgesichter genau ansieht: aufwendig intensivierte Augenaufschläge, Nasen- und Lippendetails, überirdisch weiße Zähne und glatte Hauttextur dieser Gesichter, *più viva che la vivacità*. Man sieht die Arbeit der Spezialisten, die solche Bilder machen, der Identifikationsingenieure.

Die Ich-Gesichter in Großaufnahme, die sie installieren, lassen sich als Animationen und magische Anverwandlungen beschreiben. Im ersten Fall nehmen sie den alten Topos von der Belebung des Bildes auf: Es tut so, als ob es ein lebendiges Wesen mit Gesicht wäre. Es fixiert durch den direkten Blick in die Augen den Betrachter und fordert ihn auf, seine Pflicht zu erfüllen – vom strengen Blick des Lord Kitchener über die charmanten Schauspieler, die gerne von mir eine Niere, eine Leber und eine Bauchspeicheldrüse hätten, bis zu den großäugigen Kindergesichtern der Spendenkampagnen. »Ich sehe dich«, sagt das Bild.

Die zweite Variante ist anders – das Gesicht, das »ich« sagt, ist dann die Einladung an den Betrachter, sich selber in einem magischen Spiegel zu sehen, als Versprechen für Selbstermächtigung und imaginierte Zugehörigkeit. Deswegen ergreift es ja das Wort. Du bist eigentlich wie ich. (»Ich bin doch nicht blöd.«) Ich spreche aus, was du eigentlich denkst. (»Du willst es doch auch.«) Du bist doch eigentlich wie ich – und wenn du ganz viel von dieser Creme verwendest, ganz viel von diesem Bier trinkst oder dir einen Organspendeausweis anschaffst, dann wirst du so aussehen wie ich: Ich werde du sein.

Andacht auf der einen Seite, Anverwandlung auf der anderen: Die Bilder von Ich-Gesichtern in Werbekampagnen des 21. Jahrhunderts wären also historisch-religiöse Bilder im Wortsinn; nicht obwohl, sondern weil sie fotografische Abbildungen eines Gesichts verwenden. Jedes solche Bild, hat die Spezialistin für byzantinische Kunstgeschichte formuliert, sei »eine Einladung, zu unserer eigenen, nicht von Menschenhand gemachten Ähnlichkeit zurückzugehen«. Ich bin mir nicht sicher, ob ich weiß, was an diesem Ort der Ähnlichkeit zu finden sein wird. Er ist, scheint mir, mehr ein theoretisch aufgerufener Ort der wahren Empfindung des Betrachters. Ein bisschen klingt das auch wie ein fernes Echo auf den eleganten Witz von Pietro Bembo, und auch diesmal ganz unironisch. Soll ich mir schon wieder selber ähnlich werden, oder es zumindest mit Hilfe der erlösenden Technik versuchen?

Das Bild eines Gesichts ist in seiner langen Geschichte nicht als eindeutiges Zeichen für jemandes Einzigartigkeit gebraucht worden, sondern vor allem als Instrument der Metamorphose, der Möglichkeit, sich in jemand anderes zu verwandeln. Denn tatsächlich wissen wir nicht, wie wir selber aussehen; und wir sehen auf Bildern unserer eigenen Gesichter gewöhnlich jemand anderen als andere Betrachter desselben Fotos. Gesichter sind als Kommunikationsschnittstellen heikel: Auch die sorgfältigste Auswahl von Pose, Belichtung und Fotograf kann die Verwendung des fertigen Produkts durch Dritte nicht kontrollieren.

Das gilt auch für die Bilder vom Gesicht des Spezialisten für Bilder. In einer Rezension von Hans Beltings 1990 erschienenem *opus magnum* »Bild und Kult« sparte ein englischer Kunsthistorikerkollege nicht mit Lob für das Buch, für die beeindruckende Materialpräsentation und die anregenden neuen Perspektiven, die es eröffne. Auf dem Autorenfoto auf der hinteren Umschlagklappe, bemerkte er zum Schluss, sehe man, elegant, würdig und mit grauem Bart, offensichtlich den Propheten Abraham; wenn nicht sogar den lieben Gott persönlich.[12] Wer als Experte für das Lesen von Gesichtern auftritt, ist eben mit im Bild.

Was wäre dann die *message* all dieser Gesichter, aus der Vergangenheit betrachtet? Dass Fotografie etwas von magischer Beschwörung der Vergangenheit hat, die aber selbst nur in Form erstarrter und unvollständiger Bilder zu haben ist? Ja, aber nicht nur. Mindestens ebenso sehr geht es um die Auswahl der jeweils passenden Vor-Vorbilder. Das Versprechen der Porträts, jemandes Gesicht durch Abbildung zu bestätigen und zu fixieren, hat eine dunkle Rückseite: den dringenden Wunsch, Bilder von einem selbst, auf denen man sich nicht wiedererkennen mag, sofort verschwinden zu lassen. Samt der leicht beschämten Erleichterung nachher. Diese Möglichkeit verbindet die digitalen *selfies* mit den Kunden des Photomaton im Berlin der 1930er und -40er Jahre. Aber so ging das schon den Fotografierten des 19. Jahrhunderts, die ihre Gesichter nur auf wenigen Bildern gerne wiedererkennen mochten, und der anspruchsvollen Isabella d'Este vier Jahrhunderte früher, wenn wir ihrer Korrespondenz trauen dürfen. Ein von Mantegna angefertigtes Porträt, beschied sie 1493 scharf, habe »überhaupt keine Ähnlichkeit« mit ihr und dürfe nie wieder jemandem gezeigt werden.

Ein einmal fixiertes Bild ist mit dem eigenen Gesicht nur lose verkoppelt. Niemandes Gesicht sieht so aus wie sein mehr oder weniger aufwendig von Maler, Studiofotograf oder Maschine gefertigtes Abbild. Jedes Gesichtsbild ist seinem Original umso weniger verbunden, je intensiver es vervielfältigt wird. Wenn sie von anderen angeschaut werden, beginnen sich Gesichtsbilder zu verändern. Viele Betrachter versetzen sie in Bewegung. Sieht man ein Bild dagegen lange und genau genug an, beginnt es sich in die Bestandteile aufzulösen, aus denen es technisch zusammengesetzt ist. Siegfried Kracauer hat diesen Effekt 1927 am

Gesicht einer berühmten amerikanischen Schauspielerin beschrieben. »So sieht die Filmdiva aus: Sie ist 24 Jahre alt, sie steht auf der Titelseite einer illustrierten Zeitung vor dem Excelsior-Hotel am Lido. Wir schreiben September. Wer durch die Lupe blickt, erkennte den Raster, die Millionen von Pünktchen, aus denen die Diva, die Wellen und das Hotel bestehen.«[13]

Dieser Effekt hat sein genaues Gegenstück auf der Ebene der öffentlichen Repräsentation. Kostspielige Kampagnen können von gar nichts anderem künden als davon, was einer Firma in der Vergangenheit geglückt ist. Sie müssen ganz schnell geglaubt werden. Verschwinden deswegen manche Gesichter so rasch wieder von den Plakatwänden? Was besonders intensiv herausgestellt wird, ist gewöhnlich im Begriff, sich gerade aufzulösen. Oder sich in etwas anderes zu verwandeln.

Wer auf Identitätspolitik als »Ich-Gesicht« setzt und sich von der medialen Verstärkung qua Vervielfältigung abhängig macht – und das hat ein ehrgeiziger Heiliger des 20. Jahrhunderts wie Francesco Forgione

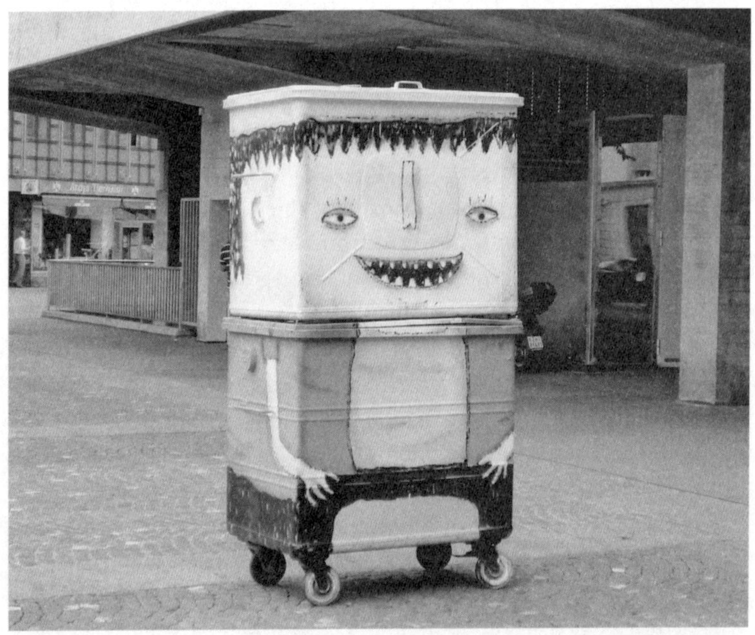

Abb. 37 Guter Müll lächelt: Auch ein öffentliches Gesicht, Zürich 2012

mit vielen anderen gemeinsam, von den Protagonisten der Gesichtswerbung bis zu dem verzweifelten rumänischen Einwanderer –, dann geht das nicht ohne Vorbilder. Als authentisch funktioniert am besten das, was dem Zielpublikum bereits vertraut ist. Deswegen hat ein erfolgreicher *santo* im 21. Jahrhundert seinen medialen Vorbildern, den Protagonisten ähnlicher, geglückter Vervielfältigungsprozesse aus dem 14. und 15. Jahrhundert, auch gefälligst zu gleichen, bis in die Details seines Gesichts: Es darf eben nicht allzu einzigartig sein. Der arme Philipp Staufen alias Ciprian Skeid hat dagegen niemanden gefunden, dem er ausreichend ähnlich sah, um mit ihm verwechselt und so endlich identifiziert zu werden.

Je länger ich mir die lächelnden Gesichter mit ihrem regelmäßigen Teint und ihren überirdisch weißen Zähnen ansehe, die mich als Wiedergänger der Porträts von den Werbeflächen her anlächeln, desto mehr drängt sich mir eine Vermutung auf. Die öffentlichen Bilderwelten der Werbung teilen nichts mit über die Arbeits- und Konfliktverhältnisse, unter denen sie hergestellt werden, sondern über das, worin ihre Macher ihre Kunden verwandeln wollen. Ja, genau so *müssen* kultivierte Renaissance-Individuen, verlässliche Volksgenossen, glückliche Konsumenten und vergnügte Organspender aussehen. Ein vervielfältigtes Gesicht, das »Ich« sagen muss, bezeichnet nicht triumphierende Selbstähnlichkeit als Autonomie, sondern Dienst als am Sichtbarwerden.

Wirklich lebendige Dinge unterscheiden sich von unbelebten dadurch, dass sie ihre eigene Grenze nach außen ziehen können. »Zeig Dich!« ist nicht immer eine freundliche Aufforderung. Der damit verbundene Imperativ – »Sei Du selbst! Übertrete die Grenze und werde zu dem, was Du wirklich bist« – ist als Forderung nur auf den ersten Blick schmeichelhaft. Er ist unerfüllbar, und führt in die Falle der Entblößung.[14] Niemand wird je genug er oder sie selbst geworden sein. Autonome Ich-Gesichter gibt es nicht. Wer wirklich ein selbstbewusstes Er/Sie-Selbst ist, muss das nicht vorzeigen.

Vielleicht beruht die Wirkung der öffentlichen Ich-Plakate also doch nicht darauf, dass die Betrachter ihnen glauben, sie verlebendigen und sich mit ihnen identifizieren. Sondern auf einem ganz anderen Gefühl, einer gemischten Empfindung, zusammengesetzt aus Schaulust und ihrem genauen Gegenteil. Der Erleichterung nämlich, dass es nicht das Bild vom eigenen Gesicht ist, das da zu sehen ist – in Farbe, ganz groß, und überall in der gesamten Fußgängerzone.

Anhang

Anmerkungen

Intro: Augen machen

1 Diedrich Diederichsen: Beseelung, Entdinglichung und die neue Attraktivität des Unbelebten, S. 301, in: Anselm Franke und Irene Albers (Hg.): Animismus. Revisionen der Moderne, Zürich/Berlin 2012, S. 289–301.

2 Rudolf Preimesberger (Hg.): Porträt, Berlin 1999, S. 20.

3 Petra Löffler und Leander Scholz (Hg.): Das Gesicht ist eine starke Organisation, Köln 2004; Gottfried Boehm u. a. (Hg.): Movens Bild. Zwischen Evidenz und Affekt, München 2008; Thomas Macho: Vorbilder, München 2011 (abgesehen von einem relativ kurzen Abschnitt zu verunstalteten Gesichtern auf Plakaten geht er aber ebenfalls nicht auf das Phänomen ein); Horst Bredekamp: Theorie des Bildakts, Frankfurt/M. 2010, z. B. S. 52.

4 Hans Belting: Das echte Bild, München 2007, S. 23; sein Essay handelt allerdings von religiösen Bildern von der christlichen Antike bis zur Gegenreformation; ders.: Faces. Eine Geschichte des Gesichts, München 2013.

5 Sigrid Weigel (Hg.): Gesichter. Kulturgeschichtliche Szenen aus der Arbeit am Bildnis des Menschen, München 2013; Mona Körte u. a. (Hg.): Inventing Faces. Rhetorics of Portraiture between Renaissance and Modernism, Berlin 2013; Emmanuel Alloa und Francesca Falk (Hg.): BildÖkonomie. Haushalten mit Sichtbarkeiten, München 2013. Dasselbe gilt für weitere Publikationen des Berliner Forschungsprojekts zum Gesicht als Artefakt in Kunst und Wissenschaft, etwa Mona Körte und Judith Elisabeth Weiss (Hg.): Gesichtsauflösungen (Interjekte 4), Berlin 2013.

6 Edmund Burke: Philosophische Untersuchungen unserer Ideen vom Erhabenen und Schönen, hg. von Friedrich Bassenge, Hamburg 1980; ich zitiere nach Konrad Liessmann: Schönheit, Wien 2009, S. 32. Burkes komplexen Überlegungen zur Ästhetik werde ich hier überhaupt nicht gerecht; aber mich interessiert ja nicht die Wahrnehmung von Schönheit als erkenntnistheoretisches Problem, sondern die Regeln, denen die Präsentation von Gesichtsbildern unterliegt. Vgl. Winfried Menninghaus: Das Versprechen der Schönheit, Frankfurt/M. 2003, und Alexander Nehamas: Only a Promise of Happiness. The Place of Beauty in a World of Art, Princeton 2007.

7 Marc Andrews, Dr. van Leuwen und Prof. Dr. van Baaren: Hidden Persuasion. 33 Psychological Influence Techniques in Advertising, Amsterdam 2013. Beim zweiten und dritten Autor ist der Vorname überall im Buch durch den akademischen Titel ersetzt: Ist das auch eine Technik psychologischer Beeinflussung?

8 Charles Darwin: The Expression of the Emotions in Man and Animals, London 1872; die Bilder finden sich dort auf S. 202, Abb. III. Deutsch in erweiterter Fassung erschienen als ders.: Der Ausdruck der Gemütsbewegungen bei dem Menschen und den Tieren, Frankfurt/M. 2000. Zu Duchenne siehe Petra Löffler: Fabrikation der Affekte, in: Ludger Derenthal u. a. (Hg.): Fotografische Leidenschaften, Marburg 2006, S. 40–56.

9 Interview in der *Süddeutschen Zeitung*, 17. Mai 2010. Es beginnt mit der Frage der Journalistin: »Guten Abend, Dr. Ekman. Wie geht es mir?«

10 Ebd.; zur Forschungsgeschichte Paul Ekman und Wallace Friesen: Unmasking the Face. A Guide to Recognizing Emotions from Facial Clues, New Jersey 1975; zu Ekmans aktuellen Tätigkeiten siehe die Selbstdarstellung auf www.paulekman.com. Die Website beginnt mit einer Galerie von Gesichtern in Großaufnahme, unterlegt von dem Text: »Whether we hope to spot concealed emotions or compassionate connection, our ability to see and respond to others' often unspoken feelings is the key. This ability can be trained. We provide the tools.« (Zuletzt aufgerufen am 7. Februar 2015.) Zu Ekman siehe auch Jan Plamper: Geschichte und Gefühl. Grundlagen der Emotionsgeschichte, Berlin 2012, S. 177–193.

11 Zitiert nach Bernd Stiegler: Spuren, Elfen und andere Erscheinungen. Conan Doyle und die Fotografie, Frankfurt/M. 2014, S. 49.

12 *Frankfurter Allgemeine Sonntagszeitung*, 25. Dezember 2011, S. 15.

13 Lorne Campbell u. a. (Hg.): Renaissance Faces, London 2008. Der Katalog ist in deutscher Übersetzung erschienen als ›Die Porträt-Kunst der Renaissance: Van Eyck, Dürer, Tizian …‹, Stuttgart 2008.

14 Marie-José Mondzain: Bild, Ikone, Ökonomie. Die byzantinischen Quellen des zeitgenössischen Imaginären, Berlin/Zürich 2011 (im französischen Original Paris 1996), S. 108.

15 Robert Pfaller: Die Illusionen der Anderen, Frankfurt/M. 2006. Diese Synchronisierungen hat Max Scheler in den 1920er Jahren als »Gefühlsansteckung« bezeichnet – ein Begriff, den auch neuere psychologische Forschungsarbeiten verwenden: siehe etwa Elaine Hatfield, J. T. Cacioppo, R. L. Rapson: Emotional Contagion, Cambridge/New York 1994.

16 Carlo Ginzburg: »Your country needs you.« Eine Fallstudie zur politischen Ikonografie, in: Hans Belting, Dietmar Kamper und Martin Schulz (Hg.): Quel Corps? Eine Frage der Repräsentation, München 2002, S. 271–294.

Große Begriffe aus dem Mittelalter

1 Thomas Zotz: Der Thronstreit zwischen Philipp von Schwaben und Otto von Braunschweig 1198–1208, in: *Zeitschrift für Württembergische Landesgeschichte* 69, 2010, S. 17–36; Rudolf Schieffer: Philipp von Schwaben im 19. und 20. Jahrhundert, in: Andrea Rizhacek und Renate Spreitzer (Hg.): Philipp von Schwaben. Beiträge der internationalen Tagung anlässlich seines 800. Todestages, Wien 2010, S. 1–8.

2 Emmanuel Alloa: Oikonomia. Der Ausnahmezustand des Bildes und seine byzantinische Begründung, in: Alloa/Falk: Bildökonomie (Intro, Anm. 5), S. 275–326. Christus als Siegelbild erscheint bei Basileos von Caesarea schon im 4. Jahrhundert, im Westen bei Alanis ab Insulis und Robert Grosseteste, beide im 12. Jahrhundert – Götz Pochat: Geschichte der Ästhetik und Kunsttheorie, Köln 1986, S. 147 f.; Friedrich Ohly: Zur Signaturenlehre der Frühen Neuzeit, aus dem Nachlass herausgegeben von Uwe Ruhberg und Dietmar Peil, Stuttgart 1999, S. 17–32; Dieter Lau: Nummi Die sumus. Beiträge zu einer historischen Münzmetaphorik, in: *Wiener Studien. Zeitschrift für Klassische Philologie und Patristik* 93 (1980), S. 192–228.

3 Gerhard Wolf: Schleier und Spiegel. Traditionen des Christusbildes und die Bildkonzepte der Renaissance, München 2002, und ders.: Vom Scheitern eines Porträtisten. Überlegungen zur künstlerischen Inszenierung des Mandylion von Genua, in: Hubert Locher und Peter Schneemann (Hg.): Grammatik der Kunstgeschichte, Zürich 2009, S. 225–238. In der älteren byzantinischen Tradition galt Christus als unmalbar, weil sich sein Aussehen dauernd verändert habe – Ernst von Dobschütz: Christusbilder. Untersuchungen zur christlichen Legende, 2 Bde., Leipzig 1899, Bd. 1, S. 132 f. Der Name für das wundertätige byzantinische Gesichtsbild weist direkt auf seine Entstehungsgeschichte im Konflikt mit dem aufstrebenden Islam hin: Mandylion ist abgeleitet von *mandil*, dem arabischen Wort für Schleier – denjenigen Gegenstand also, der zum Verdecken des Gesichts gebraucht wird.

4 Brigitte Miriam Bedos-Rezak: When Ego was Imago. Signs of Identity in the Middle Ages, Leiden 2011.

5 Zur zunehmend positiven Bewertung von Bildern ab dem 12. Jahrhundert siehe Assaf Pinkus: Imaginative Responses to Gothic Sculpture: The Bamberg Rider, in: *Viator* 45 (2014), S. 331–360, besonders S. 341 ff.; Gerhard Wolf: Salus populi Romani. Die Geschichte römischer Kultbilder im Mittelalter, Weinheim 1990, S. 81 f.

6 Mehr bei Dieter Kartschoke: Der ain was grâ, der ander was chal. Über das Erkennen und Wiedererkennen physiognomischer Individualität im Mittelalter, in: Johannes Janota (Hg.): Festschrift für Walter Haug und Burkhard Wachinger, Bd. 1, Tübingen 1992, S. 1–24, hier S. 15, mit weiteren Lite-

raturhinweisen, und Valentin Groebner: Der Schein der Person, München 2004, S. 24 ff. und S. 70 ff.

7 Dem Bild ins Gesicht schauen ist eben nichts Harmloses: Gervasius spricht von *tremor cum periculo mortis*, dem Erzittern angesichts tödlicher Gefahr. Gervasius von Tilbury: Otio Imperialia / Kaiserliche Mussestunden, hg. von Heinz Erich Stiene, 2 Bde., Stuttgart 2009, Bd. 2, S. 331–336; Wolf, Salus populi (Anm. 5), S. 277; Herbert Kessler und Gerhard Wolf: The Holy Face and the Paradox of Representation, Bologna 1998.

8 Hubertus Büchsel: Nur der Tyrann hat ein eigenes Gesicht. Königsbilder im 12. und 13. Jahrhundert in Frankreich und Deutschland, in: Ders. und Peter Schmidt (Hg.): Das Porträt vor der Erfindung des Porträts, Mainz 2003, S. 123–140; Stephen Perkinson: The Likeness of the King. A Prehistory of Portraiture in Late Medieval France, Chicago 2009, S. 85–133.

9 Wörtlich lauten die Inschriften: *Cesaris imperio regni custodia fio* und *Quam miseros facio quos variare scio*; siehe Peter Cornelius Clausen: Die Statue Friedrichs II. vom Brückentor in Capua, in: Christoph Andreas u. a. (Hg.): Festschrift für Hartmut Biermann, Weinheim 1990, S. 19–39, und Tanja Michalsky: »De ponte Capuano …«. Überlegungen zu Repräsentation und Inszenierung von Herrschaft, in: Kai Kappel u. a. (Hg.): Kunst im Reich Friederichs von Hohenstaufen, München/Berlin 1996, S. 137–151; vgl. dazu Bredekamp, Bildakt (Intro, Anm. 3), S. 213–216, der den Akzent auf die Wirkung der Bilder legt und auf mögliche spöttische Untertöne des Chronisten nicht eingeht. Am grundsätzlichen Bildprogramm ändert das auch nichts: Die sitzende Statue von Karl von Anjou, die Arnolfo di Cambio 1277 für den Konservatorenpalast auf dem römischen Kapitol angefertigt hat, sieht mit ihren Herrscherinsignien und ausgestrecktem Arm und Fingern der von Karls staufischem Vorgänger sehr ähnlich.

10 Alfons Hilka: Vermischtes zu den mittelalterlichen Vaganten, Gauklern und Gelegenheitsdichtrern, in: *Studii medievali* N. S. II (1929); zitiert nach Katrin Kröll: Die Komik des grotesken Körpers in der christlichen Bildkunst des Mittelalters, S. 11, in: Dies. und Hugo Steger (Hg.): Mein ganzer Körper ist Gesicht. Groteske Darstellungen in der europäischen Kunst und Literatur des Mittelalters, Freiburg/Br. 1994, S. 11–99.

11 Siehe etwa die Beispiele für diese Dichterporträts im »Liber ad honorem Augusti«, 1195 zum Ruhm des Stauferkaisers Heinrich VI. in Süditalien entstanden: Wolf-Dietrich Löhr: Lesezeichen. Francesco Petrarca und das Bild des Dichters bis zum Beginn der frühen Neuzeit, Berlin 2011, S. 165.

12 Charlotte Denoel: L'apparition des attributs individuels des saints dans l'art médiéval, in: *Cahiers de la civilisation médiévale* 50 (2007), S. 149–160; schöne Beispiele für Fernwunder durch Heiligenbilder bei Klaus Krüger: Der frühe Bildkult des Franziskus. Gestalt und Funktionswandel des Tafelbildes im 13. und 14. Jahrhundert, Berlin 1992, etwa S. 50–56. Zu den nach-

trächlichen Darstellungen hochmittelalterlicher Stifterfiguren Christopher Wood: Replica, Forgery, Fiction. Temporalities of German Renaissance Art, Chicago/London 2008.

13 Johann Seemüller (Hg.): Steirische Reimchronik, S. 508 (MGH, Deutsche Chroniken V, 1).

14 Büchsel, Tyrann (Anm. 8), S. 123–125; Hans Körner: Grabmonumente des Mittelalters, Darmstadt 1997, S. 128.

15 Caroline Walker Bynum: The Resurrection of the Body in Western Christianity, New York 1995; Christian Trottmann: La vision béatifique: Des disputes scholastiques à sa definition per Benoît XII, Rom 1995; weitere Literatur bei Urte Krass: Nah am Leichnam. Bilder neuer Heiliger im Quattrocento, München 2012, S. 42f. und 176.

16 Wilhelm von Ockham: Scriptum in librum primum Sententiarum, distinctiones 3, quaestio 9; ders.: Opera theologica, hg. von The Franciscan Institute of St. Bonaventure University, St. Bonaventure 1970, S. 546; zitiert nach Jean Wirth: Introduction, in: Agostino Paravicini Bagliani, Jean-Michel Speiser und Jean Wirth (Hg.): Le portrait. La représentation de l'individu, Impruneta, 2007, S. 10.

17 Norbert Schnitzler: Illusion, Täuschung und schöner Schein: Probleme der Bilderverehrung im späten Mittelalter, S. 233f., in: Klaus Schreiner (Hg.): Frömmigkeit im Mittelalter, München 2002, S. 221–242; ders.: Ikonoklasmus – Bildersturm. Theologischer Bilderstreit und ikonoklastisches Handeln während des 15. und 16. Jahrhunderts, München 1996.

18 Die beiden Sonette und ihre deutsche Übersetzung von Bruno Geiger sind abgedruckt bei Preimesberger, Porträt (Intro, Anm. 2), S. 177–178, siehe auch Andreas Beyer: Das Portrait in der Malerei, München 2002, S. 27f. Beide tragen sehr viel emphatischere Lesarten vor.

19 Vgl. Hannah Baader: Francesco Petrarca: Himmlische Seelen, irdische Körper und weibliche Schönheit, in: Preimesberger, Porträt (Intro, Anm. 2), S. 179–188, die eine andere Lesart vorschlägt. Zur Rezeptionsgeschichte dieses besonderen imaginierten Porträts Elizabeth Cropper: On Beautiful Women. Parmigianino, Petrarchismo and the Vernacular Style, in: *Art Bulletin* 58 (1976), S. 374–394; Judith Craven: Ut pictura poiesis: A new reading of Raphael's portrait of La Fornarina as a Petrarchan allegorie of painting, fame and desire, in: *Word & Image* 10 (1994), S. 371–394 und J. B. Trapp: Petrarch's Laura: The Portraiture of an Imaginary Beloved, in: *Journal of the Warburg & Courtauld Institute* 64 (2001), S. 55–192; zur weiteren Mediengeschichte des Motivs bis hin zum Film des 20. Jahrhunderts Valentin Nussbaum: L'aura de Laura. L'écho du portrait idéal au cinema, in: Bagliani, Portrait (Anm. 16), S. 183–204.

20 Michael Baxandall: Giotto and the Orators. Humanist Observers of Painting in Italy, Oxford 1971, S. 51–66; Nicholas Mann: Petrarch and Portraits,

in: Nicholas Mann und Luke Syson (Hg.): The Image of the Individual. Portraits in the Renaissance, London 1998, S. 15–20.

21 Zitiert nach Löhr, Lesezeichen (Anm. 11), S. 232; zum Bild – dem Deckblatt einer Handschrift mit kommentierten antiken Dichtern aus dem Besitz von Petrarcas Vater – ausführlich ebd. S. 178 ff.

22 Hannah Baader: Francesco Petrarca: Das Porträt, der Ruhm und die Geschichte, in: Preimesberger, Porträt (Intro, Anm. 2), S. 189–194.

23 Perkinson, Likeness (Anm. 8), S. 278–303.

24 John Pope-Hennessy: The Portrait in the Renaissance, Princeton 1966, S. 3.; vgl. die Formulierungen bei Beyer, Porträt (Anm. 18), S. 40. Dazu Maria Loh: Renaissance Faciality, in: *Oxford Art Journal* 32 (2009), S. 341–363, und die Bemerkungen bei Peter Schmidt: Inneres Bild und äußeres Bildnis, S. 219 f., in Büchsel/Schmidt, Porträt (Anm. 18), S. 219–239.

25 Dazu ausführlich Karin Gludovatz: Der Name am Rahmen, der Maler im Bild. Künstlerselbstverständnis und Produktionskommentar in den Signaturen van Eycks, in: *Wiener Jahrbuch für Kunstgeschichte* 54 (2005), S. 115–175; dies.: Jan van Eyck: Der Mann mit dem roten Turban, in: Ulrich Pfisterer und Valeska von Rosen (Hg.): Der Künstler als Kunstwerk. Selbstporträts vom Mittelalter bis zur Gegenwart, Stuttgart 2005, S. 34 f. Zur Forschungsgeschichte Jenny Graham: Inventing van Eyck. The Remaking of an Artist for the Modern Age, Oxford/New York 2007. Die Signaturformel *me fecit* ist nicht unbedingt ein Hinweis auf ein Selbstporträt; auch »als ich xan« findet sich auf verschiedenen Porträts, unter anderem auf dem Dresdner Marienaltar von Jan van Eyck. Dazu Emil Ploss: »N. N. me fecit« und seine geschichtliche Entwicklung bis ins Mittelalter, in: Zeitschrift für deutsche Philologie 77 (1958), S. 25–46. Danke für den Hinweis an Felix Thürlemann.

26 Erwin Panofsky: Die altniederländische Malerei. Ihr Ursprung und Wesen, hg. von Jochen Sander und Stephan Kemperdick, Köln 2001, S. 184, im Original erschienen als ders.: Early Netherlandish Painting, Cambridge/Mass. 1953. Zahlreiche ältere Beispiele bei Graham, Inventing (Anm. 25), S. 189 und öfter. Erstaunlich ähnlich klingt das noch am Beginn des 21. Jahrhunderts: »Der Porträtierte fixiert den Betrachter mit einer Energie, von der Nicolaus Cusanus ausführen wird, dass es vor ihr kein Entkommen gebe.« Er blicke »in Eigenaktivität (…) unentwegt auf den Betrachter.« Bredekamp, Bildakt (Intro, Anm. 3), S. 81; ähnlich auch Gerhard Paul: Bildermacht, Göttingen 2013, S. 327.

27 Panofsky, Malerei (Anm. 26), S. 195.

28 Ebd., S. 195. Vgl. die Anmerkungen zu dem Bild in Campbell, Renaissance Faces (Intro, Anm. 13), S. 178. Campbell beschreibt sehr präzise die technische Herstellung der Effekte, mit denen van Eyck die Blickillusion erzeugt hat; die Frage, wer darauf zu sehen sei, nimmt er lockerer. Für ihn sieht das Gemälde »nicht wie ein Porträt aus.«

29 Panofsky, Malerei (Anm. 26), S. 197.

30 Edwin Hall: Cardinal Albergati, St. Jerome und the Detroit van Eyck, in: *The Art Quarterly* 31 (1968), S. 3–34; John Hunter: Who is Jan van Eyck's »Cardinal Nicolo Albergati?«, in: *Art Bulletin* 75 (1993), S. 207–218, und Krass, Leichnam (Anm. 15), S. 15 f. Von den Nierensteinen des zu Lebzeiten als heilig verehrten Albergati wurden dagegen, wie sie zeigt, exakte Abgüsse »ad illius effigiem« angefertigt und überliefert; ebd. S. 26.

31 Jacob Burckhardt: Die Anfänge der neueren Porträtmalerei, S. 322, in: Gesamtausgabe, Bd. 7, hg. von Jakob Oeri, Stuttgart/Basel 1929, S. 316–330; siehe dazu Daniel Spanke: Porträt – Ikone – Kunst. Methodologische Studien zur Geschichte des Porträts in der Kunstliteratur, München 2004, S. 322.

32 Lorne Campbell: Renaissance Portraits. European Personal Painting in the 14th, 15th and 16th centuries, New Haven/London 1990, S. 37.

33 Leon Battista Alberti: Über die Malkunst, hg. von Oskar Bätschmann und Sandra Gianfreda, Darmstadt 2002; 2. Buch, Kap. 25, S. 101 f.

34 Ebd., 2. Buch, Kap. 40: »Aus der Natur, die wie nichts anderes begierig ist nach ähnlichen Dingen, kommt es, dass wir weinen mit den Weinenden, lachen mit den Lachenden und leiden mit den Leidenden.« Das ist paraphrasiert aus Horaz, Ars poetica, z. 99–102.

35 Alberti, Malkunst (Anm. 33), S. 159. Ausführlich zu dieser Passage Rudolf Preimesberger: »Dennoch reißt es die Augen aller Betrachter an sich.« Leon Battista Alberti zur Wirkung des Gesichts im Gemälde, in: Keith Christiansen und Stefan Weppelmann (Hg.): Gesichter der Renaissance. Ausstellungskatalog der Gemäldegalerie/Staatliche Museen zu Berlin, München 2011, S. 77–84.

36 Die Passage ist abgedruckt im Anhang von Baxandall, Giotto (Anm. 20), S. 172. Zur Herkunft und Bedeutung der beiden Begriffe vgl. Belting, Bild (Intro, Anm. 4), S. 76.

37 Alberti, Malkunst (Anm. 33), De Pictura, 2. Buch, Kap. 40; auch Beyer, Porträt (Anm. 18), S. 26 weist auf diese Passage hin.

38 Elisabetta Di Stefano: Leon Battista Alberti e le immagine sacre, S. 523 f., in: Luisa Rotondi Secchi Taruga (Hg.): Il sacro nel Rinascimento, Florenz 2002, S. 517–531; zitiert nach Krass, Leichnam (Anm. 15), S. 187. Zum Kontext und den Entstehungsumständen des »Momus« siehe Anthony Grafton: Leon Battista Alberti, Baumeister der Renaissance, Berlin 2002, S. 436–444, und die Einleitung der deutschen Ausgabe: Leon Battista Alberi: Momus oder Vom Fürsten, übersetzt von Michaela Boenke, München 1993.

39 Für das Folgende siehe die detaillierte Darstellung von Krass, Leichnam (Anm. 15), besonders S. 118–166.

40 Wenn es der Kommission, die als Auftraggeber agierte, nicht gefiele, heißt es darin, sei der Maler verpflichtet, es so oft zu überarbeiten, bis sie zufrie-

den sei. »E se non loro piaciese s'obrigha di guastalo e rifallo tanto e quante volte che sopradetti sieno bene contenti.« Machtelt Israels: Absence and Resemblance: Early Images of Bernardino da Siena and the Issue of Portraiture, S. 85, in: *I Tatti Studies* 11 (2007), S. 77–114.

41 Krass, Leichnam (Anm. 15), S. 86 und 84; zu den Konzepten der Übertragung körperlicher *virtus* neuer Heiliger durch Bilder, ebd. S. 94–96.

42 Ebd. S. 118–166. Allein von dem 1459 verstorbenen Antonino von Florenz haben sich zwölf Porträtbüsten erhalten, die sein Gesicht zeigen.

43 Ebd. S. 42.

44 Ebd. S. 187 f.; dort auch Verweise auf die kritischen moralischen Stimmen zum Gebrauch aller Arten von Schminke im 15. Jahrhundert, etwa in Leon Battista Albertis Traktat »Della Famiglia«. Zur falschen Farbigkeit auf Frauengesichtern siehe Christiane Klapisch-Zuber: Statua depicta, facies ficta. Il colore dele statuie e il belleto delle donne, in: Enrico Castelnuovo (Hg.): Niveo di marmore, Ausstellungskatalog, Genua 1992, S. 21–26. Zum 16. Jahrhundert siehe Patricia Phillippy: Painting Women. Cosmetics, Canvases and Early Modern Culture, Baltimore 2006, und Marianne Koos: Maske, Schminke, Sein. In: Werner Busch u. a. (Hg.): Ähnlichkeit und Entstellung. Entgrenzungstendenzen des Porträts, Berlin 2010, S. 15–34.

45 Krass, Leichnam (Anm. 15), S. 158.

46 Maria Donato: Gli artisti di Petrarca: per una rilettura, in: Arturo Carlo Quintavalle (Hg.): Medioevo. Immagini e racconto, Parma 2003, S. 433–455, zitiert nach Löhr, Lesezeichen (Anm. 11), S. 253. Ob ein solches Porträt zehn Jahre nach Petrarcas Tod tatsächlich existiert hat, ist fraglich.

47 Krass, Leichnam (Anm. 15), S. 141–143, wörtlich: *Non enim facilis est imitationis imitatio.*

48 Von dem von seinen Anhängern als Heiligen verehrtem Girolamo Savonarola sind selbst eine ganze Reihe von Porträts erhalten. Seine sterblichen Überreste waren nach seiner Hinrichtung 1498 peinlich genau beseitigt worden, um ihre Verehrung als Reliquien zu unterbinden. Bilder waren schwieriger zu kontrollieren. Das Gesicht des Bildergegners Savonarolas wurde trotz strenger Verbote von seinen Anhängern vervielfältigt und, wie die anderer »neuer Heiliger« des 15. Jahrhunderts, kopiert und auf Medaillen um den Hals getragen – ein sich selbst vervielfältigendes Antlitz. Krass, Leichnam (Anm. 15), S. 227–229. Klagen über dieses illegal kursierende Gesicht gab es noch bis zum Ende des 16. Jahrhunderts – ebd. S. 234.

49 Savonarola hatte in einer Predigt von 1496 scharf die Praxis kritisiert, real existierende, wiedererkennbare Individuen als Modelle für die Bilder von Heiligen zu verwenden. Die Leute riefen einander auf der Straße zu: »Die da ist die Magdalena!« und »Der dort ist der heilige Johannes!« Solche Bilder seien unehrenhaft, *dipinte così disonestamente*, und müssten sofort vernichtet werden – Krass, Leichnam (Anm. 15), S. 177. Vgl. dies.: Heilige im

Reich der Unähnlichkeit. Zum Phänomen des mit Porträtzügen beliehenen Heiligenbildes in der ersten Hälfte des Cinquecento, in: Martin Gaier u. a. (Hg.): Similitudo. Konzepte der Ähnlichkeit in Mittelalter und Früher Neuzeit, München 2012, S. 147–164; und den Katalogeintrag von Dagmar Korbacher in Christiansen/Weppelmann, Gesichter (Anm. 35), S. 371–374.

50 Krass, Leichnam (Anm. 15), S. 167.

51 Gherardo Ortalli: »… pingatur in palatio …« La pittura infamante nei secoli XIII–XVI, Roma 1979; Matthias Lentz: Konflikt, Ehre, Ordnung. Untersuchungen zu den Schmähbriefen und Schandbildern des späten Mittelalters und der frühen Neuzeit, Hannover 2004; ohne Hinweis auf Wappen und Texte dagegen Bredekamp, Bildakt (Intro, Anm. 3), S. 218–221.

52 Jeannette Kohl: Kopiert, infam, allegorisch. Gesichter der Renaissance zwischen Duplizierung und Deplatzierung, S. 133 f., in: Weigel, Gesichter (Intro, Anm. 5), S. 127–148.

53 *Fu che Iddio volle. Sarà che Iddio vorrà. Timore d'infamia e solo disio d'onore. Piansi già quello ch'io volli. Poi ch'io l'ebbi.* Zitiert nach Patricia Simons: Portraiture, Portrayal, and Idealization: Ambiguous Individualism in Representations of Renaissance Women, S. 285, in: Alison Brown (Hg.): Language and Images in Renaissance Italy, Oxford 1995, S. 263–311.

54 »Ein dunkelgrünes Unterkleid wird unter dem cremefarbigen Oberteil sichtbar, wo es aufgeknöpft ist (…) Die Schichten ihrer Kleider nahe an ihrem Körper sind so subtil nachgezeichnet, und die verlockende Präsenz verbotener, tieferliegender Körperzonen angedeutet.« – Ebd. S. 287, Übersetzung von mir.

55 Stephan Weppelmann: Zum Schulterblick des Hermelins – Ähnlichkeit im Porträt der italienischen Frührenaissance, S. 67, in: Christiansen/ders., Gesichter (Anm. 35), S. 64–76.

56 Christiansen/Weppelmann, Gesichter (Anm. 35), S. 92; zu Emblemen der Vergänglichkeit auf Porträts siehe Hans Belting: Bild-Anthropologie. Entwürfe für eine Bildwissenschaft, München 2001, S. 143–189.

57 Patricia Simons: Women in frames, the gaze, the eye, the profile in Renaissance portraiture, S. 21 f., in: *History Workshop Journal* 25 (1988), S. 4–30; Iris Origo: The World of San Bernardino, London 1964, S. 64 und 68.

58 Klassisch dazu David Freedberg: The Power of Images. Studies in the History and Theory of Response, Chicago 1990; John Shearman: Only connect. Art and the Spectator in Renaissance Italy, Princeton 1993, S. 113 ff.

59 Zitat aus Jürg Meyer zur Cappellen: Hans Holbeins »Laïs Corinthiaca«, in: *Zeitschrift für schweizerische Archäologie und Kunstgeschichte* 41 (1984), S. 22–34; Jürgen Müller: Von der Verführung der Sinne. Eine Deutung von Hans Holbeins »Laïs von Korinth« in der Öffentlichen Kunstsammlung Basel, ebd., S. 55 (1998), S. 227–236. Zur erotischen Aufladung Vera Mamerow: Hans Holbeins »Laïs von Korinth« und die Anfänge des Kurtisanen-

porträts nördlich der Alpen, in: Andreas Tacke (Hg.): Konkubinate geistlicher und weltlicher Fürsten um 1500, Göttingen 2006, S. 422–470.

60 Janice Shell und Grazioso Sironi: Cecilia Gallerani: Leonardo's Lady with an Ermine, in: *Artibus et Historiae* 25 (1992), S. 47–66, hier S. 49. Der Hofdichter Bernardo Bellincioni hatte auf eben dieses Bild ein Sonett verfasst, das die vertrauten Motive der Überwindung von Zeit und Tod durch den Genius des Malers feierte, der Kunst und Natur verschmelze – *basti ad noi / comprender or quel è natura et arte*. Über die Anspielungen auf dunkle Hautfarbe in den Selbstdarstellungen des Herzogs siehe Elizabeth McGrath: Ludovico il Moro and his Moors, in: *Journal of the Warburg and Courtauld Institute* 65 (2002), S. 67–94; zu den Grenzen der Identifizierbarkeit desselben Fürsten durch sein Aussehen Groebner, Schein, S. 59 f. (Anm. 6); vgl. Christiansen/Weppelmann, Gesichter (Anm. 35), S. 70–75.

61 Shell/Sironi, Cecilia (Anm. 60), S. 50; vgl. Simons, Portraiture (Anm. 53), S. 283. Stefan Weppelmann liest im Anschluss an Elizabeth Cropper das Porträt jedenfalls als eine kunstvolle und komplexe Allegorese. Es zeige »Schönheit nicht im Sinn eines mimetischen Bezugs auf die tatsächliche Erscheinung Cecilias«. Vielmehr konstruierte es »Wesensschönheit«, in Abgrenzung von literarischen *topoi*, die deren Abbildung für unmöglich erklärt hatten: Leonardo zeige die Dargestellte als Trägerin übernatürlicher »Wesensschönheit« – ders., Schulterblick (Anm. 35), S. 75. Ich bin mir nicht sicher, ob ich die Passage verstehe. Kann ein solches Bild dann eigentlich überhaupt jemandem ähneln?

62 Zahlreiche Beispiele bei Christoph Metzger: Eine Glaubensfrage. Auf der Suche nach der Wahrheit im Bildnis der Dürerzeit, in: Sabine Haag u. a. (Hg.): Dürer – Cranach – Holbein. Die Entdeckung des Menschen, München 2011, S. 28–41, und Campbell, Renaissance Faces (Intro, Anm. 13), etwa S. 68, 72, 74. Das Porträt, das Hans Holbein im Auftrag des englischen Königs Heinrich VIII. 1539 von der holländischen Prinzessin Anna von Kleve angefertigt hat, hat dem König sehr gefallen. Als er seine Braut dann im Original sah, war er ernüchtert – der realistische Hans Holbein hatte ihre Pockennarben weggelassen.

63 Simons, Portraiture (Anm. 53), S. 268 f.; die Quellen sind gedruckt bei Alessandro Luzio: La Galleria dei Gonzaga venduta all' Inghilterra nel 1627–28, Mailand 1913; Beverly Louise Brown: Die Bildniskunst an den Höfen Italiens, S. 45, in: Christiansen/Weppelmann, Gesichter (Anm. 35), S. 26–47.

64 So erscheint es auch in der Übersetzung von Petrarcas Gedicht an das Bildnis der geliebten Laura in Beyer, Porträt (Anm. 18). Das Wort »konterfeien«, dass der deutsche Übersetzer zweimal verwendet, bezeichnet im Original sehr unterschiedliche Wendungen. Wenn er sie auf Papier gezeichnet hätte (*e la ritrasse in carta*), heißt es im Sonett 77; wenn er in meinem Namen die Feder zur Hand genommen hätte und ihr mit sanfter Arbeit Umriss,

Stimme und Verstand gegeben hätte (*ch'a mio nome li pose in man lo stile/ s'avesso dato a l'opera gentile / colla figura voce ed intellecto*) im Sonett 78.

65 *D'une pièce de bois blanc paincte en semblance d'un livre, où il n'a nulz feuillets ne riens escripts*. Pierre Durrieu: Les très riches heures de Jean de France, duc de Berry, Paris 1904, S. 81; zitiert nach Jan Huizinga, Herbst des Mittelalters, Stuttgart 1961, S. 381.

66 Das Wort *kunter* stand im mittelalterlichen Sprachgebrauch für ein Monstrum, ein Untier und gelegentlich auch für den Teufel; noch häufiger erschien es in literarischen Texten und Chroniken des Spätmittelalters als Adjektiv in der Bedeutung von unrein, trügerisch. Matthias Lexer, Mittelhochdeutsches Wörterbuch Bd. 1, Leipzig 1872; S. 1772 f., zum Adjektiv ebd. S. 1782; vgl. Rolf Sprandel: Das Bild des Fälschers, in: ders., Chronisten als Zeitzeugen. Forschungen zur spätmittelalterlichen Geschichtsschreibung in Deutschland, Köln/Wien 1994, S. 221 ff.; Florence Edler: Glossary of Medieval Terms of Business, Italian Series 1200–1600, Cambridge/Mass. 1934, S. 88. Vom Italienischen ist das Wort in den deutschen Sprachgebrauch gewandert, siehe Etymologisches Wörterbuch des Deutschen, hg. von Wolfgang Pfeiffer, Berlin 1993, Artikel »Konterfei«,S. ...; Friedrich Kluge, Etymologisches Wörterbuch der deutschen Sprache, 22. Aufl., Berlin/New York 1989.

67 Peter Schmidt: Die Erfindung des vervielfältigten Bildes: Reproduktion und Wahrheit im 15. Jahrhundert, in: Horst Bredekamp u. a. (Hg.): Imagination und Repräsentation. Zwei Bildsphären in der frühen Neuzeit, München 2010, S. 119–147; Peter Parshall, Imago controfacto. Images and facts in the Northern Renaissance, in: Art History 19 (1993), S. 554–579.

68 Parshall, Imago (Anm. 67), S. 576; ebd., S. 561; Wilhelm Loose (Hg.): Anton Tuchers Haushaltsbuch 1507–1517, Stuttgart 1877, S. 143 f.; Hans Rupprich (Hg.): Albrecht Dürer. Schriftlicher Nachlass, Bd. 1, Berlin 1959, S. 208 (Nashorn) und S. 181; Parshall, dem ich alle drei Beispiele entnehme, macht keine Bemerkung zu ihrer unterschiedlichen Bedeutung. In Dürers Schriften erscheint der Ausdruck für die technische Vervielfältigung von Bildern eher spät; auf den Selbstporträts von 1497, 1498 und 1500 und den erklärenden Texten dazu benutzt Albrecht Dürer das Wort *kontrafett* nicht. Es erscheint in seinen Aufzeichnungen erst in den 1520ern, als er eine kleine Silberstiftzeichnung mit der erklärenden Notiz versieht, hier habe er sich selbst aus dem Spiegel gezeichnet, als er noch ein Kind gewesen sei: *Dz hab jch aws eim spiegll nach mir selbs kunterfet jm 1484 jar do ich noch ein kint was*. Zu Zeichnung und Holzschnitt des Rhinozeros, dem Verhältnis zu Hans Burgkmairs gleichzeitig entstandenem Bild und Dürers Ausschmückungen siehe Susan Dackermann: Dürer's Indexical Fantasy: The Rhinoceros and Printmaking, in: dies.: Prints and the Pursuit of Knowledge in Early Modern Europe, Ausstellungskatalog, Cambridge/Mass. 2011, S. 164–183. Danke für diesen Hinweis an Elke Werner. Vgl. Wilhelm Rem: Cronica alter und

newer Geschichten 1512–1527, in: Karl Hegel (Hg.), Chroniken der deutschen Städte, Bd. 25, Leipzig 1896, S. 56.

69 Schmidt, Erfindung (wie Anm. 67), S. 134–137; Alexander Nagel und Christopher Wood: Anachronic Renaissance, New York 2011, S. 20–28.

70 Schmidt, Erfindung (Anm. 67), S. 131. Alois Senti: Die Wallfahrt zur Schwarzen Madonna von Einsiedeln, in: Thomas Staubli (Hg.): Werbung für die Götter, Ausstellungskatalog, Fribourg 2003, S. 117–153; Barbara Welzel: Die Engelweihe in Einsiedeln und die Kupferstiche vom Meister E. S., in: *Städel-Jahrbuch* 15 (1995), S. 121–14; Peter Schmidt: The Early Print and the Origins of the Picture Postcard, in: Peter Parshall (Hg.): The Woodcut in Fifteenth-Century Europe, New Haven/London 2009, S. 238–257. Einen Überblick zu den Werbeanstrengungen anderer Wallfahrtsorte im 15. und frühen 16. Jahrhundert liefert Harry Kühnel: ›Werbung‹, Wunder und Wallfahrt, in: Wallfahrt und Alltag in Mittelalter und früher Neuzeit, Wien 1992, S. 95–113.

71 Schmidt, Erfindung (Anm. 67), S. 133.

72 Vgl. Klaus Niehr: Verae imagines – Über eine Abbildqualität in der frühen Neuzeit, in: Frank Büttner und Gabriele Wimböck (Hg.): Das Bild als Autorität. Die normierende Kraft des Bildes, Münster 2004, S. 261–305.

73 Jochen Sander: Hans Holbein der Jüngere, München 2005, S. 211–213, und ders.: Laïs Corinthica, in: Hans Holbein der Jüngere: Die Jahre in Basel 1515–1532, Ausstellungskatalog, Basel/München 2006, S. 356–360.

74 Felix Thürlemann: Robert Campin. Eine Monographie mit Werkkatalog, München 2002, S. 77 f. und 258 f.; Christiansen/Weppelmann, Gesichter (Anm. 35), S. 88–93.

75 Roger Jones und Nicolas Penny: Raphael, 1483–1520; New Haven/London 1983, S. 157–159. Vgl. die Beschreibung des Gemäldes in Campbell, Renaissance Faces (Intro, Anm. 13), S. 269: »Das Ergebnis ist ein zutiefst menschliches Papstporträt.« Für die wechselvolle Zuschreibungsgeschichte, welches der drei Bilder als Original gelten könne, siehe Jill Dunkerton und Ashok Roy: The altered background of Raphael's Portrait of Pope Julius in the National Gallery, in: *Burlington Magazine* 146 (2004), S. 757–759, und die Kontroverse um die 2011 vom Frankfurter Städel erworbene Version, teilweise dokumentiert unter http://de.wikipedia.org/wiki/Bildnis_Papst_Julius_II. (aufgerufen am 5. August 2014).

76 Vgl. Andreas Tacke: Enttäuschungen bei der Entdeckung des Menschen in der deutschen Porträtkunst um 1500, S. 312, in: Haag, Dürer (Anm. 62), S. 309–313.

77 »The image au vif«, formuliert es Noa Turel, »is painted not from, but to life.« Dies.: Living Pictures: Rereading »au vif« 1350–1550, in: *Gesta* 50 (2011), S. 163–182; Stephen Perkinson: Likeness, in: Studies in Iconology 33 (2012), S. 15–28. Mit weiteren Beispielen Boudewijn Bakker: Au vif – naar

t'leven – ad vivum: The Medieval Origin of a Humanist concept, in: A. Boschloo u. a. (Hg.): Aemulatio. Imitation, Emulation and Invention in Netherlandish Art from 1500 to 1800: Essays in Honor of Eric Jan Sluijter, Zwolle 2011, S. 37–52. Als *au vif* bezeichnet wurden nicht nur gemalte Porträts und bemalte Skulpturen, sondern auch theatralische Aufführungen, von Passionsspielen bis zu höfischen Spektakeln. Zum Topos siehe Frank Fehrenbach: Lebendigkeit, in: Metzler Lexikon Kunstwissenschaft, Weimar 2011, S. 273–278; ders.: Kohäsion und Transgression: Zur Dialektik lebendiger Bilder, in: Ulrich Pfisterer und Anja Zimmermann (Hg.): Animationen/Transgressionen. Das Kunstwerk als Lebewesen, Berlin 2005, S. 1–39.

78 Frederica Jacobs: The Living Image in Renaissance Art, Chicago 2005. Zu den Verwandlungen von Dürers Rhinozeros Dackermann, Indexical Fantasy (Anm. 68).

79 Alice Hoppe-Harnoncourt: Glaube und Macht. Lucas Cranach d. Ältere, S. 114, in: Haag, Entdeckung (Anm. 62), S. 113–137; Tacke, Enttäuschungen (Anm. 76), S. 312.

80 Die Maler haben das offenbar auch so gesehen: Pisanello, der am Beginn der 1440er Jahre als Porträtist am Hof der Este tätig war, hat dort auch eine Medaille gefertigt, die einen Luchs mit verbundenen Augen zeigt und dem Hinweis: *Quae videns, ne vide* – »Während Du es siehst, siehst Du es nicht.« Campbell, Renaissance Faces (Intro, Anm. 13), S. 86–88, und Mauro Natale und Alessandra Mottola Molfino (Hg.): Le Muse e il Principe: Arte di corte nel Rinascimento padano, Modena 1991, S. 13–24.

81 De Vita solitaria I, 3; zitiert nach Löhr, Lesezeichen (Anm. 11), S. 235.

82 Helmut Goldbrunner: Leonardo Brunis De Militia, in Quellen und Forschungen aus ital. Archiven und Bibliotheken 46 (1966), S. 478–87; James Hankins: Civic knighthood in the Early Renaissance: Leonardo Bruni's De militia (ca. 1420). Working paper. Faculty of Arts and Sciences, Harvard University 2011; http://nrs.harvard.edu/urn-3:HUL.InstRepos:5473602 (aufgerufen am 7. Februar 2015).

83 Simons, Portraiture (Anm. 53), S. 268–272; Joanna Woods-Marsden: »Ritratto al Naturale«: Questions of Realism and Idealism in Early Renaissance Portraits, in: *Art Journal* 46 (1987), S. 209–216; zum Wettstreit zwischen Bellini und Pisanello siehe Miguel Falomir: Das höfische Porträt, S. 69, in: Campbell, Renaissance Faces (Intro, Anm. 13), S. 66–79.

84 Krass, Heilige (Anm. 15), S. 161–163; Metzger, Glaubensfrage (Anm. 62), S. 21–48, ebd. S. 317 und 116.

85 Vincent Lefèvre: Portraiture in Early India. Between Transcience and Eternity, Leiden/Boston 2011, S. 65 f.

86 Ebd. S. 53.

87 Ebd. S. 14.

88 Zur porträtkritischen Tradition Spanke, Porträt (Anm. 31), S. 88–96; Giorgio

Vasari: Le Vite de' più eccellenti pittori, scultori ed architetti, hg. von Gaetano Milanesi, Florenz 1878–1895, hier Bd. 4, S. 462 f.; zu Michelangelo ebd. Bd. 7, S. 271.

89 Eine Zusammenstellung solcher Motive aus der burgundischen, französischen und englischen Chronistik bietet bereits Huizinga, Herbst (Anm. 65), S. 362.

90 Aufführungen auch deswegen, weil die alten Bilder ununterbrochener Restaurierung bedürfen, um weiterhin als magisch stillgestellter Moment »von früher« funktionieren zu können. Dazu Bruno Latour und Adam Lowe: Das Wandern der Aura, oder wie man das Original durch seine Faksimiles erforscht, in: Tristan Thielmann und Erhart Schüttpelz (Hg.): Akteur-Medien-Theorie, Bielefeld 2013, S. 511–530.

91 Wilhelm von Humboldt: Ueber das Musée des Petits-Augustins, in: Gesammelte Werke, Bd. 5, Berlin 1864, S. 363–402; hier S. 364, 378, 379, 383, 386, 396, 399. Im Gesicht der Gattin des Königs Ludwig XII., Valentina Visconti, liege »etwas Phlegmatisches, Melancholisches, ein Ausdruck einer gewissen Verworrenheit der Sinne«; dem König selbst bescheinigt Humboldt »unbedeutende Züge, die höchstens Redlichkeit und Gutmüthigkeit ankündigen«. Auf der Stirn und den Augen von Anton de Navarra ruhe dagegen »ein seltener und rührender Ausdruck einer schönen und rein menschlichen Sorge«. Danke für diesen Hinweis an Matthias Noell. Zur Geschichte des Museums siehe Alice von Plato: Totenkult im »Musée des Monuments Français« (1791–1816), in: *zeitenblicke* 3 (2003), Nr. 1, http://zeitenblicke.historicum.net/2004/01/plato/index.html (aufgerufen am 8. Februar 2015).

92 Martin Büchsel: Wilhelm Vöge zum mittelalterlichen Porträt, S. 96, in Wilhelm Schlink (Hg.): Wilhelm Vöge und Frankreich, Freiburg/Br. 2004, S. 95–109.

93 Richard Hamann: Köpfe des Mittelalters, Marburg 1922, S. 2 und 4; zu einer anderen Figur: »in seinem Blick liegt etwas tückisch Lauerndes« – ebd., S. 1; Hubert Wilm: Gotische Charakterköpfe, München 1925, S. 33.

94 *Tanto naturale, che egli non é tanto simile a sè stesso, quanto gli è quella pittura* – zitiert nach Spanke, Porträt (Anm. 31), S. 97.

95 Ebd., S. 99 und 105–107.

96 Ebd., S. 125, 201, 191.

97 Ebd., S. 125, 224, 250, 255. Der Ausschnitt aus Hegels Vorlesungen ist abgedruckt bei Preimesberger, Porträt (Intro, Anm. 2), S. 400. Gerade aus der »besonderen Verpflichtung zur Wahrhaftigkeit«, schreibt der Herausgeber dazu im Vorwort, erwachse die besondere Autorität dieses Typs von Bildern«, und er setzt fort: »Das Porträt, das dem Porträtierten nicht allein nur das ähnliche, sondern das wahre Bild seiner Selbst vor Augen Stelle, ein Porträt, das ihm ähnlicher sei als das eigene Gesicht.« Ebd., S. 19.

98 Spanke, Porträt (Anm. 31), S. 174 f.

99 Ebd., S. 267–269.

100 Georg Simmel: Ästhetik des Porträts (1905) in: Gesamtausgabe, hg. von Otthein Rammstedt, Bd. 7, Frankfurt/M. 1995, S. 321–332, hier S. 322 und 326f.; abgedruckt bei Preimesberger, Porträt, (Intro, Anm. 2), S. 418; auch dazu Spanke, Porträt (Anm. 31), S. 342–348.

101 Gottfried Boehm: Bildnis und Individuum. Über den Ursprung der Porträtmalerei in der italienischen Renaissance, München 1985, Zitate S. 70, 208, 19, 21f., 15; S. 9.

102 Spanke, Porträt (Anm. 31), S. 411.

103 Martin Kemp: Ogni pittore dipinge se. A Neoplatonic Echo in Leonardo's Art Theory, in: Cultural Aspects of the Renaissance. Essays in Honour of P.O. Kristeller, Manchester 1973, S. 311–323.

104 Zu Campins »feistem Mann« Thürlemann, Campin (Anm. 74), S. 259; zu den Kryptoporträts Gerhard Ladner: Die Anfänge des Kryptoporträts, in: Von Angesicht zu Angesicht. Porträtstudien. Festschrift für Michael Stettler, Bern 1983, S. 78–97; mit einer Fülle nicht immer gleich überzeugender Beispiele Anton Legner: Der Artifex. Künstler im Mittelalter und ihre Selbstdarstellung. Eine illustrierte Anthologie, Köln 2009.

105 Georges Didi-Huberman: Portrait, Individual, Singularity, in: Nicholas Mann und Luke Syson (Hg.): The Image of the Individual, London 1998, S. 165, und ders.: Resemblance mythifiée et resemblance oubliée chez Vasari: la lègende du portrait ›sur le vif‹, in: *Mélanges de l'École française de Rome* 106 (1994), S. 383–432; Nagel/Wood, Anachronic (Anm. 69), S. 251–274.

106 Das moderne Konzept des autonomen Porträts ist ein Produkt der Musealisierung: Das Bild als physisches Objekt wurde aus seinem ursprünglichen Kontext an einen Ort transferiert, den es in dieser Form im 15. und 16. Jahrhunderts nie gegeben hat, nämlich der öffentlichen Sammlung alter Kunst, und qualifiziert durch Echtheitszertifikate und Zuschreibungen, die wesentlich darüber entschieden, ob es gezeigt wurde und wer wen darauf erkannte – Schmidt, Inneres Bild (Anm. 8), S. 219f.

107 Graham, Inventing (Anm. 25), S. 75 und 146; Campbell u.a., Renaissance Faces (Intro, Anm. 13), S. 106 und 100.

108 Graham, Inventing (Anm. 25), S. 28–30 und 102f.; Susan Marti, Till-Holger Borchert und Gabriele Keck (Hg.): Karl der Kühne (1433–1477). Kunst, Krieg und Hofkultur, Zürich 2008, Bildtafeln 15/16.

109 Rudolf Preimesberger: Michelangelo Buonarroti: Ausschnitt aus dem ›Jüngsten Gericht‹, 1534–41, in: Pfisterer/von Rosen, Künstler (Anm. 25), S. 52f. Preimesberger folgt dabei einer ganzen Forschungstradition – Loh, Faciality (Anm. 24), S. 350–353. Wenn Kunsthistoriker über Gesichter schreiben, schreiben sie ziemlich häufig (und vor allem dann, wenn sie emphatisch werden) weniger über Bilder als über Texte aus der Geschichte ihrer eigenen Disziplin.

110 Francesco La Cava: Il volto di Michelangelo scoperto nel Giudizio Universale. Un drama psicologico in un ritratto simbolico, Bologna 1925, zitiert nach Loh, Faciality (Anm. 40), S. 354.

111 Bericht in der *Vancouver Sun*, 20. Mai 2007; der Fall ist auf Wikipedia ausführlich dokumentiert – http://en.wikipedia.org/wiki/Sywald_Skeid (aufgerufen am 7. Juli 2014). Auf der Website von *GQ* ist der Text des Interviews nicht mehr auffindbar. Das Buch über den Fall von Frederic P. Miller, Agnes Vandome und John McBrewster: Sywald Skeid, Alphaskript Publishing 2011, war mir nicht zugänglich.

Schwarz auf Weiß

1 http://www.artforgers.com (zuletzt besucht am 7. Februar 2015). Die Seite öffnet mit einer 360°-Ansicht der Sixtinischen Kapelle und mit Kirchenmusik des 16. Jahrhunderts als Soundtrack.

2 Graham, Inventing (Kap. 1, Anm. 25), S. 91.

3 Bernd Stiegler: Theoriegeschichte der Fotografie, München 2006, S. 18; für das Folgende siehe Jan von Brevern: Resemblance after Photography, in: *Representations* 123 (2013), S. 1–22. Eine kürzere deutsche Fassung ist erschienen als: Das Problem der Ähnlichkeit, in: Michael Hagner u. a. (Hg.), Charles Nègre: Selbstporträt im Hexenspiegel, München 2014, S. 67–76.

4 Zitiert nach von Brevern, Resemblance (Anm. 3), S. 6 ff.

5 Ebd., S. 9–11. Siehe auch Allan Trachtenberg: Likeness as Identity. Reflections on the Daguerrean Mystique, S. 188–191, in: Graham Clarke (Hg.): The Portrait in Photography, London 1992.

6 Jakob Burckhardt: Briefe, hg. von Max Burckhardt, Basel/Stuttgart 1949–1994, Bd. 4, S. 52 und 152; zitiert nach Marc Sieber: Jacob Burckhardt und die Photographie, S. 8, in: Christine Tauber (Hg.): Die Kunst der Malerei in Italien, München/Basel 2003, S. 7–19; von Brevern, Resemblance (Anm. 3), S. 2. Echos dieser kritischen Einschätzungen der Zeitgenossen finden sich auch in einer mehr als hundert Jahre später geschriebenen Untersuchung zum fotografierten Gesicht in der Moderne – Max Kozloff, The Theatre of the Face. Portrait Photography since 1900, London 2007, S. 9.

7 Rodolphe Töpffer: Über die Daguerreotypie (1841), in: Wolfgang Kemp (Hg.): Theorie der Fotografie, Bd. 1, München 1980, S. 70–77, hier S. 72; von Brevern, Resemblance (Anm. 3), S. 10; Spanke, Porträt (Kap. 1, Anm. 31), S. 288 f.; siehe auch Timm Starl: Kritik der Fotografie, Marburg/L. 2012, S. 68–77.

8 David Kunzle: Father of the Comic Strip. Rodolphe Töpffer. Mississippi University Press, Jackson/Miss. 2007. Töpffers erzählende Zeichnungen fanden prominente Bewunderer. Goethe bemerkte am 4. Januar 1831 zu Eckermann, einige Blätter Töpffers seien »ganz unübertrefflich! Wenn er künftig einen weniger frivolen Gegenstand wählte und sich noch ein biß-

chen mehr zusammennähme, so würde er Dinge machen, die über alle Begriffe wären.« Eckart Sackmann: Rodolphe Töpffers Einflüsse im deutschen Sprachraum, in: ders. (Hg.): Deutsche Comicforschung 2005, Hildesheim 2004, S. 12–21.

9 Das demonstriert überzeugend von Brevern, Ressemblance (Anm. 3).

10 Spanke, Porträt (Kap. 1, Anm. 31), S. 284 und 299. Diderot bemerkt im selben Salon über den Maler La Tour: »Ich habe ihn malen sehen. Er ist ruhig und kalt. (...) Er hat nie etwas aus der Begeisterung geschaffen. Er hat das Genie des Technischen; er ist ein großartiger *machiniste*.« Zitiert nach Preimesberger, Porträt (Intro, Anm. 2), S. 370.

11 »Aus großer Entfernung« ist etwas übertrieben, man kann ihn gut erkennen: Zum Bild und seinem Kontext Jan von Brevern: Flaubert und der Stil der Natürlichkeit, in: *Kritische Berichte* 42 (2014), S. 99–112. Eine digitale Reproduktion des 2001 versteigerten Fotos ist zugänglich über http://flaubert.univ-rouen.fr/iconographie/caire.php (zuletzt besucht am 8. Februar 2015).

12 Gustave Flaubert: Briefe, hg. von Helmut Scheffel, Zürich 1977, S. 57.

13 Oliver Wendell Holmes: Spiegel mit einem Gedächtnis. Essays zur Fotografie, hg. von Michael C. Frank und Bernd Stiegler, München 2010. Zum ganzen Komplex ausführlich Bernd Stiegler: Spieglein, Spieglein in der Hand. Zur Spiegelmetapher in der frühen Photographie, und Steffen Siegel: Der multiplizierte Fotograf, beide in: Hagner, Hexenspiegel (Anm. 3), S. 45–52 und 88–102; zur Person Holmes' – nicht nur Vater des gleichnamigen berühmten amerikanischen Juristen, sondern mit seinem Nachnamen sozusagen Taufpate für den fiktiven Ermittler aus der Baker Street – siehe Stiegler, Spuren, S. 95–99 und 150.

14 Abgedruckt in Werner Kaegi: Jacob Burckhardt. Eine Biographie, 7 Bde., Basel/Stuttgart 1947–1982, Bd. 2, Frontispiz, und ebd., Bd. 2, Abb. 28.

15 Françoise Heilbrun: Charles Nègre 1820–1880. Das photographische Werk, München 1988, S. 27; zu ironischen Selbstporträts ausführlich Siegel, Fotograf (Anm. 3), und Quentin Bajac und Denis Canguilhem (Hg.): Le Photographe photographié. L'Autoportrait en France 1850–1914, Ausstellungskatalog Maison de Victor Hugo, Paris 2004.

16 Heilbrun, Nègre (Anm. 15), S. 36; siehe auch Bajac/Canguilhem, Photographe (Anm. 15), S. 82, Abb. 52.

17 Quentin Bajac: Jeux de doubles, in: Bajac/Canguilhem, Le Photographe (Anm. 15), S. 78–81; Ken Jacobson: Odalisques et Arabesques. Orientalist Photography 1839–1925, London 2007; Mounira Kemir: L'Orientalisme. L'Orient des photographes au XIXe siècle, Paris 1994. Zu Baudelaires bissigen Bemerkungen zu solchen Bildern 1859 siehe Kemp, Theorie (Anm. 7), Bd. 1, München 1980, S. 110–113, hier S. 110, und Bernd Stiegler, Theoriegeschichte der Photographie, München 2006, S. 50–55.

18 Dazu die Beiträge in Hagner, Hexenspiegel (Anm. 3).

19 Bernhard Maaz: Der paradoxe Wunsch nach entstellter Ähnlichkeit, S. 82, in: Werner Busch u. a. (Hg.), *Ähnlichkeit und Entstellung. Entgrenzungstendenzen des Porträts*, München 2010, S. 79–88. Die Passage findet sich im Entwurf zum Vorwort der »Confessions« – danke für den Hinweis an Felix Thürlemann.

20 Ebd., S. 83.

21 Holmes, Spiegel (Anm. 13), S. 35; siehe die Beispiele bei Siegel, Fotograf (Anm. 13), S. 91, 94 f., 98.

22 Heilbrun, Nègre (Anm. 15), S. 54 f.

23 Zitiert nach Jochen Voigt: Cartes de Visite. Eine Kulturgeschichte der fotografischen Visitenkarte, Chemnitz 2006, S. 8; Timm Starl: Im Prisma des Fortschritts. Zur Fotografie des 19. Jahrhunderts, Marburg 1991, S. 25–48; Lars Blunck: Aufstieg und Niedergang der Visitkartenfotografie, in: Ekaterini Kepetzis u. a. (Hg.): Kanonisierung, Regelverstoß und Pluralität in der Kunst des 19. Jahrhunderts, Frankfurt/M. 2007, S. 164–181.

24 Wolfgang Baier: Quellendarstellungen zur Geschichte der Fotografie, München 1977, S. 507.

25 Voigt, Cartes (Anm. 23), S. 20–24; 90–119; William Darrah: Cartes de visite in Nineteenth-Century Photography, Gettysburg 1981, S. 24; zu den fotografischen Porträts der englischen Königin Victoria und der zeitgleichen Vervielfältigung ihres Kopfs auf Briefmarken Starl, Kritik (Anm. 7), S. 50–53.

26 Darcy Grimaldo Grigsby: Negative-positive Truths, in: *Representations* 113 (2011), S. 16–38; danke für diesen Hinweis an Beate Fricke.

27 Holmes, Spiegel (Anm. 13), S. 84; Grigsby, Truths (Anm. 26), S. 25 f.

28 Spanke, Porträt (Kap. 1, Anm. 31), S. 318. Katja Hofmann: Industrie du portrait: Individuum und Statusstereotyp in der Atelierfotografie des 19. Jahrhunderts, in: Wolfgang Hesse und Katja Schumann (Hg.): Mensch! Fotografien aus Dresdner Sammlungen, Marburg/L. 2006, S. 168–171.

29 Spanke, Porträt (Kap. 1, Anm. 31), S. 27.

30 Wilhelm Busch: Werke. Historisch-kritische Gesamtausgabe, 4 Bde., hg. von Friedrich Bohne, Hamburg 1959, Bd. 3, S. 144–147; Erstdruck in: *Fliegende Blätter*, München (Braun und Schneider), 1871, Nr. 1336, S. 62 f.

31 Grigsby, Negative (Anm. 26), S. 22.

32 Pieter Hugo: Nollywood (2008); ders.: The Bereaved (2005); Looking Aside (2005).

33 Umfangreiche Dokumentation in Pieter Hugo: This Must be The Place, München 2012. Das Bild findet sich dort auf S. 33.

34 Stadtarchiv Sursee, Signatur P 045-16.01:1864. Im Archiv sind ältere Pässe von Beck-Leu aus den 1850er Jahren überliefert, alle ohne Foto, sondern regulär mit seiner Unterschrift versehen. Vermittelt das Bild seinen Stolz,

sich auf diese Art präsentieren zu können? Der wohlhabende katholische Politiker Beck-Leu wurde nach dem Wahlsieg der Konservativen 1869 Luzerner Nationalrat; vielen Dank an Michael Blatter für den Hinweis auf das Dokument.

35 Jean Sagne: Porträts aller Art. Die Entwicklung des Fotoateliers, in: Michel Frizot (Hg.): Neue Geschichte der Fotografie, Köln 1998, S. 103–123.

36 Helmut Gernsheim: Geschichte der Fotografie. Die ersten hundert Jahre, Frankfurt/M. 1983, S. 59f. Susanne Regener: Fotografische Erfassung. Zur Geschichte medialer Konstruktion des Kriminellen, München 1999. Voigt, Cartes (Anm. 23), S. 12; zu den Wechselwirkungen zwischen Ausweisen und Steckbriefen Miloš Vec: Defraudistisches Fieber. Identität und Abbild der Person in der Kriminalistik, in: Anne Kathrin Reulecke (Hg.): Fälschungen, Frankfurt/M. 2006, S. 180–215; zu Durheims Bildern Martin Gasser: Wider das Leugnen und Verstellen. Carl Durheims Fahndungsfotografien von Heimatlosen 1852/53, Zürich 1998; Thomas Meier und Rolf Wolfensberger: »Eine Heimat und doch keine«. Heimatlose und Nicht-Sesshafte in der Schweiz, Zürich 1998. Zum Einsatz von Fotografien zur Identifikation von Kriminellen im Osmanischen Reich von den 1860er Jahren an Nimet Şeker: Die Fotografie im Osmanischen Reich, Würzburg 2009, S. 51.

37 Jean-Marc Berlière und Pierre Fournié (Hg.): Fichés? Photographie et identification 1850–1960, Archives Nationales, Paris 2011; Eugenia Parry, Crime Album Stories: Paris 1886–1900, Zürich 2000; Miloš Vec: Die Spur des Täters. Methoden der Identifikation in der Kriminalistik (1879–1933), Baden-Baden 2002.

38 Peter Becker: Verderbnis und Entartung. Eine Geschichte der Kriminologie des 19. Jahrunderts, Göttingen 2002, S. 191; Simon Cole: Suspect Identities. A History of Fingerprinting and Criminal Identification, Cambridge/Mass. 2001, S. 140–169. Das gilt allerdings nicht für den berühmtesten fiktiven Ermittler des späten 19. Jahrhunderts: Sherlock Holmes besitzt nicht nur eine gutsortierte Sammlung von Fotos von Verbrechern, sie hängen auch in seinem Arbeitszimmer – Stiegler, Spuren (Intro, Anm. 11), S. 63 und 77f.

39 Eugène Delacroix: Le Dessin sans maître, in: *Revue de Deux Mondes* 7 (1850), S. 1139–1146; zitiert nach von Brevern, Resemblance (wie Anm. 3), S. 9. Das ist möglicherweise selbst ein Zitat; vgl. Denis Diderots Hinweis auf seine »hundert Gesichter«, von denen keines durch ein Porträt festgehalten werden könne – ders.: Ästhetische Schriften, Bd. 2, hg. von Friederich Bassenge, Frankfurt/M. 1968, S. 25.

40 Bajac/Canguilhem, Photographe (Anm. 15), Abb. 56–58, S. 88f.

41 Oskar Bätschmann: Der Holbein-Streit: Eine Krise der Kunstgeschichte, in: Bodo Brinkmann (Hg.), Hans Holbeins Madonna im Städel. Ausstellungskatalog, Frankfurt/M. 2004, S. 97–109; Lena Baader: Echte Bilder – Falsche Bilder? Original-Reproduktionen und kunsthistorische Kopie(n)kritik im

19. Jahrhundert, in: Thorsten Bothe und Robert Suter (Hg).: Prekäre Bilder, München 2010, S. 337–353.

42 Baader, Echte Bilder (Anm. 41), S. 349f. In einer dicken zweibändigen Biographie des Dichterfürsten von 1903 konnte der Autor deswegen erklären: »Ich stehe nicht an zu behaupten, dass wir ganz und gar nicht wüssten, wie Goethe ausgesehen hat, wenn wir nur auf die Künstler angewiesen wären.« J. P. Moebius: Goethe, 2 Bde., 1903, Bd. 2, S. 26. George Bernard Shaw: Das Unmechanische der Fotografie, in: Kemp, Theorie (Anm. 7), Bd. 1, S. 225.

43 Milena Massalongo: Was von der Gewalt in Bildern übrig bleibt, und Bernd Stiegler: Dem Tod ins Auge schauen, beide in: Urs Stahel (Hg.): Darkside 2. Fotografische Macht und fotografierte Gewalt, Krankheit und Tod, Göttingen 2009, S. 255–258 und 263–265.

44 Stefanie Diekmann: Die Passion von Massachusetts, in: Ludger Derenthal, Esther Ruelfs und Katharina Sykora (Hg.): Fotografische Leidenschaften, Marburg 2006, S. 113–123.

45 Ulysse Chevalier: Etude critique sur l'origine du St. Suaire de Lirey – Chambéry – Turin, Paris 1900; siehe auch die Rezension von Alexandre Bruel in der *Bibliothèque de l'école des chartes* 62 (1901), S. 280–283, und ausführlich Peter Geimer: Bilder aus Versehen. Eine Kritik fotografischer Erscheinungen, Hamburg 2010, S. 193–197.

46 Geimer, Bilder (Anm. 45), S. 196; zur Schutzheiligen der Fotografen Spanke, Porträt (Kap. 1, Anm. 31), S. 306f.

47 Starl, Kritik (Anm. 7), S. 50–53.

48 Fabian Steinhauer: Das eigene Bild. Verfassungen der Bildrechtsdiskurse um 1900, Berlin 2013; Monika Dommann: Mobile Medien, reguliertes Eigentum, in: Jean Baptiste Joly u. a. (Hg.): Bildregime des Rechts, Stuttgart 2007, S. 249–267. Eine mögliche Konsequenz aus dieser Vervielfältigung konnte auch darin bestehen, das eigene Aussehen in möglichst vielen Varianten und Kostümierungen als unaufhörlich wechselndes Aussehen zu dokumentieren. Dem deutschen Kaiser Wilhelm II. scheint etwas in dieser Richtung vorgeschwebt zu haben, wenn er sich in historischen Kostümen unter anderem als großer Kurfürst und als Friedrich II. fotografieren ließ; seine offizielle Biographie, Adolf von Achenbachs 1913 erschienener »Unser Kaiser«, war als aufwändiger Bildband mit fast 500 Abbildungen gestaltet – siehe dazu die Bemerkungen bei Matthias Brun: Bildwirtschaft, Weimar 2003, S. 113.

49 David Prochaska und Jordana Mendelson (Hg.): Postcards. Ephemeral Histories of Modernity, Pennsylvania 2010; Karin Walter: Bromsilberpostkarten: Fotografien am laufenden Band, in: *Rundbrief Fotografie*, Sonderheft 4, Göppingen 1998, S. 31–36. *Das Archiv. Magazin für Kommunikationsgeschichte* 4 (2007); Gerhard Kaufmann und Robert Lebeck (Hg.): Viele Grüße. Eine Kulturgeschichte der Postkarte, Dortmund 1988.

50 Karin Walter: Postkarte und Fotografie. Studien zur Massenbild-Produktion, Würzburg 1995, S. 52 ff., 124.

51 Ebd., S. 141.

52 Ebd., S. 65–72.

53 Christian Joschke: Schandbilder der Neuzeit, Forschungsprojekt, in: IFK now. Internationales Forschungszentrum Kulturwissenschaften, Februar 2012, S. 7; Otto Klatt: Die Körpermessung der Verbrecher nach Bertillon und die Fotografie als die Hilfsmittel der gerichtlichen Polizei, Berlin 1902, S. 15.

54 Holmes, Spiegel (Anm. 13), S. 84; dazu Bernd Stiegler: Philologie des Auges. Die photografische Entdeckung der Welt im 19. Jahrhundert, München 2001, S. 132 f., und ders.: Bilder der Fotografie, Frankfurt/M. 2006, S. 77–79, 85–87, 89–91, 121–123, 135–137; Geimer, Bilder (Anm. 45), S. 164; Isabel Richter: Der fantasierte Tod, Frankfurt/M. 2011.

55 Kari Kälin: Schauplatz katholischer Frömmigkeit: Wallfahrt nach Einsiedeln von 1864 bis 1914, Fribourg 2005.

56 Klosterarchiv Einsiedeln (im folgenden KAE abgekürzt), F1.48/1–46. Die 46 Archivschachteln, in denen diese Soldatenfotos aus dem Ersten Weltkrieg heute aufbewahrt werden, enthalten auch einzelne ältere Privatbriefe an die Muttergottes, von 1883, 1906 und 1911, und jüngere aus den 1920er und frühen 1930er Jahren, fast ausschließlich aus der Innerschweiz. Ich werde mich im Folgenden auf die Bilder aus dem Ersten Weltkrieg beschränken, sie machen den bei weitem größten Teil des Bestands aus.

57 KAE F1.48/45/9.

58 KAE F1.48/13/6, KAE F1.48/25/2.

59 KAE F1.48/30/1; KAE F1.48/21/1; KAE F1.48/2/5. Zur Sonderbehandlung von Gesichtsverletzten im Ersten Weltkrieg und zur Entstehung und Weiterverwendung von Fotografien dieser Verstümmelungen siehe Annelie Ramsbrock: Verwundete Gesichter, verhindertes Sehen. Medizinische Fotografien des Ersten Weltkriegs, in: dies., Annette Vowinckel, Malte Zierenberg (Hg.): Fotografien im 20. Jahrhundert, Göttingen 2013, S. 175–201.

60 Anton Holzer: Die andere Front. Fotografie und Propaganda im Ersten Weltkrieg, Darmstadt 2007; instruktiv Bodo von Drewitz: Schießen oder fotografieren? Über fotografierende Soldaten im Ersten Weltkrieg, in: *Fotogeschichte* 12 (1992), S. 49–60, und Christine Brocks: Die bunte Welt des Kriegs. Bildpostkarten aus dem Ersten Weltkrieg, Essen 2008, S. 54–62 und 88–135. Während des Ersten Weltkriegs sollen alleine in Deutschland sieben Milliarden Postkarten verschickt worden sein. Peter Pfrunder (Hg.): Schöner wär's daheim. Fotopostkarten 1914/18 aus der Schweiz, Zürich 2014.

61 KAE F1.48/37/3.

62 KAE F1.48/2/4/5; KAE F1.48/20/7 und 21/4.

63 KAE F1.48/2/5/1.

64 KAE F1.48/12/3; KAE F1.48/24/2.
65 KAE F1.48/16/3 und KAE F1.48/46/8.
66 KAE F1.48/24/5.
67 Roger Chickering: Freiburg im Ersten Weltkrieg. Totaler Krieg und städtischer Alltag 1914–1918, Paderborn 2009, S. 194, 272, 299, 344, 477.
68 KAE F1.48/2/3.
69 John Torpey: The Great War and the Birth of the Modern Passport System, in: Jane Caplan und John Torpey (Hg.): Documenting Individual Identity, Princeton 2001, S. 256–270; Nicole Schwager: Polizeiliche Identifikationstechniken und Anarchismus in der Schweiz, in: *Traverse. Zeitschrift für Geschichte* 2009/1, S. 41–54.
70 KAE F1.48/34/3.
71 Während der Arbeit an diesem Buch im Sommer 2014 sind im Klosterarchiv Einsiedeln weitere, bislang unbekannte Bestände solcher Fotos aufgetaucht, insgesamt etwa 600 Aufnahmen – KAE F1.282/1–93. Einige wenige von ihnen stammen aus dem Ersten Weltkrieg; etwa die Hälfte davon dagegen aus den Jahren 1939–1945. 180 Bilder zeigen deutsche Soldaten in Uniform, dazu kommen 80 italienische und 15 französische Armeeangehörige, einige davon in deutschen Kriegsgefangenenlagern; ca. 40 zeigen Soldaten in Schweizer Uniformen. Die Zuordnung von weiteren Bildern in Zivil nach Nationalitäten und ihre Datierung ist schwierig, weil beigelegte Briefe oder Briefumschläge fehlen; Fotos von Angehörigen, so zeigt der Bestand, wurden noch bis in die frühen 1970er Jahre an das Gnadenbild geschickt.

Volksgesichter

1 Bodo von Dewitz: »So wird bei uns Krieg geführt!« Amateurfotografie im Ersten Weltkrieg, München 1989, S. 82f.; Timm Starl: »Für die klassischen Ateliers des 19. Jahrhunderts bedeutete der erste Weltkrieg den endgültigen Niedergang«, in: ders.: Geschichte der Fotografie in Österreich, Bd. 1, Bad Ischl 1983, S. 45; Walter, Postkarte (Kap. 2, Anm. 50), S. 227f.
2 Otto Stiehl: Unsere Feinde. Charakterköpfe aus deutschen Kriegsgefangenenlagern, Stuttgart 1917, S. 5–7. Direktes Vorbild für Stiehl war möglicherweise die wenige Monate zuvor erschienene Publikation des Ethnologen Leo Frobenius: Der Völker-Zirkus unserer Feinde, Berlin 1916, die über hundert Fotografien aus den deutschen Kriegsgefangenenlagern enthielt. Siehe dazu Benedikt Burkard (Hg.): Gefangene Bilder. Wissenschaft und Propaganda im Ersten Weltkrieg, Ausstellungskatalog des Historischen Museums Frankfurt, Frankfurt/M. 2014.
3 Stiehl, Feinde (Anm. 2), S. 10, 12, 13, 17.
4 Ebd., S. 23, 25, 26f., 30.
5 Stiehl war Vizekommandant des sogenannten »Halbmond-Lagers« im

brandenburgischen Wünsdorf, in dem etwa 30000 muslimische Kriegsgefangene untergebracht waren. Siehe dazu den Dokumentarfilm von Philip Scheffner: »The Half-Moon Files: A Ghost Story«, BRD 2007. Der Nachlass Otto Stiehls liegt heute im Museum Europäischer Kulturen in Berlin, teilweise zugänglich über https://www.deutsche-digitale-bibliothek.de. Er enthält neben zahlreichen Fotos auch Exemplare der Lagerzeitung »El Dschihad – Zeitung für die muhammedanischen Kriegsgefangenen«, die auf Arabisch, Russisch und Turkotatarisch erschien.

6 Das gilt auch für die Passagen mit deutlichen rassistischen Tönen: »Das dunkelste Afrika tut sich auf, und es hat sein unverfälschtes Negertum gegen uns ausgespien (...) Es war ein eigenartiges Schauspiel zu beobachten, wie die Besseren unter ihnen trotz aller Rohheit sich durch die strenge Würde ihrer unverfälschten, stolzen Natur vorteilhaft von den um sie herum quirlenden, stets opportunistisch wandelbaren Franzosentums abhoben.« Stiehl, Feinde (Anm. 2), S. 14.

7 Zur Bedeutungsgeschichte des Wortes als Chiffre für die Gottebenbildlichkeit Christi in Paulus' Hebräerbrief siehe Belting, Bild (Intro, Anm. 4), S. 69f.

8 Allan Sekula: The Body and the Archive, in: *October* 39 (1986), S. 3–64, und Sandra S. Phillips (Hg.): Police Pictures. The Photograph as Evidence, San Francisco Museum of Art, 1997.

9 Claudia Schmölders: Hitlers Gesicht. Eine physiognomische Biographie, München 2000, Zitat ebd., S. 33. Siehe auch dies.: Das Vorurteil im Leibe. Eine Einführung in die Physiognomik, Berlin 1995, und dies., Sander Gilman (Hg.): Gesichter der Weimarer Republik. Eine physiognomische Kulturgeschichte, Köln 2000.

10 Dazu eingehend Wolfgang Brückle: Wege zum Volksgesicht. Imagebildung für das Kollektiv im fotografischen Porträt, in: Andreas Köstler und Ernst Seidl (Hg.): Bildnis und Image. Das Portrait zwischen Intention und Rezeption, Köln/Wien/Weimar 1998, S. 285–308. Zu den besonderen Bedingungen der Mittelalterbegeisterung der 1920er Jahre siehe Otto Gerhard Oexle: Das Mittelalter und das Unbehagen an der Moderne, in: ders.: Geschichtswissenschaft im Zeitalter des Historismus, Göttingen 1998, S. 137–215.

11 Hamann, Köpfe (Kap. 1, Anm. 93), S. 1 und 2; erstaunliche Zuordnungen auch bei Wilm, Charakterköpfe (Kap. 1, Anm. 93): Der Schülzburger Meister habe am Ende des 13. Jahrhunderts »Köpfe von nahezu ostasiatischem Charakter« geschaffen – S. 15; der »durch Leid veredelte Mulattentypus des Gesichts« komme dagegen beim Christuskind einer Marienstatue von Hans Leinberger »unverhüllt zum Ausdruck (...) mit schiefen Schlitzaugen, einer platten Stumpfnase und einem aufdringlich hervorstehenden Mund« – S. 23f.

12 Wilhelm Pinder: Der Bamberger Dom und seine Bildwerke, Bamberg 1927,

S. 55, 53, 56. 1935 hat Pinder die Gotik als eine Zeit beschrieben, »da Architektur noch Sprache und Volksgesicht war«: Zum Autor und seinem Engagement für den Nationalsozialismus Daniela Bohde: Kunstgeschichte als physiognomische Wissenschaft, Berlin 2012, S. 95 f., 100 f., 103.

13 Jean Epstein: Bonjour cinéma, in: ders.: Écrits sur le cinéma, Paris 1974, S. 102; Béla Balazs: Schriften zum Film, hg. von Helmut Diederichs u. a., Bd. 1, München 1982, S. 42–143; S. 82 und 86; Belting, Faces (Intro, Anm. 4), S. 258–262; Anton Kaes: Das bewegte Gesicht. Zur Großaufnahme im Film, in: Gilman/Schmölders, Gesichter (Anm. 9), S. 156–174; Christa Blümlinger: Gefundene Gesichter, in: dies. und Karl Sierek (Hg.): Das Gesicht im Zeitalter des bewegten Bildes, Wien 2002, S.163–184.

14 Dazu ausführlich Belting, Faces (Intro, Anm. 4), und Schmölders, Hitlers Gesicht (Anm. 9)

15 Die Titelseite ist abgedruckt im Ausstellungskatalog des Deutschen Historischen Museums: Das Gesicht des 20. Jahrhunderts, hg. von Dieter Vorsteher und Andreas Quermann, Berlin 2006, S. 18.

16 Eine offizielle Selbstdarstellung des Magazins ist nachzulesen bei Robert T. Elson: Time Inc. The Intimate History of a Publishing Enterprise 1923–1941, New York 1968.

17 Unsere Zeit in 77 Frauenbildnissen, Heidelberg 1925. Burcu Dogramaci: Mode-Körper. Zur Inszenierung von Weiblichkeit in Modegrafik und -fotografie der Weimarer Republik, S. 132, in: Michael Cowan und Kai-Marcel Sicks (Hg.): Leibhaftige Moderne. Körper in Kunst und Massenmedien 1918–1933, Bielefeld 2005, S. 119–135. August Sander: Antlitz der Zeit, München 1990, S. 7.

18 Sander, Antlitz (Anm. 18), S. 9, 10, 15.

19 Benedikt Momme Nissen: Dürer als Führer. Vom Rembrandtdeutschen und seinen Gehilfen, München 1928; Berndt Behrendt: August Julius Langbehn, der »Rembrandtdeutsche«, in: Uwe Puschner u. a. (Hg.): Handbuch zur »Völkischen Bewegung 1871–1918«, München 1999, S. 94–113. Nissen lebte ab 1935 im schweizerischen Ilanz, wo er 1943 starb. Seine letzte Publikation (»Die eine Kirche«) ist 1940 im katholischen Benziger Verlag in Einsiedeln erschienen.

20 Zu Kassner Schmölders, Hitlers Gesicht (Anm. 9), S. 120; Max Picard: Das Menschengesicht, München 1929, S. 158; Theodor Lessing: »Ich warf eine Flaschenpost ins Eismeer der Geschichte«. Essays und Feuilletons, hg. von Rainer Marwedel, Darmstadt 1986, S. 217; Brückle, Wege (Anm. 10), S. 298 ff.

21 Alle Ausgaben von »UHU« sind in einem Projekt der Sächsischen Landesbibliotheken online einzusehen unter http://www.illustrierte-presse.de/die-zeitschriften/ (zuletzt aufgerufen am 27. Juni 2014). Christian Ferber (Hg.): Uhu. Das Magazin der 20er Jahre, Berlin 1979.

22 Wolfgang Brückle: Kein Porträt mehr? Physiognomik in der deutschen Bildnisfotografie um 1930, in: Gilman/Schmölders, Gesichter (wie Anm. 9), S. 131–155. Ders.: Face-Off in Weimar Culture, in: *Tate Papers* 19 (2013), online: www.tate.org.uk/research/publications; ders.: Erich Retzlaff's Photographic Galleries and the Contemporary Response, in: Christopher Webster van Tonder (Hg.): Erich Tetzlaff, Volksfotograf, Aberystwith 2013, S. 18–33.

23 Erna Lenvai-Dircksen: Das deutsche Volksgesicht, Berlin 1932, S. 5, 238 und 218. Mit »Rasseform«, erklärt sie in diesem Band, hätten diese Gesichter allerdings nichts zu tun – S. 8. Zu ihrer Person und Karriere Rolf Sachsse: Die Erziehung zum Wegsehen. Fotografie im NS-Staat, Hamburg 2003, S. 156f., und Franziska Schmidt: »Das deutsche Volksgesicht«. Die Fotobücher von Erna Lendvai-Dircksen zwischen 1932 und 1944, in: *Fotogeschichte* 116 (2010), S. 45–58.

24 Dazu Matthias Weiss: Vermessen – fotografische »Menscheninventare« vor und aus der Zeit des Nationalsozialismus, S. 372f., in: Ingeborg Reichle und Steffen Siegel (Hg.): Maßlose Bilder, München 2009, S. 359–377. Siehe Weiss' Bemerkungen zu dem in hoher Auflage produzierten Bildband »Das deutsche Führergesicht. 204 Bildnisse deutscher Kämpfer und Wegsucher aus zwei Jahrtausenden«, Berlin 1939, der eine solche geschlossene Serie von einem antiken Porträt eines Germanen bis zu den Gesichtszügen Hitlers präsentierte.

25 Zitiert nach Katharina von Ankum: Karriere – Konsum – Kosmetik. Zur Ästhethik des weiblichen Gesichts, S. 189, 179, 177, in: Gilman/Schmölders, Gesicht (Anm. 9), S. 175–190. Ihre Argumentation greift in vielen Punkten die Beobachtungen von Siegfried Kracauer in seinem Essay »Die Angestellten« von 1930 auf: »Der Andrang zu den vielen Schönheitssalons entspringt auch Existenzsorgen«, schreibt Kracauer, »der Gebrauch kosmetischer Erzeugnisse ist nicht immer ein Luxus.«

26 Ute Eskildsen u.a (Hg.): Fotografische Sammlung Museum Folkwang (Hg.): Helmut Lerski, Lichtbildner, Essen 1982, S. 14f.; Weiss, Vermessen (Anm. 24), S. 369f.

27 Ilse Schneider-Lengyel: Das Gesicht des deutschen Mittelalters, München 1935, S. 32, und dies.: Die Welt der Maske, München 1934, S. 50f. Die Autorin – Fotografin, Ethnologin, Kunsthistorikerin und Schriftstellerin – ist eine komplexe Figur. 1933 begleitete sie ihren jüdischen Mann in die Emigration, arbeitete ab 1939 für den von Wien nach London geflüchteten Phaidon-Verlag und kehrte nach Kriegsende nach Deutschland zurück; in ihrem Haus im Allgäu fand das erste Treffen der Mitglieder der späteren »Gruppe 47« statt. Danke an Felix Thürlemann für diese Hinweise.

28 Florian Ebner: Metamorphosen des Gesichts. Die »Verwandlungen durch Licht« von Helmar Lerski, Göttingen 2002. Lerski hatte zuvor als Schau-

spieler, Kameramann und Techniker gearbeitet, unter anderem in dem Experimentalfilm »Nerven« 1920 und in der Produktion von Fritz Langs »Metropolis«.

29 Günter Karl Bose: Photomaton. 500 Automatenbilder 1928–1945, Leipzig 2011.

30 G.A. Kanitzberg: Der neue Weg, in: *Photofreund* 13 (1933), Heft 14, S. 259 f.; Otto Croy: Das Portrait, Harzburg 1941, beide zitiert nach Sandra Starke: Fenster und Spiegel. Private Fotografie zwischen Norm und Individualität, S. 467 und 466, in: *Historische Anthropologie* 19 (2011), S. 447–474. 1939 besaßen etwa zehn Prozent der deutschen Bevölkerung eine Kamera – Timm Starl: Knipser. Die Bildgeschichte der privaten Fotografie in Deutschland und Österreich von 1880 bis 1980, München 1998, S. 98; zur Amateurfotografie siehe auch Sachsse, Erziehung (Anm. 23), S.118–141.

31 Aufnahme aus der Sammlung von Günter Karl Bose; vielen Dank für den freundlichen Hinweis. Zur Geschichte der Kosmetikindustrie und ihrer Werbekampagnen siehe Geoffrey Jones: Beauty Imagined. A History of the Global Beauty Industry, Oxford 2010; zur intensiven Werbung von Shell im nationalsozialistischen Deutschland Rainer Gries, Volger Ilgen und Dirk Schindelbeck: Ins Gehirn der Masse kriechen. Werbung und Mentalitätsgeschichte, Darmstadt 1995, S. 29–38.

32 Graphische Sammlung des Hessischen Landesmuseums; Gertrud Arndt: Fotografien aus der Bauhauszeit (1926–1932), Darmstadt 1993; Ausstellungskatalog: Das Verborgene Museum. Fotografien der Bauhauskünstlerin Getrud Arndt, Berlin 1994, S. 2. Mehr unter www.bauhaus-online.de/atlas/personen/gertrud-arndt-hantschk (zuletzt aufgerufen am 8. Februar 2015).

33 Siehe z. B. Arndts Maskenfotos 9, 10, 12, 24 und 39A. Danke für diese Hinweise an Günter Karl Bose und Sibylle Hoimann.

34 Cioma Schönhaus: Der Passfälscher, Frankfurt/M. 2004; Marie Jalowicz Simon: Untergetaucht. Eine junge Frau überlebt in Berlin 1940–1945, Frankfurt/M. 2014, zu gefälschten Ausweisen und ausgetauschten Passbildern ebd., S. 139 und 152.

35 Willy Helpach: Deutsche Physiognomik, Berlin 1942, S. 2 und S. 186 f. Das Buch war offenbar sehr erfolgreich und wenige Wochen nach seinem Erscheinen vergriffen; es wurde 1949 erneut aufgelegt. Der Autor stand den Sozialdemokraten nahe, betonte die Umweltfaktoren und distanzierte sich deutlich von nationalsozialistischen Rassenlehren. »Ein Volk kann nicht bloß aus lauter ›Herrennaturen‹ bestehen« schreibt er; ähnlich die Passagen zur Terminologie »blonder Haare« S. 184 und zur Großstadt (ebd., S. 136, 200, 184, 105). Ein kleines bisschen Herrenrasse muss dann aber schon sein: Der saxothüringische Stadtbewohner »dürfte mit großer Wahrscheinlichkeit der schlechthin intelligenteste Deutsche überhaupt sein« (ebd., S. 105). Diese Differenzierung hört bei Hellpach aber sofort auf, wenn er

Europa verlässt. »Im Negerfalle ist das Gesicht ganz Ausdruck; im Indianer- und überhaupt Mongolenfalle ganz Maske« – S. 22. Für seine Unterscheidung zwischen den verschiedenen deutschen Gesichtern zieht auch Hellpach Beispiele aus der Malerei heran, u. a. Porträts von Hans von Kulmbach, Cranach und Holbein – ebd., Abb. 14, 37, 58.

36 Einem Zeitgenossen ist in seinen Erinnerungen an die 1930er und 1940er Jahre ein halbes Jahrhundert später aufgefallen, dass es keine Aufnahmen von ihm als Hitlerjunge, Flakhelfer oder Soldat gebe. Das liege nicht daran, dass diese Bilder verlorengegangen oder vernichtet worden seien: »Es gab sie nicht. Meine Eltern wollten keine Fotos davon haben.« Dietrich Strothmann: Alltägliche Jugend, in: Helmut Schmid (Hg.): Kindheit und Jugend unter Hitler, Hamburg 1992, S. 164; dazu ausführlich Starke, Fenster (Anm. 30), S. 468.

37 Um dieselbe Summe von einer Reichsmark konnte man einen Agfa-Rollfilm mit zwölf Aufnahmen erwerben; ein reguläres Atelierporträt war mit etwa acht Reichsmark deutlich kostspieliger. Vielen Dank für diese Hinweise an Sandra Starke und Günter Karl Bose.

38 Paolo Costantini, Interview mit Massimo Cacciari: Das »Fotografische« und das Problem der Repräsentation, in: *Fotogeschichte* 25 (1987), S. 38–42; siehe auch Starl, Kritik (Kap. 2, Anm. 7), S. 98.

39 Albert Vogt und Martin Gasser: Leute im Thal, Zürich 2000, S. 20; das Buch aus Vogts Besitz war von Werner Altpeter: Werde Menschenkenner! Menschenkunde im Lebenskampf, Leipzig 1934.

40 Vorsteher, Menschen (Kap. 2, Anm. 15), S. 122–123.

41 Christian Schröder: Bitte recht bürgerlich. »Das Porträt im XX. Jahrhundert« im Deutschen Historischen Museum Berlin, *Tagesspiegel*, 12. Dezember 2005.

42 Belting, Faces (Intro, Anm. 4), S. 260f. Vgl. Gilles Deleuze: Das Affektbild: Qualitäten, Potentiale, beliebige Räume, in: Das Bewegungs-Bild. Kino 1, Berlin 1983, S. 153, und Hans J. Wulff: Experimente zum Kuleshov-Effekt, in: Gerhard Schumm und Hans J. Wulff (Hg.): Film und Psychologie 1: Kognition-Rezeption-Perzeption, Münster 1990, S. 11–40, mit weiterführender Bibliographie.

Wunderbare Verwandlungen

1 Simon Schochet: Feldafing, Vancouver 1983, S. 80, zitiert nach Starke, Fenster (Kap. 4, Anm. 30), S. 448.

2 Geimer, Bilder (Kap. 2, Anm. 45), S. 50; Roland Barthes: Die helle Kammer, Frankfurt/M. 1985, S. 17, 91, 95.

3 Georges Didi-Huberman: Der Erfinder des Wortes »photographieren«, in: ders., Phasmes, Köln 2001, S. 55–63.

4 Ben Maddow: Faces. New York Graphic Society, Boston 1977, S. 221, zitiert nach Kozloff, Theatre (Kap. 2, Anm. 6).

5 Spanke, Porträt (Kap. 1, Anm. 31), S. 204 und 303, Übersetzung ins Deutsche von mir.

6 Holmes, Spiegel (Kap. 2, Anm. 13), S. 95 f.

7 Geoffrey Batchen: Forget Me Not. Photography and Remembrance. Ausstellungskatalog im Van Gogh Museum, Amsterdam/New York 2004, S. 47 f., 65–76, 94–97.

8 Vgl. dazu Giorgio Agamben: Das Antlitz, in: Blümlinger/Sierek, Gesicht (Kap. 3, Anm. 13), S. 219–225; im italienischen Original »Il volto«, in: ders., Mezzi senza fine, Turin 1996, S. 74–80.

9 Robert Vischer: Über das optische Formgefühl. Ein Beitrag zur Ästhetik, Diss. Tübingen, Stuttgart 1873.

10 Bernd Stiegler: Eingebettete Bilder. Fotografie im amerikanischen und spanischen Bürgerkrieg, in: Sabina Ferhedbegovic und Britta Weiffen (Hg.): Wie Bürgerkriege erzählt werden, Konstanz 2011, S. 113–152.

11 In ihren Erinnerungen beschreibt die damals 19-jährige Marie Jalowicz Simon, als untergetauchte Jüdin in Berlin, wie ihre Tante Grete auf den Befehl zur Deportation ins Konzentrationslager reagiert. »Stunde um Stunde zerriss sie alte Fotos, die sie nicht mitnehmen durfte, aber auch nicht zurücklassen wollte.« Simon, Untergetaucht (Kap. 4, Anm. 34), S. 76.

12 *Neue Zürcher Zeitung*, 7. September 2006.

13 *Frankfurter Allgemeine Zeitung*, 6. Februar 2013; umfangreiche Dokumentation und Pressemitteilungen auf www.richardiii.net/leicester_dig.php und http://www.le.ac.uk/richardiii/ (beide aufgerufen am 8. Februar 2015); A. J. Carson (Hg.): Finding Richard III. The Official Account of the Retrieval and Reburial Project, Leicester 2014.

14 Humboldt, Ueber das Musée (Kap. 1, Anm. 91), S. 370; Belting, Faces (Intro, Anm. 4), S. 118 f.

15 Béla Balazs: Der sichtbare Mensch oder die Kultur des Films, S. 51 f., in: ders., Schriften zum Film, hg. von Helmut Diederichs u. a.; Bd. 1, München 1982, S. 42–143. Balazs setzt aber fort, dass jetzt eine neue Maschine erschienen sei, die dem Menschen »ein neues Gesicht geben« werde – die Filmkamera.

16 Siegfried Kracauer: Das Ornament der Masse (1927), Frankfurt/M. 1977, S. 34. Bei Kracauer ist das aber nicht durchgehend pessimistisch: Die kaleidoskopische Bilderfülle im Alltag fasst er wie Film und Detektivroman als Spiegel sozialer Verhältnisse auf, die gerade durch Verzerrung und Fragmentierung soziale Realität transportierten – Petra Löffler: Verteilte Aufmerksamkeit. Eine Mediengeschichte der Zerstreuung, Berlin/Zürich 2014, S. 285–300, und Carlo Ginzburg: Details, Early Plans, Microanalysis, in: ders.: Threads and Traces. True False Fictive, Berkeley 2012, S. 180–192.

17 Max Picard: Das Menschengesicht, München 1929, S. 188 f. und 220.

18 Erna Lendvai-Dircksen: Schau und Gesicht, in: *Druck und Reproduktion*, Heft 15, Berlin 1933, S. 12–16, zitiert nach Sachsse, Erziehung (Kap. 4, Anm. 23), S. 333.

19 Susan Sontag: *Über Fotografie*, München 1978 (englisches Original 1977), S. 84; siehe dazu die kritischen Bemerkungen von Wolfgang Kemp: Theorie der Fotografie, Bd. 2, München 1980, S. 101. Eine ähnliche Verlustgeschichte durchzieht auch erstaunlich viele Studien, die sich gemalten Gesichtern widmen. Gottfried Boehm sieht das Motiv der individuellen Autonomie qua Porträt, das er bis auf den antiken Heros zurückführt, an der Wende vom 18. zum 19. Jahrhundert schrumpfen und verschwinden: »Seit der Zeit Goyas sind Bildnisse nicht mehr, was sie waren.« Boehm, Porträt (Kap. 1, Anm. 101), S. 9; melancholisch auch Max Imdahl: Relationen zwischen Porträt und Individuum, in: ders.: Gesammelte Schriften, Bd. 3: Reflexion, Theorie, Methode, Frankfurt/M. 1996, S. 591–616.

20 Belting, Faces (Intro, Anm. 4), S. 118, ähnlich S. 42, 214, 227.

21 Urte Krass: Kontrollierter Gesichtsverlust. Padre Pio und die Fotografie in: *Zeitschrift für Ideengeschichte* 2 (2010), S. 71–95.

22 Ebd., S. 71 und 93 f.

23 »Mein lieber Herr«, hat der Berliner Maler Max Liebermann angeblich zu einem Kunden gesagt, der sich auf einem Porträt nicht wiederkennen mochte, »dieses Gemälde ist Ihnen ähnlicher als Sie selbst.« Walter Rathenau, über sein eigenes Porträt von Edvard Munch: »Ein ekelhafter Kerl, nicht wahr? Das hat man nun davon, dass man sich von einem großen Künstler malen lässt, da wird man ähnlicher, als man ist.« Spanke, Porträt (Kap. 1, Anm. 31), S. 101; Wilhelm Watzold: Die Kunst des Porträts, Leipzig 1908, S. 129.

24 Hans Weishäupl: Faces of Evil, Hamburg 2008, S. 9. Vielen Dank an Christian Rüdiger für den Hinweis auf das Buch; er hat mir auch seine Seminararbeit »Im Angesicht des Verbrechers« zugänglich gemacht. Die Website www.faces-of-evil.com enthält ein Video zum »Making of«; es besteht aber nur aus Screenshots verschiedener Arbeitsstufen auf Photoshop (zuletzt aufgerufen am 8. Februar 2015).

25 Ebd.

26 Direkte Vorlage für das offizielle Mao-Porträt waren offenbar die Stalin-Bilder, die Mao Tse-tung 1950 anlässlich Stalins Geburtstag in Moskau gesehen hatte. Siehe dazu Gerhard Paul: Mao. Herrscherporträt im Cultural Flow, in: ders., Bildermacht (Kap. 1, Anm. 26), S. 319–359, und Belting, Faces (Intro, Anm. 4), S. 283–294. Paul hebt hervor, dass Maos offizielles Porträt eben nicht gleich geblieben ist, sondern fortwährend diskret verändert wurde. Das offizielle Mao-Bild auf dem Tien An Men-Platz wird seit Maos Tod 1976 jährlich neu gemalt: Es blickt übrigens quer über den Platz auf das Mausoleum, in dem sein Körper liegt – Paul, Mao, S. 330. Ein Farb-

anschlag auf dieses Bild im Mai 1989 wurde mit hohen Gefängnisstrafen für die drei Täter (16 Jahre, 20 Jahre und lebenslänglich) geahndet.

27 Schmölders, Hitlers Gesicht (Kap. 3, Anm. 9), S. 46 und 153; Sachsse, Erziehung (Kap. 3, Anm. 23), S. 36–40, 65; Rudolf Herz: Hofmann & Hitler. Fotografie als Medium des Führer-Mythos, München 1994.

28 Sonia Dalmia und Pareena G. Lawrence: The Institution of Dowry in India: Why It Continues To Prevail, in: *The Journal of Developing Areas* 38 (2005), S. 71–93; Brook Larner: The Real Price of Gold, in: *National Geographic Magazine*, Januar 2009. Im Bundesstaat Kerala sind trotz erfolgreicher Alphabetisierungkampagnen und gut ausgebildeter Frauen die Mitgiften deutlich höher als in anderen Teilen Indiens – Shalini Randeria: Das Wunder Kerala: Eine Erfolgsgeschichte indischer Bevölkerungspolitik? in: Christa Wichterich (Hg.): Menschen nach Maß: Bevölkerungspolitik in Nord und Süd, Göttingen 1994, S. 239–261, und dies.: Die sozio-ökonomische Einbettung reproduktiver Rechte: Frauen und Bevölkerungspolitik in Indien, in: *Feministische Studien* 13 (2005), S. 119–132.

29 Christopher Pinney: Camera Indica. The Social Life of Indian Photographs, Chicago 1997, S. 17, 31, 48.

30 Ebd., S. 109; siehe auch Sudhir Kakar: Freud Lesen in Goa, München 2008, S. 143–151, und Wendy Doniger: Dreams, Illusions, and other Realities, Chicago University Press, 1984.

31 Pinney, Camera (Anm. 29), S. 117 ff.

32 Kakar, Freud (Anm. 30), 149 f. *Maya*, die täuschende Vorspiegelung, schreibt Kakar, habe in vielen klassischen vedischen Texten positive Konnotationen und werde erst später zu einem ambivalenten Begriff; sie stehe für das göttliche Potential zu Spiel und gleichzeitig zu Täuschung und Betrug; am ehesten sei der Begriff mit Verwandlung zu übersetzen.

33 Pinney, Camera (Anm. 29), S. 112, 135–138; Übersetzung ins Deutsche von mir.

34 Ebd., S. 136, 149, 201.

35 Jean-Louis Sponsel: Das moderne Plakat, Dresden 1897; Walter von Zur Westen: Reklamekunst, Bielefeld/Leipzig 1903. Dazu Peter Borscheid: Agenten des Konsums. Werbung und Marketing. In: Heinz-Gerhard Haupt und Claudius Torp (Hg.): Die Konsumgesellschaft in Deutschland 1890–1990, Frankfurt/M. 2009, S. 79–96; Volker Ilgen und Dirk Schindelbeck: Am Anfang war die Litfaßsäule. Illustrierte Reklamegeschichte, Darmstadt 2006, und Yasmin Dosry (Hg.): Plakativ! Produktwerbung im Plakat 1885–1965, Ausstellungskatalog Germanisches Nationalmuseum Nürnberg, Ostfildern 2009.

36 Stefan Schwarzkopf: What Was Advertising? The Invention, Rise, Demise and Disappearance of Advertising Concepts in 19th- and 20th-century Europe and America, in: *Business and Economic History Online* 7 (2009),

S. 15, mit einem Überblick über weitere Literatur. Hans Domizlaff: Die Gewinnung des öffentlichen Vertrauens (1939), Hamburg 2005, S. 3, 102, 91; Thomas Wegmann: Dichtung und Warenzeichen. Reklame im literarischen Feld, Göttingen 2011, S. 20f. und 60. Zu Domizlaffs Person und Karriere Rainer Gries: Stilgedanken zur Macht, in: Rainer Gries, Volker Ilgen und Dirk Schindelbeck: »Ins Gehirn der Masse kriechen!« Werbung und Mentalitätsgeschichte, Darmstadt 1995, S. 45–73, und Wegmann, Dichtung, S. 427–432.

37 Tiqqun: Grundbausteine einer Theorie des Jungen-Mädchens, Berlin 2009 (franz. Orig. Rennes 2006), S. 25, 82, 91. Der Überdruss an Werbung hat eine lange Vorgeschichte: Siehe Liz McFall: The Language of the Walls (2004), in: Iain MacRury (Hg.): Advertising. Critical Concepts in Media and Cultural Studies, London 2013, S. 187–209, Dosry, Plakativ (Anm. 35), und Thomas Wegmann: Dichtung und Warenzeichen. Reklame im literarischen Feld 1850–2000, Göttingen 2011.

38 Marshall McLuhan: Die mechanische Braut. Volkskultur des industriellen Menschen, Amsterdam 1996, S. 160; amerik. Original 1951; Raymond Wiliams: Advertising. The Magic System, in: ders.: Problems in Materialism and Culture, London 1980, S. 170–195; Marshall McLuhan: The Age of Advertising, in: *Commonweal* 58 (September 1953), S. 555. Zu expliziten religiösen Formeln in der US-Werbung der Zwischenkriegszeit Roland Marchand: Advertising the American Dream: Making Way for Modernity, 1920–1940, S. 206–234.

39 Als ein Beispiel unter vielen Hans-Joachim Höhn: Postsäkuläre Moderne? Beobachtungen zur Dispersion religiöser Traditionen, in: *WestEnd* 8 (2011), Heft 2, S. 80–89: »Die Werbung benutzt unablässig religiöse Zitate« – ebd., S. 81.

40 Marie-José Mondzain: Können Bilder töten? Berlin/Zürich 2006, S. 21, 24, 32. Darauf beruhe die Wirkung dieser Bilder: Sie seien »Inkarnationen einer ungewissen und unendlichen Freiheit.« Also »Fiktionen, Erscheinungen, inkonsistente Figuren eines durchaus realen Einsatzes: dem Begehren den Genuss der Nicht-Befriedigung geben.« Deswegen evozieren sie etwas, das man weder zeigen noch sehen kann: »Jeder Bilderproduzent, der Begehren stimulieren will, benutzt Bilder, die den Betrachter in einer symbolischen Unfähigkeit festhalten.« Vgl. Pfaller, Illusionen (Intro, Anm. 15): Schade, dass der nicht über Werbung schreibt.

41 Dazu Giorgio Agamben: Nacktheiten, Frankfurt/M. 2010, S. 151 – bei ihm ist allerdings von Werbung keine Rede; die Assoziation ist von mir.

42 Domizlaff, Gewinnung (Anm. 36), S. 190 und 85.

43 Ebd., S. 259–263.

44 Das ist schon Walter Benjamin aufgefallen: Die Phantasien, die man sich früher im Sprachschatz der »poetischen« Vokabeln sicher aufgehoben

dachte, notiert er im »Passagenwerk«, »nisten heute in den Firmennamen«. Ders.: Das Passagenwerk, Frankfurt/M. 1986, Bd. 1, S. 235 (G 1 a, 2).

45 Dan Hill: Emotionomics. Erfolg hat, wer Gefühle weckt. München 2010, Zitate S. 191, 234, 389, 486. Das amerikanische Original ist 2007 erschienen. Herkömmliche Methoden zur Erfassung der Wahrnehmung von Werbung im Zielmarkt gäben keinen Aufschluss darüber, ob die Zielgruppe »echte, tiefreichende emotionale Reaktionen« gezeigt habe. Das Mittel dagegen bietet Emotionomics Matrix™ an: Der Autor ist selbst der Eigentümer der Beratungsfirma; sein Buch ist Werbung in eigener Sache.

46 Werner Kraeber-Riel und Franz-Rudolf Esch: Strategie und Technik der Werbung, Stuttgart 2011; Holger Jung und Jean-Rémy von Matt: Momentum. Die Kraft, die Werbung heute braucht, Hamburg 2004, S. 78, 82, 103; Antoine Hennion und Cécile Méadel: In den Laboratorien des Begehrens: Die Arbeit der Werbeleute, in: Tristan Thielmann und Erhart Schüttpelz (Hg.): Akteur-Medien-Theorie, Bielefeld 2013, S. 341–376. Danke an Alexander Mackat für die Gelegenheit zu zwei ausführlichen persönlichen Gesprächen am 23. März und am 19. Mai 2014 in Berlin.

47 Hennion/Méadel, Laboratorien (Anm. 46), ebd., S. 376.

48 Die private Website www.hochsitz-cola.de dokumentiert diese Bilder, bislang 2006 davon (zuletzt aufgerufen am 8. Februar 2014).

49 Zu den Verbindungen der Firma zur NSDAP und zu Hermann Göring, der offiziell unter anderem »Reichsjägermeister« als Titel führte, siehe Claudia Keller: Der Geist aus der Flasche, in: *Tagesspiegel*, 23. August 2003.

50 »Nette Menschen. Die Hersteller wehren sich gegen die Anti-Raucher-Kampagne«. *Spiegel* 46, November 1986, S. 122f.

51 Siehe dazu die Bemerkungen bei Macho, Vorbilder (Intro, Anm. 3), S. 294–297. Der Fotograf F. C. Gundlach hat verunstaltete deutsche Wahlplakate in der Ausstellung »Wählers Gunst oder die kleine Rache des Souveräns« 2009 in den Hamburger Deichtorhallen gezeigt; siehe auch Sigmar Polke: Bundestagswahl 1972: Bizarre. Fotos aufgenommen in Köln und Düsseldorf, Edition Staeck 69, Heidelberg 1972.

52 Siehe www.bag.admin.ch/transplantation/07175/07182/index.html (zuletzt aufgerufen am 11. Juni 2014); die Website enthält auch ein »Archiv früherer Kampagnen«.

53 Telefonische Mitteilung von Frau Nyffeler, Schweizerisches Bundesamt für Gesundheit, vom 23. Juni 2014. Das deutsche Bundesamt für Gesundheit hat auf wiederholte schriftliche Anfragen zu den Kosten für die Plakatkampagne nicht geantwortet.

54 Aktuelle Zahlen liefert der Tätigkeitsbericht der Deutschen Stiftung für Organspenden unter http://www.dso.de/uploads/tx_dsodl/JB_2013_Web_05.pdf (zuletzt aufgerufen am 8. Februar 2015); siehe auch F. Himpsl: Heikle Entscheidungsfindung, in: *Süddeutsche Zeitung*, 7. Mai 2013. Für die Schweiz

jetzt Simon Hofmann: Umkämpfte Körperteile. Geschichte der Organspende in der Schweiz 1969–2004, Diss. Zürich/Luzern 2013.

Ausblick: Jede Menge Evidenz

1 Mondzain, Bild (Intro, Anm. 14), S. 221, 222, 224.

2 Ebd., S. 243f.

3 Hans-Heinrich Pardey: Seht her, ich bin's! In: *Frankfurter Allgemeine Zeitung*, 24. Juni 2014; zu den weniger freundlichen Aspekten der Verwendung dieser Bilder siehe Peter Richter: Abgeschossen. Selfie, Mugshot, Revenge Porn, in: *Süddeutsche Zeitung*, 2./3. November 2013; der Autor zieht explizite Paralelen zu Schandbildern und Hinrichtungen »in effigie« im Mittelalter und in der Renaissance. Vgl. Hans Belting: Wappen und Porträt. Zwei Medien des Körpers, in: ders., Bild-Anthropologie, München 2001, S. 115–142.

4 Dietmar Dath und Swantje Karich: Lichtmächte, Berlin/Zürich 2013, S. 234 und 237.

5 Frithjof Küchemann: Ich sehe Dir in die Augen, Kleines, und Du weißt es nicht, in: *Frankfurter Allgemeine Zeitung*, 20. Juni 2012; Janis Brühl: Schau mir in die Augen, Kunde, in: *Süddeutsche Zeitung*, 5. November 2013; Joachim Güntner: Automatische Gesichtserkennung: Deine Mimik verrät die böse Absicht, in: *Neue Zürcher Zeitung*, 12. Juni 2014. Vgl. www.heise.de/newsticker/meldung/FBI-will-Gesichtserkennung-zum-Abgleich-mit-oeffentlichen-Daten-nutzen-1660162.html (30. August 2012, aufgerufen am 1. August 2014); mit anderen Schwerpunkten (und offen ironischen Passagen) Alexander Nouak: Die Gesichtserkennung in der Informationstechnologie. Wenn Maschinen erkennen sollen, in: Körte, Gesichtsauflösungen (Intro, Anm. 5), S. 23–29. Michael Stolleis: Das Auge des Gesetzes. Geschichte einer Metapher, München 2004.

6 www.heise.de/tr/artikel/Mit-Gesichtserkennung-zum-Date-2183951.html (30. Juni 2014); http://www.heise.de/tr/artikel/Software-erkennt-Gesichter-so-gut-wie-der-Mensch-2198126.html (1. Juli 2014).

7 www.nametag.ws (aufgerufen am 8. Februar 2015).

8 »Never Forgetting A Face«, in: *New York Times, International Weekly*, 6. Juni 2014. Der Vorsitzende des amerikanischen Senatsausschusses für Privatsphäre, Technologie und Recht, Al Franken, hat nach ersten Berichten über die Tests im Frühjahr 2014 öffentlich protestiert und verlangt, die Einführung des Programms zu stoppen; die Entwickler der Datenbrille erklärten sich im April 2014 dazu bereit.

9 Im Januar 2015 hat die Firma Google bekanntgegeben, auf die Markteinführung der neuen Brille vorerst zu verzichten; der Verkauf wurde eingestellt.

10 Zu den Topoi der kulturpessimistischen Fotografiekritik siehe Wolfgang

Kemp: Theorie der Fotografie, Bd. 2, München 1980, S. 101. Ähnlich entspannt hat das der Kunsthistoriker Edgar Wind in seinen Radiovorlesungen für die BBC 1960 gesehen. »Die ungeheure Menge verfügbarer Bilder wird mit Eifer – man darf sagen: mit Sachverstand – verschlungen; weniger anpassungsfähige Generationen hätte sie verwirrt.« Edgar Wind: Kunst und Anarchie, Frankfurt/M. 1994, S. 15.

11 Der Fotoband von Martin Schoeller: Identical. Portraits of Twins, New York 2012, liefert dafür eindrucksvolle Beispiele.

12 Michael Camille, in: *Art Bulletin* 74 (September 1992), S. 514–516.

13 Siegfried Kracauer: Die Photographie, in: ders.: Werke, Bd. 5.2, hg. von Inka Mülder-Bach u. a., Frankfurt/M. 2011, S. 682–698; S. 682 und 688. Dazu ausführlich Ethel Matala de Mazza: Schneegestöber und Abfall. Residuen des Dämonischen in Siegfried Kracauers Essay über die Fotografie, ungedrucktes Manuskript, Berlin 2014.

14 Diedrich Diederichsen: Über Pop-Musik, Köln 2014, S. 297, 407 f., 440. Werbung strebt unübersehbar danach, ihre Erscheinungsformen und Instrumente den Funktionsprinzipien der Popindustrie anzuverwandeln – mit unterschiedlichem Erfolg.

Abbildungsnachweis

Abb. 1:	Aufnahme des Autors
Abb. 2:	Jan van Eyck: Mann mit rotem Kopftuch, 1433. National Gallery, London.
Abb. 3:	Agnolo di Domenico del Mazziere: Porträt einer jungen Frau, um 1485, Gemäldegalerie Berlin. © bpk
Abb. 4:	Leonardo da Vinci, Cecilia Gallerani, um 1490. Sammlung Czartoryski, Krakau.
Abb. 5:	Lucas Cranach: Porträt des Christoph Scheurl, 1509. Germanisches Nationalmuseum Nürnberg
Abb. 6:	Charles Nègre, Selbstporträt im Hexenspiegel, um 1850. Sammlung Peter und Ruth Herzog, Basel
Abb. 7:	Pieter Hugo: Selbstporträt, in: ders., This Must be The Place, München 2012, S. 33
Abb. 8:	Einsiedeln, Klosterarchiv KAE F1.48/21/5/3
Abb. 9:	Einsiedeln, Klosterarchiv KAE F1.48/45/2
Abb. 10:	Einsiedeln, Klosterarchiv KAE F1.48/3/3/1
Abb. 11:	Einsiedeln, Klosterarchiv KAE F1.48/12/6
Abb. 12:	Einsiedeln, Klosterarchiv KAE F1.48/12/2
Abb. 13:	Einsiedeln, Klosterarchiv KAE F1.48/46/2
Abb. 14:	Einsiedeln, Klosterarchiv KAE F1.48/2/3
Abb. 14 und 15:	Einsiedeln, Klosterarchiv KAE F1.48/3/3 und KAE F1.48/13/8
Abb. 16:	Einsiedeln, Klosterarchiv KAE F1.48/29/1/1
Abb. 17–19:	Otto Stiel: Unsere Feinde, Berlin 1917, S. 8, 39, 78
Abb. 20:	Titelblatt der Illustrierten *Volk und Zeit*, abgedruckt in: Dieter Vorsteher und Andreas Quermann (Hg.): Das Porträt des 20. Jahrhunderts, Berlin 2006, S. 18
Abb. 21:	Reklame für die Zahnpasta Kaliklora, in: UHU, Januar 1926, ohne Seitenzahl
Abb. 22:	Porträt von Luis Trenker, Fotonachweis: Ufa, in: UHU, Januar 1926, S. 1
Abb. 23 und 24:	Erna Lendvai-Dircksen: Das deutsche Volksgesicht, Berlin 1932, S. 205 und 219

Vorabversionen

Teile des Kapitels 2 sind in Auszügen und in überarbeiteter Form erschienen als »Feldpost für die Madonna«, in: *Zeitschrift für Ideengeschichte* 8/2 (2014), S. 77–97, und als »Nègre im Negativ. Identifikation, Variation, Verkleidung«, in: Michael Hagner, Bernd Stiegler und Felix Thürlemann (Hg.): Selbstporträt im Hexenspiegel, München 2014, S. 77–87; die Kapitel 1, 3 und 4 nehmen Überlegungen wieder auf, die in anderer Form als »Porträt, Passbild, Werbeplakat: Neue Identitäten aus dem Mittelalter« in: *Merkur. Zeitschrift für europäisches Denken* 757, Juni 2012, S. 498–509 veröffentlicht worden sind.

Dank

Die Gesichter auf den Plakaten und ihre Vorbilder haben mich lange beschäftigt. Dass daraus ein Buch geworden ist, wäre nicht möglich gewesen ohne die Hilfe, die Hinweise, Ermahnungen und Aufmunterungen von Freunden und Spezialistinnen, die von all dem mehr verstehen als ich. Besonders danken möchte ich Martin Bauer, Andreas Bernard, Günter Karl Bose, Michael Blatter, Jan von Brevern, Wolfgang Brückle, Carolin Emcke, Beate Fricke, Peter Geimer, Michael Hagner, Sibylle Hoiman, Anton Holzer, Michael Jucker, Klaus Krüger, Sahra Lobina, Alexander Mackat, Andreas Mader, Ethel Matala de Mazza, Inès Mateos, Tina Maurer, Matthias Noell, Franca Pedrazzetti, Peter Pfrunder, Shalini Randeria, Andrea Roedig, Patrick Roppel, Christoph Schifferli, Sandra Starke, Bernd Stiegler, Daniel Strassberg, Felix Thürlemann, Elke Werner und Michael Wildt.

Ein Aufenthalt als Gast der Kollegforschergruppe Bild/Evidenz an der FU Berlin im Frühjahr 2014 hat mir konzentrierte Arbeit an einem inspirierenden Ort ermöglicht. Für Unterstützung zu Dank verpflichtet bin ich außerdem Andreas Kränzle, Pater Gregor Jäggi und dem Klosterarchiv Einsiedeln, dem Team der Berliner Kollegforschergruppe, besonders Caren Reimann und Christian Rüdiger, dem Bildarchiv des Deutschen Historischen Museums, Ruth und Peter Herzog in Basel und dem »Geschichtskontor« des Historischen Seminars Zürich mit Monika Dommann und Simon Teuscher.

Achim Landwehr

Die Geburt der Gegenwart

Eine Geschichte der Zeit im 17. Jahrhundert

448 Seiten. Gebunden

Ein Leben ohne Termine ist heute kaum vorstellbar. Zeit ist ein kostbares Gut, das verwaltet und genutzt sein will. Doch die Zeit ist vor allem eine Idee. Der renommierte Historiker Achim Landwehr erzählt, wie sich im 17. Jahrhundert das Verständnis der Menschen von der Zeit, von Gegenwart, Zukunft und Vergangenheit, verändert hat.
Die überraschende Geschichte von der Geburt eines neuen Zeitwissens, durch das sich die Welt ebenso grundlegend wandelte wie durch die großen Entdeckungen von Galilei bis Newton.

»Landwehrs Buch erweitert unseren Blick
auf die tiefgreifenden Umwälzungen der frühen Neuzeit«
Hans-Jörg Modlmayr, Deutschlandradio Kultur

fi 1-044818 / 1